Astrid Woog
Einführung in die Soziale Altenarbeit

Edition Soziale Arbeit

Herausgegeben von Hans-Uwe Otto und Hans Thiersch

Astrid Woog

Einführung in die Soziale Altenarbeit

Theorie und Praxis

Juventa Verlag Weinheim und München 2006

Die Autorin

Astrid Woog, Dr. rer. soc., Jg. 1941, ist Sozialarbeiterin im Sozialamt Stuttgart und Lehrbeauftragte für Sozialpädagogik an der Universität Tübingen, Institut für Erziehungswissenschaft.
Ihr Arbeitsschwerpunkt ist die Entwicklung einer pädagogischen Handlungslehre in der Sozialen Arbeit, insbesondere in der sozialpädagogischen Familienhilfe und der Sozialen Altenarbeit.

Bibliografische Information der Deutschen Nationalbibliothek

Die Deutsche Nationalbibliothek verzeichnet diese Publikation in der Deutschen Nationalbibliografie; detaillierte bibliografische Daten sind im Internet über http://dnb.d-nb.de abrufbar.

© 2006 Juventa Verlag Weinheim und München
Umschlaggestaltung: Atelier Warminski, 63654 Büdingen
Umschlagabbildung: Albrecht Dürer
Printed in Germany

ISBN-13: 978-3-7799-1223-1
ISBN-10: 3-7799-1223-6

Gewidmet Hans Thiersch

Das Alter ist nur geehrt unter der Bedingung, dass es sich selbst verteidigt, seine Rechte behält, sich niemandem unterordnet und bis zum letzten Atemzug seine eigene Domäne beherrscht.

Cicero

Die Komponenten eines Lebenslaufs bestehen aus Wendepunkten, an denen etwas geschehen ist, was nicht hätte geschehen müssen.

Luhmann

Ist der Charakter der ersten Lebenshälfte unbefriedigte Sehnsucht nach Glück, so ist jener der zweiten Hälfte die Besorgnis von Unglück. Wenn in meinen Jünglingsjahren es an meiner Tür schellte, wurde ich vergnügt, denn ich dachte, nun käme es. In den späteren Jahren hatte meine Empfindung bei demselben Anlass etwas dem Schrecken verwandtes: ich dachte: „da kommt's."

Schopenhauer

Älterwerden heißt, ein neues Geschäft antreten: Alle Verhältnisse ändern sich. Und man muss entweder zu handeln ganz aufhören, oder mit Willen und Bewusstsein das neue Rollenfach übernehmen.

Goethe

Mein wahres, innerstes Lebensprinzip ist immer das gewesen und wird es immer bleiben, alles, was das Leben herbeiführt, alle menschlichen Schicksale, die mich treffen können, immer voll in mich aufzunehmen, sich mich ganz durchwirken zu lassen, sie in Einklang mit dem zu bringen, das unwandelbar in mir ist und in jedem sein muss; und so mit dem Gefühl von Erden zu scheiden, alles, was sich mir darbot, genossen und gelitten und mein Erdenschicksal erfüllt zu haben.

Wilhelm von Humboldt

Vorbemerkung

Der alte Herr Hauser wohnt allein in seinem zunehmend verwahrlosenden Zimmer; die Nachbarin, die bisher half, fühlt sich überfordert, sie zieht die Familienhelferin hinzu. Angemeldet und abgesprochen kommt sie, Herr Hauser aber mag sich auf nichts einlassen. „Da stehe ich nun in der stinkigen Kammer vor einem verschmutzten Menschen, der mich böse anschaut, ohne ein Wort zu sprechen bleibe ich stehen, wo ich bin. Schließlich hat Herr Hauser hier das Hausrecht. … um die … etwas peinliche Situation zu überbrücken, bücke ich mich etwas und schaue durch sein kleines Dachfenster auf schneebedeckte Bäume. Vor dem Fenster hängt ein Vogelhäuschen mit einer Sitzstange. Offenbar hat Herr Hauser die Vögel, hauptsächlich Spatzen, eben gefüttert … ‚Zu Hause habe ich zwei Erlenzeisige, ich mag Vögel sehr gern', bemerke ich beiläufig." Die Entdeckung dieses gemeinsamen Interesses öffnet die Situation, und es ergeben sich dann auch andere Anknüpfungspunkte für eine behutsame, gemeinsame Arbeit in der Verbesserung der sehr kläglichen Verhältnisse. Indem – nach einer langen Geschichte – die Familienhelferin Herrn Hauser schließlich sogar dazu ermutigen kann, in Urlaubszeiten Vögel von Nachbarn bei sich in Quartier zu nehmen, ergeben sich sogar wieder Kontakte in die für Herrn Hauser zunächst abgestorbene Umwelt.

Dies ist der Anfang und ein Entwicklungsstrang aus einer der Geschichten, die Astrid Woog in diesem Buch aus ihrer Praxis einer sozialpädagogischen Altenarbeit berichtet – hoch engagiert und, wenn ich das so ungeschützt sagen darf, berührend, oft erschütternd, aber auch in einer sehr nüchternen Weise ermutigend. Die Geschichten werden eingeleitet mit der Darstellung der Situation alter Menschen, vor allem im vierten Alter und bilanziert mit Handlungsmaximen für eine sozialpädagogische Altenarbeit.

Sozialpädagogische Altenarbeit versteht Astrid Woog als lebensweltorientierte Soziale Arbeit. Lebensweltorientierte Soziale Arbeit – so die Intention dieses allgemeinen Konzeptes – lässt sich auf die Lebensverhältnisse der Menschen, mit denen sie es zu tun hat, ein, respektiert ihre Handlungs- und Deutungsmuster, ihre Bewältigungsstrategien, sieht sie aber in der Ambivalenz zwischen den Arrangements zurechtzukommen und den darin auch unterdrückten Momenten von Trauer, Resignation, Sich-Abfinden, Wünschen und Hoffnungen. Lebensweltorientierte Soziale Arbeit sucht im Alltag Möglichkeiten eines gelingenderen Alltags „freizusetzen". Dieses Konzept hat sich für die Soziale Arbeit in vielen ihrer Arbeitsbereiche als tragfähig erwiesen; Astrid Woog konkretisiert und profiliert es für die besonderen Lebensbedingungen und Bewältigungsaufgaben alter Menschen im vierten Alter.

Astrid Woog beschreibt, allen Klischees und Stereotypen zuwiderlaufend, sehr unterschiedliche, individuelle und eigensinnige Geschichten; sie beschreibt die Situation alter Menschen als Auseinandersetzung in der Lebenswelt, also als Leben in den Dimensionen von Raum, Zeit, sozialen Bezügen und pragmatischen Bewältigungsmustern. Sie sieht die Menschen in ihrer Wohnung, im Haus, in den im Haus gegebenen Sozialstrukturen, in der Nachbarschaft oder dem Stadtteil mit seinen erreichbaren und nicht erreichbaren Orten; sie sieht die Menschen – ebenso – in der Gliederung des Tages, der Abfolge der Tage und in den Perspektiven über den Tag hinaus; sie sieht sie – schließlich – in den sozialen Bezügen, der Partnerschaft, wo es sie noch gibt, in der Nachbarschaft und Verwandtschaft. Vor allem aber beschreibt Astrid Woog jene Lebensmuster, in denen die alten Menschen sich, oft bestimmt auch durch ihre frühere Geschichte, in ihren Verhältnissen so eingerichtet haben, dass sie in ihnen zurecht kommen, aber auch in ihren Eigenheiten, Eigenwilligkeiten und Interessen.

Astrid Woog beschreibt diese Verhältnisse und diese Bewältigungsmuster sehr ungeschönt und realistisch, also die Not der Vereinsamung, den Dreck und den Gestank der Verwahrlosung, die Vermüllung, die Krankheiten und die Angst und Unfähigkeit, sich um Heilung zu bemühen, den Fatalismus, der sich Veränderungen nicht mehr vorstellen kann, ja sie als ängstigend und bedrohlich scheut und abwehrt, die Reizbarkeiten, die borniertern Interpretationsmuster der Wirklichkeit. Indem Astrid Woog diese Situationen im Horizont von lebensweltlichen Bewältigungsmustern betrachtet, treten diese – so scheint mir – aus dem Bann jener Krankheitsdefinitionen und pathologischen Interpretationsmustern heraus, in denen sie – z. B. in der Gerontopsychiatrie – so oft beschrieben werden und holt sie in die Normalität eines Kampfes, eines allerdings oft sehr belasteten Kampfes um Lebensbewältigung zurück, ohne damit – da ist Astrid Woog ihrerseits klug und pragmatisch – die medizinischen Definitionen und die von da aus sich erschließenden Zugänge zur Hilfe zu übergehen.

Eine solche Rekonstruktion der lebensweltlichen Verhältnisse und Bewältigungsmuster ist Ausgang und Orientierung der lebensweltorientierten Sozialen Arbeit. Dieser Ansatz hat für die Altenarbeit eine ganz besondere und besonders hohe Bedeutung. Alte Menschen des vierten Alters sind angewiesen auf die Verlässlichkeit und Sicherheit von Raum, Zeit und vertrauten sozialen Bezügen; je eingeschränkter sie in ihren Bewegungsmöglichkeiten werden, umso verwiesener sind sie auf die Stärkung der in der Erfahrung eingewöhnten Routinen und Überschaubarkeiten. Dies gibt Halt. Alte Menschen brauchen alle Energie, diesen Halt aufrecht zu erhalten. Hier setzt sozialpädagogische Altenarbeit an, indem sie Menschen in ihren Verhältnissen – soweit es irgend geht – zu einem gelingenden Alltag hilft.

Um dies zu ermöglichen, entwickelt Astrid Woog in den Geschichten ein den individuellen Konstellationen sehr angeschmiegtes, sehr vielfältiges und phantasievolles Handlungsrepertoire. Es braucht Vertrauen im Spiel zwischen Nähe und Distanz, zwischen Respekt und Ermutigung zur Veränderung. Es braucht Phantasie, um in den Eigenheiten, Interessen und Tüchtigkeiten – in dem also, was Menschen können, worin sie sich selbst sind – Ansatzpunkte zu entdecken und zu verfolgen, damit sie gegen Hilflosigkeit, Verwahrlosung, Resignation und Fatalismus angehen können. Solche hilfreiche Phantasie bezieht sie auf Bewältigungsaufgaben in allen Dimensionen der Lebenswelt, sie agiert – so ließe sich vielleicht pointieren – in den Dimensionen der Lebenswelt in der Offenheit dessen, was in der Situation an Begleitung, an Ressourcenvermittlung, an Beziehungsklärung, an Ermutigung zu Selbsttätigkeiten möglich und nötig ist. Das In- und Nebeneinander der Darstellung der konkreten Zugänge in den Geschichten und der verallgemeinernden Darstellung im Schluss scheint mir ergiebig und beispielhaft für eine zugleich kasuistisch orientierte und methodisch inspirierte sozialpädagogische Altenarbeit. In diesem Spiel von Konkretem und Prinzipiellen wird vor allem auch deutlich, ein wie hohes Maß an professioneller Reflexivität als Vermittlung von Wissen, Strukturierungskraft und Wachheit in der Situation Voraussetzung dafür ist, dass eine solche Arbeit, die den Mut hat, sich den konkreten Verhältnissen auszusetzen, gelingen kann.

Diese Darstellungen Astrid Woogs sind wichtig zur Klärung des Selbstverständnisses einer sozialpädagogischen Altenarbeit; sie bringen – scheint mir – die in den Alltag und die Bewältigungsprobleme eingelassene und oft so unübersichtliche Arbeit auf den Begriff, indem sie sie in einem generellen, für die Soziale Arbeit tragfähigen Konzept fundieren. Und: Indem sie so in ihrer Eigensinnigkeit, in ihrer Tragfähigkeit und Notwendigkeit deutlich wird, kann sie sich ausweisen und Raum und Ressourcen für sich beanspruchen neben und gegenüber anderen Ansätzen einer Altenarbeit, die eher auf rasche Versorgung in offenkundigen Defiziten hin orientiert sind, oder den heute gegebenen Sparzwängen folgen oder Maximen eines rigiden Pflege- und Versorgungskonzepts verpflichtet sind, die sich bisweilen ja sogar in der Sprache einer auf die Details der Pflegeaufgaben bezogenen vermeintlichen Alltagsorientierung maskieren.

Die hier für die sozialpädagogische Altenarbeit gegebene Konkretisierung des Konzepts Lebensweltorientierung scheint mir aber auch für ein allgemeines Verständnis pädagogischen und sozialarbeiterischen Handelns wichtig. Soziale Arbeit und Hilfe setzt auf Veränderung und Verbesserung; diese für alle Soziale Arbeit unabdingbare Differenz von Gegebenem und Möglichem wird in der Praxis allzu leicht ungeduldig und großbögig in Veränderungsperspektiven ausgelegt, die in der gegebenen Situation und für die, die darauf angewiesen sind, nicht einholbar sind. Indem Soziale Arbeit mit alten Menschen im Medium von Begleiten, Vermitteln, Klären – und in den oft so schwierigen Situationen als Dasein, nicht Alleinlassen und Trösten – agiert, macht sie Dimensionen in dem, was ein gelingender Alltag ist, deutlich, die im Drang eines Helfens, das Erfolge sehen will allzu oft übersehen und unterschlagen werden.

Und schließlich: Astrid Woog verdeutlicht lebensweltorientierte Altenarbeit, indem sie – in allen Schwierigkeiten und in aller selbstkritischen Sensibilität – gelingende Geschichten erzählt. Gewiss ließen sich Probleme und Widrigkeiten härter ausschärfen, also das Scheitern von Beziehungen und die verzweifelte Hilflosigkeit, wenn Arbeitskonstellationen und gesellschaftliche Verhältnisse alle Unterstützung desavouieren.

Astrid Woogs Interesse und Intention aber ist es, Möglichkeiten in der Unmittelbarkeit der Situation zu suchen und zu verfolgen, die sie im Modell von „best practice" nicht nur postulieren sondern in Erfahrung konkretisieren will. Das scheint mir hilfreich in einer Sozialen Arbeit, die nach außen und nach innen oft verschüchtert und verunsichert ist. Es ist vor allem ermutigend in den sozialen und gesellschaftlichen Problemen unserer Zeit, die so zu Verdrossenheit und Ermüdung verführen. Es braucht ein von Hoffnung getragenes Arbeitsverständnis, das – mit Ernst Bloch geredet – „nicht ins Scheitern verliebt ist, sondern ins Gelingen."

Tübingen, im Mai 2006
Hans Thiersch

Inhalt

Einleitung

Durch den stetigen Rückgang der Geburtenzahlen verbunden mit dem Anstieg der Lebenserwartung gerieten alte Menschen zunehmend in das Blickfeld Sozialer Arbeit. Hochbetagt zu sein, rückt in den Horizont der Normalbiographie. Soziale Altenarbeit wird nötig, wenn alte Menschen ihre Alltagsorganisation nicht mehr durchschauen und außerstande sind, Ressourcen im Sozialraum weder zu aktivieren, noch zu rekrutieren. Soziale Altenarbeit ist im Rahmen sozialpädagogischer Unterstützung und Begleitung alter Menschen zu einem wichtigen Aufgabenfeld geworden. Dies führte zum gezielten Auf- und Ausbau dieser Hilfeform.

Soziale Altenarbeit unterstützt ältere Menschen und ihre Angehörigen bei der Organisation von Hilfe- und Unterstützungsprozessen, wenn die Betroffenen dazu selbst nicht mehr in der Lage sind. Sie bietet Beratung an und vermittelt auf Wunsch entsprechende Dienste des ambulanten und stationären Bereichs, und bleibt Ansprechpartnerin bei möglichen Beschwerden über die vermittelten Dienste. Die SozialarbeiterInnen agieren in den gegebenen Verhältnissen, um ältere Menschen – trotz der vorhandenen Einschränkungen – zu einem gelingenderen Leben zu befähigen.

Grundlegende Verbesserungen der körperlichen Fertigkeiten und Fähigkeiten sind bei den alten bis teilweise hochaltrigen Menschen kaum mehr zu erreichen. Es geht eher um ein Dasein, Dabeisein und Aushalten (Thiersch). Die lebensweltorientierte Arbeitsweise erfordert einerseits in der jeweiligen Situation spontan das Passende zu tun, andererseits auf geplantes, zielorientiertes Handeln nicht zu verzichten. Die oft schwierigen Arbeitsbedingungen setzen eine gut überlegte Gestaltung sozialpädagogischen Handelns voraus. Ziel der vorliegenden Untersuchung ist die Darstellung der Arbeitsweise Sozialer Altenarbeit, also die Bewältigung der sozialpädagogischen Praxis gemeinsam mit den alten Menschen.

Im einleitenden Teil suche ich einen Zugang zur Thematik über die Erkenntnisse der Altersforschung zu finden, die sich auf die Beschreibung, Erklärung und Modifikation von körperlichen, psychischen, sozialen und kulturellen Aspekten des Alters und Alterns, einschließlich der Analyse von altersrelevanten und alterskonstituierenden Umwelten und sozialen Institutionen beziehen.

Im praktischen Teil stelle ich die eigene empirische Forschung im Handlungsfeld dar und versuche, die in ihm geltenden Ansatzpunkte für positive Veränderungsmöglichkeiten zu finden. Dies geschieht in Form von sieben ethnographischen Einzelfallstudien, die als Zeitstudien angelegt sind und die Einflussnahme im Hilfeprozess verdeutlichen. Es wird veranschaulicht, wieweit alte Menschen ihren Alltag selbst organisieren und bewältigen können, und wann und in welchen Bereichen sie auf die Hilfe und Unterstützung Sozialer Altenarbeit angewiesen sind. Außerdem werden im Rahmen lebenslangen Lernens die Entwicklung persönlicher und sozialer Kompetenzen und die daraus resultierenden Veränderungen vermittelt, durch die manchem alten Menschen ein zufriedenstellender, „gelingenderer" Alltag möglich wurde.

Im auswertenden Teil der Arbeit wird pädagogisches Handeln vor dem Hintergrund pädagogischer Tradition kritisch reflektiert und Entwicklungen unter der Frage der praktizierten Interventionen analysiert. Es geht um die Gestaltung von Verhältnissen, die nicht mehr tragen, um Mitleid, Geduld, Ermutigung und ein Aushalten des Abbaus körperlicher und geistiger Fähigkeiten und um Stützung bei Kränkungen und Verlusterfahrungen.

Erster Teil:
Theorie Sozialer Altenarbeit

1. Alter und Altern in der modernen Gesellschaft

Einer der bedeutsamsten Trends in den westlichen Industrienationen ist der stetige Rückgang der Geburtenzahlen verbunden mit dem Anstieg der Lebenserwartung. Bei sinkenden Kinderzahlen und steigender Lebenserwartung muss eine Bevölkerung überaltern. Der Rückgang der Kinderzahlen hängt einerseits mit der veränderten Rolle der Frauen in der Gesellschaft zusammen, andererseits mit der mangelnden gesellschaftlichen Anerkennung für das „Kinderkriegen", das bei den betroffenen Müttern oft zu wirtschaftlichen Schwierigkeiten führt.

Baden-Württemberg ist gegenwärtig das einzige Bundesland mit mehr Geburten als Sterbefällen. Außerdem ist es ein Zuwanderungsland. Die Anziehungskraft auf Zuwanderer ist ungebrochen. Allerdings sind sie nicht immer gut integriert. Sie kommen auf der Suche nach Arbeit und Ausbildung nicht nur jung ins Land, sie bringen in ihrer neuen Heimat auch Kinder zur Welt. Die vergleichsweise hohe Kinderzahl ausländischer Familien sorgt dafür, dass der natürliche Saldo der Bevölkerungsentwicklung noch positiv ist. Zuzüge und Geburtenüberschuss machen Baden-Württemberg zum „jüngsten" Bundesland. Im Jahr 2020 wird es mit 16,2 Prozent den höchsten Anteil der unter 18-Jährigen haben. Diese demographische Entwicklung wird die politische Landschaft nachhaltig prägen, den Arbeitsmarkt und den Freizeitsektor erfassen, sowie den Wohnungs- und Warenmarkt, das Gesundheitswesen verändern, neue Lebensstile hervorbringen und kulturelle Leitbilder bzw. soziale Rollenzuweisungen umstürzen (Kröhnert et al. 2004, S. 80).

1.1 Aktuelle familiale Entwicklungstendenzen

Nach den Erhebungen des Berlin Instituts für Weltbevölkerung und globale Entwicklung bekommen Deutschlands Frauen „so wenig Kinder wie fast nirgendwo auf der Welt (…). Fast jede dritte Frau bleibt kinderlos. Bei Akademikerinnen sind es sogar 40 Prozent" (ebd., S. 12). Solange sich die Geburtenzahlen nicht wesentlich erhöhen, wird die relative Durchalterung der Bevölkerung weiterhin ansteigen. Dementsprechend hat sich die Zahl der Haushalte mit Kindern in den zurückliegenden Jahrzehnten, ebenso wie die Bevölkerung, die mit Kindern im Haushalt lebt, rückläufig entwickelt (BMFSFJ 2003, S. 37).

Der Beginn der Elternschaft hat sich seit den achtziger Jahren kontinuierlich nach hinten verschoben. Die Familiengründung erfolgt in einem immer höheren Alter. Die Viergenerationenfamilie ist keine Seltenheit mehr. Die Enkel müssen möglicherweise die Mutter, die Großmutter und die Urgroßmutter pflegen, sowie die eigenen Kinder versorgen. Eltern und Kinder „haben eine Interaktionsgeschichte. Im Laufe dieser Geschichte verändern sich die Interaktionsmuster, und es sind nicht mehr Erwachsene und Kinder, sondern Erwachsene, die miteinander interagieren" (Schütze/Wagner 1995, S. 309).

Das Land muss für Familien mehr Entlastungsmöglichkeiten schaffen, sonst wird es aus diesem Dilemma keinen Ausweg geben und zu keiner Verbesserung kommen. Frauen muss es möglich gemacht werden, Beruf und Familie zu vereinbaren. Überfällig ist die Gleichstellung von Mann und Frau. In Skandinavien, wo nach Erhebungen von Reiner Klingholz die Gleichstellung besser funktioniert, sind die Kinderzahlen höher. Frauen, die sich zwischen Beruf und Familie entscheiden müssen, entscheiden sich heute meist für den Beruf. Sie wissen nur viel zu gut, wie es den eigenen Müttern ergangen ist, die sich für die Familie entschieden haben. Diese Mütter sind heute alt. Viele konnten sich in den Familienjahren keine eigene Rente wie die Männer über einen Zeitraum von dreißig bis zu vierzig Jahre aufbauen und rutschen heute oft genug in die „Armutsfalle".

Das vermehrte Ausbleiben von Kindern und der Anstieg der Lebenserwartung haben zu einem steigenden Anteil älterer Menschen in der Gesamtgesellschaft geführt. Das bedeutet für die meisten älteren Menschen, nach dem Renteneintritt noch viele aktive und gesunde Jahre zu haben, nachdem sich körperliche Beeinträchtigungen in ein höheres Lebensalter verschieben. Die Verbesserung der ökonomischen, medizinischen und sozialen Verhältnisse trägt einen wesentlichen Teil zu dieser Entwicklung bei. „Ein vorzuschlagender Weg in die demografische Zukunftsfähigkeit wäre, eine längere Lebensarbeitszeit einzuführen" (Kröhnert et al. 2004, S. 93).

Nach den Einschätzungen des „Vierten Berichts zur Lage der älteren Generation" (BMFSFJ 2002) wird sich die Altersstruktur der Bevölkerung ab sechzig Jahren in den nächsten Jahrzehnten weiter verändern. So wird ihr Anteil an der Gesamtbevölkerung (derzeit ca. 83 Millionen) steigen und zwar von 16 Prozent im Jahr 2000 auf 29 Prozent im Jahr 2050. Kinder und Jugendliche wiederum werden einen geringeren Anteil innerhalb der Bevölkerung ausmachen als heute. Ihr Bevölkerungsanteil sinkt von 21 Prozent im Jahr 2000 auf 16 Prozent im Jahr 2050. Dadurch wird sich die bereits heute bestehende Rentenproblematik weiter verschärfen, nachdem der Altersaufbau der Bevölkerung bisher für die Rentenfinanzierung von ausschlaggebender Bedeutung ist. In allen EU-Staaten werden Anstrengungen unternommen, die Pensionssicherungssysteme den demografischen Veränderungen anzupassen.

Hochbetagt zu sein, rückt für Erwachsene in den Horizont der Normalbiografie. Die Zahl der Hochaltrigen ab fünfundachtzig Jahren wird weiter zunehmen. Für Kinder und Heranwachsende ist es heute normal, mit Großeltern aufzuwachsen, manchmal erleben sie sogar die Urgroßeltern. Die Dreigenerationenfamilie ist zur Normalität geworden. Diese Entwicklungen werden auch Auswirkungen auf die Gestaltung des Sozialen haben. Soziale Arbeit wird sich auf die neuen Gegebenheiten ein- beziehungsweise umstellen müssen. Die Arbeit im Bereich der Sozialen Altenarbeit/Altenhilfe wird, wie ich vermute, an Bedeutung zunehmen, wogegen die Arbeit im Bereich der Jugendarbeit/Jugendhilfe eher abnehmen wird. Es bietet sich deshalb auch an, „das Desideratum einer übergreifenden Generationenpolitik zu formulieren" (Lüscher et al. 2003, S. 78), nachdem Kinderpolitik und Altenpolitik in enger Wechselbeziehung zur Familienpolitik stehen.

1.2 Generation und Generationenbeziehungen

Der Begriff Generation ist ein allgemeines gedankliches Konstrukt, gebraucht als ein Deutungsmuster, um Leben an sich nach dem Verlauf seiner Entwicklung besser gliedern zu können. Das heißt, Zeitabläufe im Leben von Menschen, Pflanzen und Tieren zu ordnen. Bezogen auf den Menschen unterscheiden wir je nach Lebensalter die junge, die mittlere und die alte Generation, oder in einem anderen Sprachgebrauch, die erste, die zweite, die dritte und die vierte Generation. Gemeint sind in diesem Fall die Kinder, die Eltern, die Großeltern und die Urgroßeltern, welche je unterschiedliche Rollen einnehmen. Die Viergenerationenfamilie wird weiter an Boden gewinnen. Wie Kurt Lüscher und Ludwig Liegle ausführen, zeigt sich die spezifische Identität der einzelnen Generationen in ihrem Fühlen, Denken, Wollen und Tun. Dies erfolgt aus dem gemeinsamen Erleben einer bestimmten Epoche (Lüscher et al. 2003, S. 60).

Die Gestaltung von Generationenbeziehungen beruht nicht allein auf dem spontanen Handeln der Akteure, sondern sie sind „mitbestimmt durch gesellschaftliche Erwartungen, kulturelle Vorstellungen und rechtliche Regulierungen. Es ist davon auszugehen, dass sich in jeder Gesellschaft und in jeder Geschichtsepoche eine je spezifische Generationenordnung (oder auch ein Prozess ihres Wandels) feststellen lässt und diese ihren Niederschlag in einem entsprechend handlungsleitenden Wissen der Akteure findet, ohne freilich das Verhalten und Handeln zwischen den Generationen vollständig festzulegen" (ebd., S. 55). Gemeint sind die sich wandelnden gesellschaftlichen Orientierungsmuster für die Gestaltung von Generationenbeziehungen.

Eine humane Gesellschaft besteht darin, dass niemand das Gefühl haben muss, einsam und isoliert zu leben. Das gilt auch für den älteren Menschen. Viele ältere Menschen leiden weniger unter Armut als unter Einsamkeit und mangelnder menschlicher Nähe. In einer „Mehr-Generationen Familie" lassen sich solche Schwierigkeiten eher auffangen. Für das Zusammenleben mehrerer Generationen in Familien müssen bezahlbare Rahmenbedingungen geschaffen werden, „die den Familien eine Gestaltung des gemeinsamen Lebens nach eigenen Vorstellungen ermöglichen" (BMJFFG 1986). So heißt es bereits im Vierten Familienbericht. Es geht darum, die Solidarität zwischen den Generationen zu fördern, um den alten Menschen ein gesichertes und würdiges Leben zu ermöglichen.

Die Familie ist immer noch der wichtigste Ort für die Begegnung der Generationen. Die Hälfte aller Deutschen zwischen 15 und 59 Jahren gibt an, es in der Familie häufig mit über Sechzigjährigen zu tun zu haben. Aber nur ein gutes Viertel hat im Berufsleben oder im Bereich von Ausbildung, Schule oder Hochschule häufig mit über Sechzigjährigen zu tun. Dieser Sachverhalt ist nicht verwunderlich, da es sich bei dieser Altersgruppe in Deutschland meist schon um Ruheständler handelt.

Wie aus dem Jahresbericht des Stadtseniorenrates Stuttgart für das Jahr 2004/2005 hervorgeht, „hat der Begriff ‚Demographischer Wandel' in der Wirtschaft und Sozialpolitik sowie bei allen Wahlen eine große Rolle gespielt, und zwar in einem Sinne, der sich für die ältere Generation negativ ausgewirkt hat. Die wachsende Zahl älterer Menschen wird oft geradezu als bedrohlich für die gesellschaftliche Entwicklung dargestellt. Man befürchtet die Einschränkung der Zukunftschancen Jüngerer, ständig steigende Ausgaben für Renten, Gesundheitswesen und Pflege. Die Älteren geraten in eine Verteidigungsposition, so dass sie sich für eine längere Lebensdauer und bessere Gesundheit geradezu rechtfertigen müssen. Ebenso für die Tatsache, dass die Kassen der Rentenversicherer und der Pflegeversicherung leer sind.

Die Chancen, die sich in der Gesellschaft durch die große Zahl Älterer ergeben, werden heruntergespielt, so etwa ihre Rolle zur Unterstützung der berufstätigen Frauen und ihre dominierende Position als ehrenamtlich Tätige im Sozialwesen. Richtig ist sicher, dass eine Gesellschaft, in der das Verhältnis der Generationen zueinander so unausgeglichen ist wie in Deutschland, in eine Schieflage gerät. Daran sind aber nicht die Älteren schuld, die sich auch nicht zu wenig um den Nachwuchs bemüht haben. Vielmehr ist es die Aufgabe der Politik, für mehr Kinderbereitschaft und für die bessere Vereinbarkeit von Beruf und Familie zu sorgen. Hier gibt es große Versäumnisse, die wiederum die Älteren nicht zu verantworten haben. Immerhin ist gerade im letzten Jahr das Problembewusstsein für diese Situation sehr gewachsen, so dass damit hoffentlich auch bald die Probleme selbst angepackt werden.

In der Zwischenzeit wird sich unsere Gesellschaft nur positiv entwickeln können, wenn es zu einem harmonischen Zusammenwirken der Jüngeren und der Älteren und zu einer entsprechenden Aufgabenteilung kommt. In diese Richtung muss das Bewusstsein nicht nur der jüngeren und der mittleren Generation entwickelt werden, sondern auch der älteren.

Die älteren Menschen müssen sich klar darüber werden, dass sie in unserer Gesellschaft mehr und mehr Pflichten zu übernehmen haben, die von den jüngeren mangels ausreichender Zahl nicht erfüllt werden können, insbesondere im sozialen Bereich. Diese Entwicklung hat bereits eingesetzt, wird aber verzögert durch das negative Bild Älterer, das insbesondere die Wirtschaft dadurch zeichnet, dass sie den älteren Arbeitnehmern Mobilität, Kreativität und Flexibilität abspricht und sie schlicht für unrentabel erklärt. Die Folgen, dieser bereits Jahrzehnte dauernde Haltung haben wir heute zu tragen."

Diese Ausführungen des Stadtseniorenrates Stuttgart wurden vor dem Hintergrund der Auswirkungen der Gesundheitsreform geschrieben, unter der vor allem die Älteren zu leiden haben. Höhere Zuzahlungen in Apotheke und Krankenhaus, die Praxisgebühr, höhere Leistungen der Pflegeversicherung und der Pflege selbst. Das alles musste bei sinkenden Rentenzahlungen getragen werden.

Dazu kommt die derzeit übliche, mehr oder weniger willkürliche Freisetzung älterer Menschen von der Berufs- und Erwerbsarbeit bereits mit sechzig beziehungsweise fünfundsechzig Jahren. Dass kommt einer gesellschaftlichen Aussonderung gleich. Heute kommen auf jeden Bürger über sechzig Jahre vier Erwerbstätige. Nur etwa 63 Prozent der Europäer zwischen fünfzehn und vierundsechzig Jahren sind erwerbstätig. Das Nachdenken über eine Verlängerung der Lebensarbeitszeit hat bereits begonnen. Die von den Alten in langen Lebensjahren erworbene Lebenserfahrung wäre es wert, an die Jungen weitergegeben zu werden. Auch wenn Wissen veraltet, und sich die Innovationsintervalle in der Wirtschaft verkürzen, wird das Erfahrungswissen nicht wertlos.

Die fehlende Weitergabe von Lebens- und Berufserfahrung wirkt sich auf die Generationenbeziehungen offenbar ungünstig aus. „Es scheint, als schotteten sich Jung und Alt in der modernen Gesellschaft zunehmend voneinander ab." Dies ist das Ergebnis der bundesweiten „Studie zum Verhältnis der Generationen in der Bürgergesellschaft" des Sozialwissenschaftlichen Instituts für Gegenwartsfragen in Mannheim (SIGMA) im Jahr 1999 zum Verhältnis der Generationen. Dennoch ist die Bereitschaft zum gemeinsamen Engagement in allen Altersgruppen vorhanden – allerdings nicht mehr in der herkömmlichen Weise, dass die Jüngeren von den Älteren etwas zu lernen hätten. Bei unter Dreißigjährigen ist diese Erwartung nur noch bei jedem Vierten vorhanden.

Jörg Ueltzhöffer, der Autor der Studie, meint, es solle eine Ethik des Zusammenhalts gefördert werden. Offensichtlich drohe in Deutschland weniger der „Krieg der Jungen gegen die Alten" (Gronemeyer) als eine zunehmende Sprach- und Verständnislosigkeit, verursacht durch einen notorischen Kommunikations- und Beziehungsmangel zwischen den Generationen. Es stellt sich die Frage, auf welche Weise ein Zueinanderfinden und ein Austausch der Generationen zum gemeinsamen Tun gelingen können. Eine Antwort darauf wäre, eine in allen Altersgruppen geteilte Ethik eines freundlichen Zusammenlebens und Zusammenhalts der Generationen zu entwickeln, wie es Jürgen Habermas vorschlägt. Ihn motiviere die Vorstellung, so schreibt er, dass man

„(…) Formen des Zusammenlebens findet, in denen wirklich Autonomie und Abhängigkeit in ein befriedetes Verhältnis treten. (…) Diese Intuition stammt aus dem Bereich des Umgangs mit anderen; (…) Gegenseitigkeiten und Distanz, Entfernungen und gelingende, nicht verfehlte Nähe, Verletzbarkeiten und komplementäre Behutsamkeit – all diese Bilder von Schutz, Exponiertheit und Mitleid, von Hingabe und Widerstand steigen aus einem Erfahrungshorizont des, um es mit Brecht zu sagen, freundlichen Zusammenlebens auf. Diese Freundlichkeit schließt nicht etwa den Konflikt aus; was sie meint, sind die humanen Formen, in denen man Konflikte überleben kann (Habermas 1985, S. 202)."

Nicht ohne Grund werden von einigen Sozialphilosophen und Sozialwissenschaftlern im Rahmen der Kommunitarismusdebatte die Forderung zur Wiederherstellung von Gemeinschaft und die Ermöglichung von Begegnung ausgesprochen. Der amerikanische Soziologe Robert N. Bellah ist der Auffassung, dass die Auswirkungen des Marktes und die Arbeitsbedingungen auf die Familie es den Familienmitgliedern schwer machen, „(...) für eine Form des gemeinsamen Lebens Verantwortung zu übernehmen, das jede(r) der Beteiligten als das ihre oder seine empfinden kann" (Bellah 1992, S. 60).

Er plädiert für eine Form des „teilhabenden Lebens", um dem eigenen Leben Befriedigung und Sinn zu geben: „Gelegenheiten, in einem mit anderen geteilten Leben eine verantwortliche Rolle zu übernehmen, halten nicht nur das Familienleben aufrecht, sondern auch das Schul- und Gemeinschaftsleben, das von religiösen Organisationen und Wirtschaftsunternehmen, das von Staaten und sogar, wie wir jetzt bemerken, das einer bewohnbaren planetaren Ökosphäre" (ebd.). Für den einzelnen Menschen, ob alt oder jung, ist es wichtig, sich in seinen eigenen Leistungen und Fähigkeiten als wertvoll für die Gesellschaft zu erfahren.

1.3 Haushalts- und Familienformen

Drei Viertel aller hochaltrigen Frauen, aber nur ein Drittel aller hochaltrigen Männer ab achtzig Jahren, leben allein im Haushalt. Während für Frauen etwa ab der Mitte des achten Lebensjahrzehnts der Einpersonenhaushalt zur typischen Lebensform wird, leben Männer in Mehrpersonenhaushalten, die meisten von ihnen in einem Haushalt mit zwei Personen. Die Gründe für das häufige Alleinleben von Frauen in den höheren Altersjahren liegen hauptsächlich in der höheren Lebenserwartung der Frauen und dem Altersunterschied zwischen den Ehegatten. Beides führt dazu, dass verheiratete Frauen im höheren Alter ein wesentlich höheres Verwitwungsrisiko tragen als verheiratete Männer. Aus dem gleichen Grund können Männer mit einer deutlich höheren Wahrscheinlichkeit damit rechnen, ihren Lebensabend in einer Partnerschaft zu verbringen.

Nach dem Altenhilfeplan der Stadt Stuttgart „ist die Wohnsituation ein wesentlicher Indikator für individuelle Lebenszufriedenheit und fast nichts wird so sehr mit dem Ausdruck eigener Kompetenzen verbunden wie das Führen eines eigenständigen Haushalts. Wohnqualität hängt für Ältere eng mit dem Erhalt von Selbstständigkeit und Selbstbestimmung und mit Vertrautheit, Kontinuität und Sicherheit zusammen. Wohnqualität bezieht sich dabei nicht nur auf die Ausstattung der Wohnung, sondern vor allem auch auf das räumliche und soziale Wohnumfeld im Sinne von infrastruktureller Qualität im unmittelbaren Nahbereich sowie im quartierbezogenen Makroumfeld" (Fortschreibung 2005–2010).

Angesichts der sich entwickelnden Vielfalt an Lebensstilen und der zunehmenden Differenzierung und Pluralisierung von Lebens- und Bedarfslagen im Alter sind vier Themenbereiche in den nächsten Jahren von besonderer Bedeutung. Erstens sind es die „Betreuten Seniorenwohngemeinschaften", die zu Nischenangeboten in der Versorgungslandschaft führen und dazu beitragen, dass ältere Menschen sich aktiv für ihr individuell passendes Angebot entscheiden können. Zweitens ist es das „Selbstorganisierte gemeinschaftliche (Senioren-)Wohnen". Doch obwohl die Nachfrage nach gemeinschaftlichen Wohnen bei Jüngeren und Älteren steigt, ist die Zahl der realisierten Vorhaben noch klein, da etliche Hürden zu überwinden sind. Notwendig ist ein Beratungsangebot für Interessierte und die Entwicklung von Fördermöglichkeiten für gemeinschaftlich genutzte Flächen in Wohnprojekten.

Zum Dritten geht es um das „Wohnen älterer MigrantInnen". Sie leben zwar überdurchschnittlich häufig in schlecht ausgestatteten Wohnungen, verfügen aber in ihrem Wohnumfeld oft noch über wertvolle Unterstützungssysteme. Da die Nutzung dieser innerethnischen Potenziale weitgehend mit dem Erhalt der bisherigen Wohnung verbunden ist, sind alle Maßnahmen, die den Verbleib in der vertrauten Umgebung ermöglichen, von existenzieller Bedeutung.

Der letzte angedachte Themenbereich heißt „Wohnen bleiben im Quartier". Quartierbezogene Wohnkonzepte setzen weniger auf den Ausbau isolierter Wohnformen, als vielmehr auf die Vernetzung unterschiedlicher Wohn- und Versorgungsangebote dort, wo ältere und jüngere Menschen zusammenleben und sich Generationen übergreifend unterstützen können, nämlich in überschaubaren Stadtteilen bzw. Wohnquartieren. Der Barrierefreiheit als pflichtgemäßen Standard beim geförderten Wohnungsbau kommt dabei eine besondere Bedeutung zu.

Die Erhaltung der Selbstständigkeit sowie die Sicherung einer selbstbestimmten Lebensführung und gesellschaftliche Mitgestaltung sind die wichtigsten Anliegen älterer Menschen. Meiner Erfahrung nach möchten die meisten alten Menschen auch nicht mehr umziehen. Ihr Wunsch ist es, solange wie möglich in der ihnen vertrauten Wohnung und Umgebung bleiben zu können. Sie sind mit ihrer Lebenswelt in besonderer Weise verbunden. Deshalb besteht auch keine Bereitschaft, die Wohnung im hohen Alter noch einmal zu verlassen. Zunehmende Gebrechlichkeit und ein hohes Sicherheitsbedürfnis führen dazu, dass ein großer Teil alter Menschen mit steigendem Alter Außenkontakte reduziert und sich vornehmlich auf den Innenbereich beschränkt. Eine alten- und behindertengerecht umgebaute Wohnung kann im Sinne eines präventiven Technik- und Dienstleistungseinsatzes dazu beitragen, Hilfe- und Pflegebedürftigkeit zu vermeiden oder hinaus zu schieben.

Dem Gefühl der Vertrautheit kommt eine zentrale Bedeutung zu. Sowohl der Grad der Vertrautheit mit der Nachbarschaft als auch der Grad der Vertrautheit mit der Umgebung beeinflussen im starken Maß die Zufriedenheit und die Ortsgebundenheit. Zu den Nachbarn hat man im Laufe der Zeit ein Vertrauensverhältnis entwickelt, das zwar eher distanziert bleibt, aber gelegentlich auch zu gegenseitiger Hilfe führen kann, wenn zum Beispiel jemand erkrankt. Trotz der Distanz hat man ein Gefühl der Nähe, wenn die Nachbarn Anteil an persönlichen Ereignissen nehmen. Mit dem Verlust der vertrauten Umgebung steht zugleich der Verlust der bisherigen sozialen Kontakte.

Besonders deutlich wird dieser Zusammenhang in Verbindung mit der vorhandenen beziehungsweise fehlenden Umzugsbereitschaft. Viele Erinnerungen sind mit der Wohnung verknüpft. „Zur Lebenswelt gehören die Wohnungseinrichtung, vertraute Gegenstände der Erinnerung, das Haus mit den Nachbarn, die Wohnumgebung und die bekannten Einkaufs- und Verkehrswege" (Noack 2005, S. 23). Untersuchungen haben bestätigt, dass gerade für ältere Menschen Wohnen weit mehr bedeutet, als ein Dach über dem Kopf zu haben. Neben nahe liegenden Aspekten wie Wohnlage, Anbindung, Ausstattung sowie Autonomie und sozialer Austausch tragen gerade auch weniger fassbare emotionale Bindungen an die Wohnung zum Wohlbefinden bei. Ambulante Hilfen ermöglichen alten und kranken Menschen, in ihrer Wohnung bleiben zu können. Der Bedarf an 24-Stunden-Betreuung in der eigenen Häuslichkeit wächst.

Die Angst vor Neuem und die Angst vor Veränderungen scheinen berechtigt zu sein, wenn man bedenkt, dass die Anpassungsfähigkeit mit zunehmendem Alter abnimmt. Schlimm wird es für den alten Menschen, wenn er aus Gründen der Pflegebedürftigkeit seine Wohnung verlassen und in ein Pflegeheim umziehen muss. Die vertraute Wohnung und die gewohnte Umgebung sind für die meisten älteren Menschen existentiell wichtig. Die Sonnenstrahlen an der Zimmerwand, das Muster der Tapete, der Geruch und die Atmosphäre in der Wohnung sind mit Erinnerungen und Gefühlen der Geborgenheit verbunden. Hier will man nicht weg.

Ein Wohnumfeld mit ausschließlich älteren Menschen ist nicht attraktiv. Eine Altersdurchmischung bringt Freude und Leben mit sich. Klaus Dörner forderte auf einer Tagung in Berlin im Jahre 2003 auch nachdrücklich eine „Ambulantisierung der Alten- und Behindertenhilfe." Die Abschaffung der Pflegeheime und der Aufbau von Wohngemeinschaften für Alt und Jung sind wegweisend für die Zukunft. Klaus, W. Pawletko plädiert zusätzlich für den Ausbau ambulant betreuter Wohngemeinschaften vor allem für demenziell erkrankte Menschen, um deren Lebensqualität zu verbessern: „Alle bislang mit dieser Organisationsform gemachten Erfahrungen bestätigen, dass sich der Tagesablauf in der Gruppe (im Kollektiv) für die Demenzkranken sowohl anregend als auch angstreduzierend auswirkt" (Pawletko 2004, S. 13).

Für wichtig halte ich die Förderung quartiersbezogener Wohnformen, wie zum Beispiel gemeinschaftliches Wohnen. Neue, altersübergreifende Wohnformen wie Haus – oder ambulant betreute Senioren – Wohngemeinschaften stellen eine Alternative zum Leben im Heim dar, die auch den Wünschen vieler Pflegebedürftiger entspricht. Wohngemeinschaften können insbesondere für allein stehende ältere Menschen, die Vorsorge für Notsituationen treffen möchten, als Alternative zum Alleinleben von Bedeutung sein.

Die Anforderungen, die ältere Menschen an neue Wohnmodelle stellen, sind Selbstbestimmung, Normalität, soziale Integration, gesicherte Versorgung, Kontaktmöglichkeiten, Kostenneutralität, und bei Pflegebedürftigkeit sollte die Pflege quartiersbezogen zu Hause erfolgen. Gemeinsames Wohnen beugt der Vereinsamung vor und trägt dazu bei, die physische und psychische Gesundheit der BewohnerInnen zu erhalten. Außerdem ermöglicht die Wohngemeinschaft eine selbstbestimmte Lebensgestaltung in einer frei gewählten Gemeinschaft. Ein Austausch zwischen den Generationen und ein würdevolles Leben im Alter werden möglich. Es geht also auch darum, „haltgebende Lebensräume zu gestalten, da zu sein, Abbau und Verluste auszuhalten und darin Formen eines versorgten und akzeptierten Lebens zu wahren" (Böhnisch et al. 2005, S. 155).

Allerdings haben Wohngemeinschaften für ältere Menschen bislang in der Bundesrepublik Deutschland wenig Resonanz in der Öffentlichkeit erlebt. Dabei gehen die Stuttgarter Initiativen davon aus, „Wohngemeinschaften älterer Menschen in Selbstträgerschaft zu bilden, das heißt, ältere Menschen organisieren und führen die Wohngemeinschaft eigenverantwortlich. Sie regeln ihre Angelegenheiten selbst und helfen sich bei physischer oder sozialer Hilfebedürftigkeit untereinander. In besonderen Notsituationen nehmen sie auch ambulante Hilfen in Anspruch" (Altenhilfeplan Stuttgart 1999).

In einer Wohngemeinschaft hat jeder der Bewohner ein persönliches Zimmer zum Rückzug. Gemeinsam genutzt werden die Räume zum Essen, Kochen und Besuch empfangen. Über die Aufnahme neuer Bewohner oder die Gestaltung des Hauses wird gemeinsam entschieden. Die Entscheidungen über Essen, Kleidung und Aktivitäten treffen die Bewohner selbst. Generell gilt ein unbefristetes Wohnrecht unabhängig von eintretender Pflegebedürftigkeit. Die Tagesgestaltung richtet sich nach den individuellen Gewohnheiten und Vorlieben.

Für Helfer gilt es, ihre Lebenskraft und Lebenslust zu unterstützen. Der Erhalt von Fähigkeiten wird gefördert, indem sich die Bewohner nach Kräften am Tagesgeschehen beteiligen können, sei es im Haushalt, bei Spaziergängen oder anderen Aktivitäten. Die Mitarbeit von Angehörigen oder rechtlichen Vertretern ist sehr wichtig. Sie sind die eigentlichen Vertreter der Selbstorganisation.

1.4 Pflege- und Betreuungsleistungen

„Menschen, deren körperliche und geistige Kräfte nachlassen, oder die pflegebedürftig sind, benötigen im Alltag in oft ganz unterschiedlichen Bereichen Unterstützung. Neben Hilfen bei den auf den Körper bezogenen Verrichtungen, die nach dem Pflegeversicherungsgesetz den Kern der Pflege bilden, bedürfen sie auch der Unterstützung bei der Führung des Haushalts, oder bei der Regelung von persönlichen oder wirtschaftlichen Angelegenheiten" (Altenhilfeplan Stuttgart 1999, S. 12).

Der Anteil der in Pflegeheimen lebenden Menschen steigt bei den Achtzig- bis Vierundachtzigjährigen bis auf etwa sechs Prozent und bei den Menschen im Alter von neunzig und mehr Jahren auf 24 Prozent an. Dabei handelt es sich mit steigendem Alter immer häufiger um Frauen. Hochaltrige Frauen ab achtzig Jahren leben zu einem höheren Prozentsatz in Gemeinschaftsunterkünften als hochaltrige Männer. Viele alte Menschen ängstigen sich vor stationärer Pflege. Sie erhalten zwar eine gute medizinische und pflegerische Versorgung, aber keine zufrieden stellende mitmenschliche Begleitung. Aus diesem Grund lehnen mehr als 70 Prozent der Pflegebedürftigen und sogar 87 Prozent der Angehörigen trotz erheblicher persönlicher Belastungen eine Pflege im Pflegeheim ab. Nach den Erkenntnissen

26

des Robert Koch Instituts stehen Pflegeexperten „dem Trend zur stationären Pflege" kritisch gegenüber.

„Die Würde des Menschen ist unantastbar", so heißt es im Grundgesetz. Wir müssen darüber nachdenken, wie wir diese Würde wahren können. Wie verletzt und hilflos muss sich ein pflegebedürftiger Mensch fühlen, wenn er zum Beispiel zu seiner eigenen Sicherheit im Bett fixiert wird, natürlich mit Genehmigung des zuständigen Notars, weil er ohne die Fixierung eventuell aus dem Bett fallen könnte? Wäre es da nicht besser, die Matratze gleich auf den Boden zu legen, weil dann nicht viel passieren kann? Normen und Bestimmungen verhindern menschliches Verhalten. Besonders krass zeigt sich diese Haltung in der Pflege. Die Pflegetätigkeit muss rasch erfolgen. Zum Gespräch bleibt nicht viel Zeit. Der nächste wartet schon, dass er gesäubert wird. Zeit ist Geld und Pflege ein Markt. Daran wird sich nichts ändern, wenn wir nicht radikal umdenken.

Nach der neuesten Umfrage der Evangelischen Heimstiftung (2005) als einer der größten Anbieter von Altenhilfe- und Behindertendienstleistungen in Baden-Württemberg hat das Pflegepersonal für die Betreuung und Pflege der BewohnerInnen zu wenig Zeit. Dies gaben 81 Prozent der Befragten an. 2004 waren es noch 66 Prozent. Dieses ist eines der Ergebnisse des Altenpflege-Monitors (APM), einer repräsentativen Umfrage unter 1000 Personen der Generation 50 plus, die jährlich durchgeführt wird und dieses Jahr zum zweiten Mal erscheint. Außerdem meinten 70 Prozent, die Pflege wäre zu teuer, 2004 meinten es 68 Prozent. Nur 23 Prozent der Befragten sind der Ansicht, dass die Pflegebedürftigen respektvoll behandelt werden, 2004 waren es 14 Prozent. Bedenklich ist, dass 50 Prozent der Befragten meinen, dass die Pflegebedürftigen mit Medikamenten ruhig gestellt werden, 2004 waren es ‚nur' 33 Prozent. Besorgnis erregend ist, so die Heimstiftung, der Wert bei der Frage nach der Versorgung: Nur 24 Prozent haben den Eindruck, dass man in der Pflege gut versorgt werde, 2004 waren es lediglich 14 Prozent. Tröstlich für die Pflegebranche ist die Einschätzung der Befragten nach der Professionalität der Pflege: Waren 2004 nur 33 Prozent der Meinung, dass die Pflege professionell organisiert sei, so sind es 2005 schon 46 Prozent.

Diese Umfragewerte sind umso bedenklicher, wenn man weiß, welche große Bedeutung die bei der Pflege entstehenden Beziehungen zwischen dem Pflegebedürftigen und der Pflegeperson haben, wie zum Beispiel Achtung, Integrität und Wertschätzung füreinander. Das Deuten von Alltagssituationen und das Verstehen von verbalen und nonverbalen Äußerungen ist ein wichtiger Bestandteil im zwischenmenschlichen Geschehen. Die Intimsphäre ist gefährdet, wenn persönliche Grenzen zwischen Privatheit und Öffentlichkeit nicht respektiert werden. Nähe und Distanz müssen daher in einem ausgewogenen Verhältnis stehen.

Pflegebedürftigkeit bedeutet für den betroffenen Menschen am Rand der Gesellschaft zu stehen. Alltägliche Abläufe sind in der Pflege vorbestimmt. In seinem Denken und Handeln fühlt sich der pflegebedürftige Mensch unfrei, fremdbestimmt und abhängig. Die entstehenden Spannungen erzeugen Stress, sowohl bei den Pflegenden als auch beim Pflegebedürftigen, wenn Autonomie und Abhängigkeit in keinem befriedeten Verhältnis mehr stehen. Menschen fühlen sich unfrei, wenn sie in einer Situation leben, „(…) in der sie (zum Guten oder zum Schlechten) einem Apparat unterworfen sind, der – sofern er Produktion Verteilung und Konsum, materiellen oder geistigen, Arbeit und Freizeit, Politik und Vergnügen umfasst – ihr tägliches Dasein, ihre Bedürfnisse und Bestrebungen determiniert (Marcuse 1969, S. 162)". Die Aufgabe der Sozialen Altenarbeit besteht darin, „die totalen Strukturen aufzubrechen und die alten Menschen gemäß ihren anthropologischen Wesenszügen leben zu lassen: gemäß ihrem Selbstsein, ihrer Intentionalität, ihrer Leiblichkeit, Intersubjektivität, ihrem Handeln und Lernen und ihrer Raum- und Zeitoffenheit" (Noack 2005, S. 23).

Nach Hans Thiersch ist die Rolle der Eltern „(…) eine für Erwachsene besonders reiche, anspruchsvolle und – wenn ich das so salopp formulieren darf – lebendig-abenteuerliche Figuration" (Thiersch 1986, S. 56). Zunächst leben, wachsen, lernen und reifen Eltern zusammen mit ihren Kindern, müssen diese einmal loslassen und sind später selbst vielleicht einmal auf ihre Hilfe angewiesen: „Elternschaft hat also eine Geschichte, in der Handlungsmuster sich nicht verfestigen können, sondern, mit den heranwachsenden Kindern zusammen, immer wieder neu erprobt, erworben und wieder verworfen werden" (ebd., S. 57). In den Interaktions- und Kommunikationsbeziehungen müssen sich die Eltern und die Kinder kontinuierlich neu aufeinander einstellen.

Verlässliche Generationenbeziehungen erfordern ein auf „Angewiesenheit reagierendes Handeln" (Lüscher et al. 2003, S. 18), sowohl von den Jüngeren gegenüber den Älteren als auch von den Älteren gegenüber den Jungen. Das aufeinander Angewiesensein zeigt sich deutlich, wenn Eltern oder Verwandte im Alter pflegebedürftig werden und nicht mehr in der Lage sind, ihren Alltag selbst zu gestalten. Menschen mit einem Unterstützungs- und Versorgungsbedarf sollte auch bei Krankheit und Pflege ein weitgehend selbst bestimmtes Leben – vor allem in der eigenen Wohnung – möglich sein. Der Anspruch auf Selbstbestimmung und Selbstverantwortung muss auch bei wachsender Pflegebedürftigkeit gewährleistet sein.

Alte Menschen wollen für sich selbst einen Weg suchen und selbst zu Rande kommen. Weder der Arzt noch der Pflegedienst sollen über sie hinweg bestimmen, was für sie das „Richtige" wäre. Mit der Zeit ändern sich auch die Gesichtspunkte der Hygiene. Die Vorstellung alter Menschen von Hygiene ist eben eine andere als bei den jüngeren Menschen. Wasser zum Waschen holte man sich früher vom Brunnen. Die Waschschüssel genügte ihren Ansprüchen. Wenn es nicht gelingt, sie zu duschen oder zu baden, sind sie deshalb noch lange nicht schmutzig. Ein Bad besaßen in früheren Zeiten nur die feinen Leute. Fließendes Wasser war noch nicht jedem zugänglich. Gebadet wurde alle vier Wochen in großen Holzbottichen, meist zur gleichen Zeit mit dem Waschen der Wäsche. Das Spülwasser in den Bottichen eignete sich hervorragend dafür. Erst kamen die damals noch zahlreichen Kinder dran und dann die Erwachsenen. Darauf müssen sich Pflegedienste im Umgang mit alten Menschen einstellen. Ein Verstehen des ihnen Fremden, wäre besser als Abwehr und Ekel offen zu zeigen.

Abhängig zu sein und sich wegen körperlicher Gebrechen oder geistiger Abbauprozesse pflegen lassen zu müssen, ist einer der stärksten Eingriffe in das Leben und in die Persönlichkeit eines Menschen und eine schlimme Bedrohung, wenn die autonome Zuständigkeit für den eigenen Alltag nicht mehr gegeben ist. Die Angst vor dieser Erfahrung, nämlich abhängig zu sein, ist meist die Angst vor Pflegebedürftigkeit. Aus diesem Grund ist die Tatsache, gepflegt werden zu müssen, für die Betroffenen eine schwere seelische Belastung. Auf Pflegedienste angewiesene Menschen müssen lernen, mit ihrem Schamgefühl zurechtzukommen. Von PflegerInnen nackt ausgezogen zu werden, um sich von Kopf bis Fuß waschen zu lassen, ist nicht für jeden einfach.

Das Bewusstsein der sich verstärkenden Gebrechlichkeit und der Funktionseinbußen ist von den Betroffenen nur schwer auszugleichen. Deshalb sind Pflegedienste in besonderer Weise gefordert, die Würde des alten Menschen zu achten und seine Wünsche zu respektieren. Die Pflege ist nur gut, wenn zwischen der Pflegeperson und dem ihr anvertrauten Menschen eine echte zwischenmenschliche Beziehung besteht.

Die Familie ist die größte und leistungsfähigste Pflegeeinrichtung. Von den über zwei Millionen Pflegebedürftigen werden mehr als 70 Prozent zu Hause von ihren Angehörigen in ihrer vertrauten Umgebung versorgt. Eine Million davon erhalten ausschließlich Pflegegeld und werden zu Hause von Angehörigen gepflegt. „Der Bedarf an Pflege wird angesichts der demographischen Entwicklung in Zukunft zunehmen, wie differenzierte Schätzungen zeigen" (Pohlmann 2001, S. 75). Deshalb ist die bestmögliche Information über Möglichkeiten der Begleitung bzw. Unterstützung wichtig, um sich als Angehörige nicht selbst zu überfordern. Die häufigste Pflegekonstellation ist „Frau pflegt eigene Mutter", gefolgt von „Frau pflegt Ehemann" und „Frau pflegt Schwiegermutter" (BMFSFJ 2002, S. 196).

Häusliche Pflege ist eine Domäne der Frau. 80 Prozent der pflegenden Angehörigen sind weiblich. Nahezu drei Viertel der Pflegebedürftigen (72 Prozent bzw. 1,44 Millionen) werden zu Hause in einer ihnen vertrauten Umgebung versorgt. Zwölf Prozent davon hatten einen sehr hohen Pflegebedarf (Pflegestufe III). 1,03 Millionen erhielten ausschließlich Pflegegeld, das bedeutet, sie wurden ausschließlich durch Angehörige versorgt. Etwa ein Drittel wird von Partnerinnen (20 Prozent) oder Partnern (12 Prozent) gepflegt. Ein weiteres Drittel von der Tochter (23 Prozent) oder der Schwiegertochter (10 Prozent). Mehr als die Hälfte der Pflegepersonen (53 Prozent) ist zwischen vierzig und vierundsechzig Jahre alt. 32 Prozent sind bereits fünfundsechzig Jahre und älter. Fünf Prozent gehören selbst zu den Hochaltrigen (80 Jahre und älter), (BMFSFJ 2003, S. 139).

Bei langfristiger Hilfebedürftigkeit sind Angehörige, meist weiblichen Geschlechts, immer noch die wichtigsten Bezugspersonen. Hier ist die Verlässlichkeit der Generationenbeziehungen besonders wichtig, weil die Jüngeren dann stärker gefordert sind, zumal sie meist selbst noch mit der Betreuung, Versorgung und Erziehung ihrer eigenen Kinder beschäftigt sind. Eine Berufstätigkeit weiterhin auszuüben, ist in solchen Fällen kaum möglich.

Pflege darf nicht zu Nachteilen für diejenigen führen, die sie tagtäglich erbringen. Deshalb werden Pflichtbeiträge in die Rentenversicherung zur Absicherung der pflegenden Angehörigen einbezahlt. So soll vermieden werden, dass sie Renteneinbußen erleiden. Zusätzlich forderte, meiner Ansicht nach zu Recht, der Präsident des Sozialverbandes Deutschland, Adolf Bauer, auf einer Kundgebung am 1. Mai 2004 in Soltau die Einführung einer Pflegezeit. ArbeitnehmerInnen, die für die Pflege ihrer Angehörigen ihre Berufstätigkeit unterbrechen, hätten damit analog zur Elternzeit ein Recht, anschließend an ihren Arbeitsplatz zurückzukehren.

Pflege kann heute nicht immer und überall durch Angehörige abgedeckt werden. Professionelle Pflegedienste und Dienste für die hauswirtschaftlichen Belange wurden mit Einführung der Pflegeversicherung bewusst verstärkt und müssen diese Lücke füllen. Pflegende Angehörige sind gefährdet, wenn die Belastungen zu groß werden. Sie widmen einen großen Teil ihrer Zeit und Kraft der Pflege und Unterstützung eines Angehörigen. Sie pflegen jahrelang und übernehmen Pflegeverantwortung im hohen Maße. Sie schonen sich nicht und belasten sich physisch und psychisch bis weit über ihre Grenze. Nur 8 Prozent nehmen ausschließlich professionelle Hilfe in Anspruch. Pflegende Angehörige brauchen Entlastung, sonst muss der Pflegebedürftige über kurz oder lang in eine Pflegeeinrichtung.

Erste Forschungsergebnisse des von der Europäischen Union geförderten Projekts „EUROFAMCARE" zeigen Unterschiede, aber auch Gemeinsamkeiten in den Ländern auf: Insgesamt beklagen die Experten eine mangelnde gesellschaftliche Anerkennung familiärer Pflege. Trotzdem besteht unter den Angehörigen eine hohe Pflegebereitschaft. So sind knapp 80 Prozent der Ansicht, die Verantwortlichkeit für die Betreuung hilfebedürftiger Senioren liege in erster Linie in der Familie. Als Hauptmotive für die Betreuung werden emotionale Bindungen, Pflichtgefühl und moralische Verbindlichkeit genannt (Informationsdienst Wissenschaft, veröffentlicht am 18.11. 2005, S. 9).

Offenbar funktionieren die familialen Bindungen mehrheitlich gut. Angehörige machen sich manchmal aus Sorge selbst Druck, wenn sie glauben, die Pflege unbedingt komplett selbst leisten zu müssen, anstatt sich durch die Einbeziehung von Pflegediensten etwas Luft zu verschaffen. Es darf nicht darüber hinweg gesehen werden, wie schnell pflegende Angehörige, vor allem von demenziell Erkrankten, an die Grenze ihrer Belastbarkeit geraten. Deshalb wurden in Stuttgart Betreuungsgruppen für Demenzkranke zur Entlastung pflegender Angehöriger aufgebaut. Eine weitere Entlastung bieten Gesprächskreise für pflegende Angehörige. Sie bieten den belasteten Angehörigen Raum und Gelegenheit, sich mit Anderen auszutauschen und über gemeinsame Erfahrungen zu sprechen. Die Gruppen wollen Orte der Information und Beratung sein und regen an, über Hilfe und Entlastungsmöglichkeiten nachzudenken.

Außerdem gibt es einen Kalender für pflegende Angehörige, in dem wichtige Hinweise auf Veranstaltungen und Kursangebote zusammengestellt sind. Der vierteljährlich vom „Netzwerk pflegende Angehörige" herausgegebene Veranstaltungskalender bietet reichlich Möglichkeiten, sich über Angebote zu informieren, Erfahrung zu sammeln und sich neue Kraft zu holen. Pflegebedürftige Menschen und ihre Angehörigen brauchen eine kontinuierliche Anlaufstelle, um sich bei den notwendigen Anpassungsaufgaben in den sich ständig verändernden Situationen immer wieder Rat und Unterstützung zu holen. Deshalb sind eine Beratung und Begleitung durch den Dienst „Leben im Alter" jederzeit gegeben.

Die Voraussetzung für häusliche Pflege ist ein belastbares familiales Unterstützungssystem, nachdem die Überlastung der pflegenden Angehörigen der häufigste Grund für den Zusammenbruch der häuslichen Pflege ist. Einen Hinweis, warum das so sein könnte, geben Untersuchungen des Deutschen Zentrums für Altersfragen. Sie zeigen, wie stark die Lebenszufriedenheit und die psychophysische Gesundheit beeinträchtigt sind, je deutlicher eine Berufstätigkeit durch gleichzeitige Pflege verunmöglicht wird.

Überforderung kann bei der pflegenden Person zu physischer und psychischer Gewalt führen. Wie Rolf Hirsch bei einem Vortrag mit dem Titel „Prävention von Gewalt" (1998) in Bonn ausführte, werden in der Gerontologie unter dem Begriff Gewalt Formen der aktiven und passiven Vernachlässigung der körperlichen, psychischen, finanziellen und den Willen einschränkenden Misshandlung verstanden. Dazu kommen indirekte über die Beziehungsebene hinausgehende Aspekte, die zu Gewalthandlungen verleiten oder führen, wie Armut und Fremdbestimmung (strukturelle Gewalt), sowie Ideologien und negative Vorstellungen vom Alter in der Gesellschaft (kulturelle Gewalt).

Gewalt ist eine elementare Lebenstatsache, mit der sich jeder lebenslang auseinandersetzen muss. Es drängt sich die Frage auf, warum Gewalt gegen alte Menschen ein tabuisiertes und gesellschaftlich vernachlässigtes Thema ist. Warum gibt es kaum Hilfen und Unterstützungen für ältere Gewaltopfer, wie es sie für misshandelte Kinder und Frauen gibt? In den letzten Jahren gab es in den Medien viele Hinweise, dass Gewalt gegen alte Menschen keine Einzelfallproblematik ist. Ein Patentrezept gegen Gewalt in der Pflege gibt es sicherlich nicht. Das Wissen aber um die Entstehungsprozesse, wie zum Beispiel die Überlastung der Pflegeperson, macht es möglich, Unterstützungs- und Beratungsmöglichkeiten anzubieten, um Gewalt und Aggression schon im Vorfeld zu verhindern. Es darf nicht darüber hinweggesehen werden, wie schnell pflegende Angehörige, vor allem von demenziell Erkrankten, an die Grenze ihrer Belastbarkeit geraten, zumal weniger als ein Drittel der häuslich betreuten Pflegebedürftigen ergänzend professionelle Hilfe erhält.

In belasteten Pflegebeziehungen kann es zwischen der Pflegeperson und dem Gepflegten schnell zu Gewalthandlungen kommen, wenn die Grenze der eigenen Kraft erreicht ist. Formen von Gewalt äußern sich durch die Vernachlässigung des Pflegebedürftigen, durch Schlagen, Treten, Stoßen; durch Zwangsmobilisation, Fixierung, hungern und dursten lassen. Passive Formen von Gewalt zeigen sich unter anderem durch Vernachlässigung als Unterlassung von Pflegehandlungen. Nonverbale Formen sind ein Nichtbeachten des Patienten, Entzug von Zuwendung, Abwehr des Blickkontaktes, Bevormundung und Zwang zur Körperpflege. Verbale Formen sind Beleidigen und Beschimpfen, sowie die Verweigerung der Kommunikation. Eine psychosoziale Begleitung und Ressourcenstützung durch Soziale Altenarbeit sind dann manchmal unerlässlich.

Nach Forschungsarbeiten kann bei diesem Personenkreis die Lebenserwartung sinken, wenn sie isoliert sind, am Gemeinschaftsleben nicht mehr teilhaben und Bindungen weg brechen. Die Einrichtung von Gesprächskreisen für pflegende Angehörige zur Entlastung und eine psychosoziale Begleitung und Ressourcenstützung durch Soziale Altenarbeit sind deshalb unerlässlich. In Stuttgart gibt es mehrere Gesprächskreise, in denen sich Pflegende treffen können. Sie bieten den belasteten Angehörigen Raum und Gelegenheit, sich mit Anderen auszutauschen und über gemeinsame Erfahrungen zu sprechen. Die Gruppen wollen Orte der Information und Beratung sein und regen an, über Hilfe und Entlastungsmöglichkeiten nachzudenken. Pflegebedürftige Menschen und ihre Angehörigen benötigen eine kontinuierliche Anlaufstelle, um sich bei den sich ständig verändernden Situationen immer wieder Rat und Unterstützung zu holen. Eine Begleitung und Beratung durch eine entsprechende Anlaufstelle sollte flächendeckend gewährleistet sein.

Wir brauchen in Deutschland eine kultursensible Altenhilfe, nachdem sich die ethnische und kulturelle Zusammensetzung unserer Bevölkerung in den letzten Jahrzehnten bedeutend gewandelt hat. Mehr als 50 Prozent der MigrantInnen leben länger als zehn Jahre hier und sind ein fester Bestandteil unserer Gesellschaft geworden. Nach einem Memorandum des Arbeitskreises „Charta für eine kultursensible Altenhilfe" in Zusammenarbeit mit dem Kuratorium Deutsche Altershilfe im Jahre 2002 bedarf Pflege einer interkulturellen Öffnung, nachdem die Zahl der pflegebedürftigen MigrantInnen deutlich gestiegen ist und weiter steigt. Nach Einschätzung der neuen Integrationsbeauftragten der Bundesregierung, Maria Böhmer, wird es im Jahr 2010 schätzungsweise 1,3 Mio. ältere MitbürgerInnen mit ausländischem Pass geben, bis 2030 rechnet man mit über 3 Mio. MigrantInnen über sechzig Jahre. In den Jahren 1995 bis 2003 stieg die Zahl der über sechzig Jahre alten MigrantInnen von 427.000 auf 757.000. Hinzu kommen eingebürgerte MigrantInnen und ältere AussiedlerInnen, die zum Teil erst im hohen Alter nach Deutschland eingewandert sind.

Einen großen Anteil der in Deutschland lebenden MigrantInnen bilden die in den Sechziger Jahren angeworbenen „Gastarbeiter", deren individuelle Bedürfnisse berücksichtigt werden müssen, wie zum Beispiel kulturelle und religiöse Prägungen. Eine Gleichbehandlung würde bestehende Unterschiede nicht beachten. Manche leben seit Jahrzehnten in Deutschland, andere sind erst als bereits ältere Menschen eingewandert. Allen gemeinsam ist, dass sie zu den potentiellen Nutzern des deutschen Altenhilfe- und Gesundheitssystems zählen. Eine kultursensible Altenhilfe braucht also eine verstärkte Aufmerksamkeit in allen Bereichen, die mit Pflege, Versorgung und Unterstützungsleistungen zu tun haben.

1.5 Familiale Netzwerke

Zur selbstständigen Lebensführung und Lebensgestaltung älterer Menschen gehört es, am gesellschaftlichen Leben teilzunehmen, alte Netzwerkbeziehungen aufrecht zu erhalten und neue Beziehungen eingehen zu können. Begegnungen im öffentlichen Raum zwischen den Generationen sind heute nicht mehr selbstverständlich, sondern müssen im Gemeinwesen inszeniert werden. In der Familie allerdings sind die „Kontakte und Interaktionen zwischen den Generationen offensichtlich noch fest verankert" (Ueltzhöffer 1999, S. 15). Familiale Netze haben von der Geburt bis zum Lebensende eine tragende Bedeutung. Das Bewusstsein der Aktivierbarkeit von Kontakten, „(…) die bloße Anwesenheit von Leuten, von Familien, von Freunden und Bekannten in der näheren oder weiteren Umgebung der Wohnung (…) (Hübner-Funk 1983, S. 112) ist für Menschen hilfreich. Auch Frank Nestmann beschreibt die präventive Wirkung von sozialen Netzen, die ohne in Anspruch genommen zu werden, allein durch ihr Vorhandensein ein ‚soziales Immunsystem' gegen die Beeinträchtigung durch Stress schaffen. „Die Netzwerk- und Unterstützungsforschung konzentriert sich also auf die Ressourcen der sozialen Umgebung (…)" (Nestmann 1989, S. 107). Wo diese Ressourcen fehlen, können auch keine Entlastungen erfolgen.

Intergenerationale Solidarität zwischen erwachsenen Kindern und alten Eltern bezieht sich nicht nur auf die im gemeinsamen Haushalt lebenden Familienmitglieder, sondern auch auf solche, die in getrennten Haushalten leben. Die räumliche Trennung von den Kindern bedeutet also nicht zwangsläufig, dass ältere Menschen einsam und isoliert leben. Etwa 80 Prozent der Eltern geben an, dass mindestens eines ihrer Kinder weniger als eine Stunde, also eine gute Besuchsnähe, entfernt wohnt. Für die Mehrzahl der Bevölkerung reichen die Familienstrukturen weit über die Haushaltsgrenzen hinaus. Ein intensiver Austausch zwischen den Generationen ist somit nicht zwangsläufig an ein gemeinsames Wohnen im Haushalt gebunden. Yvonne Schütze und Michael Wagner haben sich mit der Frage der familialen Solidarität in den späten Phasen des Familienverlaufs beschäftigt: „Die Beziehungen zwischen Eltern und Kindern sind durch wechselseitige Gefühle und eine Vertrautheit gekennzeichnet, die aus einer jahrelang gemeinsam verbrachten Lebenszeit resultiert. Solidarität beweist sich nicht nur in Notsituationen, aber sie ist in Notsituationen besonders gefragt, wobei diese sowohl praktische wie emotionale Unterstützung erfordern können" (Schütze/Wagner 1995, S. 309 ff.).

Der Kontakt zu den eigenen Kindern wird mit zunehmendem Alter immer wichtiger. Das zeigt sich besonders in den Fällen, wo man aufgrund der eigenen Gebrechlichkeit auf aktive Unterstützung angewiesen ist. Nach dem Alterssurvey 1996 haben Eltern mit erwachsenen Kindern außerhalb des Haushalts mindestens einmal in der Woche oder öfters Kontakt. Dies spricht für intensiv gelebte und stabile Beziehungen zwischen erwachsenen Kindern und ihren Eltern in einem großen Teil der Bevölkerung. Hilfeleistungen werden hauptsächlich im familialen Rahmen realisiert.

Alte Menschen sind Hilfeempfänger, aber auch Hilfegeber. Seitens der erwachsenen Kinder werden als Unterstützungsleistungen für die Eltern Hilfen im Haushalt und bei der Pflege genannt. Als Unterstützungsleistung instrumenteller Art seitens der Eltern für die erwachsenen Kinder wird neben Schenkungen und Erbe am häufigsten die Enkelbetreuung angegeben. Hervorzuheben sind die guten Kontakte zwischen den Großeltern und den Enkelkindern und das füreinander gezeigte Verständnis. Nah beieinander zu wohnen und Zeit füreinander zu haben, sind die besten Voraussetzungen für gute emotionale Beziehungen zwischen Großeltern und Enkelkindern. Großeltern sind wichtige Bezugspersonen für die Kinder, und die Kinder sind den Großeltern wichtig (BMFSFJ, S. 146).

Hans Bertram beschreibt die Qualität von Generationenbeziehungen:

„Eine Intimität auf Distanz und die zunehmende Bedeutung von Generationenbeziehungen zwischen den erwachsenen Kindern und Eltern führt notwendigerweise dazu, dass Familienbeziehungen multilokal werden, ohne aber zu verschwinden. Daher erscheint es gerechtfertigt, die multilokale Mehrgenerationenfamilie als einen Familientypus zu bezeichnen, der heute in der Bundesrepublik (...) eine erhebliche Bedeutung hat. Hilfeleistungen, Unterstützung und Fürsorge füreinander, das heißt familiäre Solidarität, ist nicht haushaltsgebunden, sondern generationenbezogen" (Bertram 2000, S. 118).

Im Hinblick auf die Qualität von Generationenbeziehungen betont Cornelia Schweppe: „(...) nicht nur die strukturellen Voraussetzungen für die Aufrechterhaltung familialer Generationenbeziehungen, das heißt, die Wohnentfernung zwischen den Generationen sind relativ gut, sondern auch die tatsächlich gelebten Beziehungen sind eng und solidarisch" (Schweppe: 2002, S. 186). Von einem „Zerbröseln" von Familien und Sippen, wie es Wilhelm Heitmeyer im Jahr 1992 noch ausdrückte (Heitmeyer 1992, S. 4), kann heute nur noch bedingt gesprochen werden. Die Reziprozität von Hilfe und Unterstützung ist in der Familie vorhanden und wird gelebt. Aus der Generationenperspektive betrachtet, sind die Familienbeziehungen zwischen Alt und Jung eng, solidarisch und stabil.

2. Zum Forschungsstand

2.1 Ergebnisse der Altersforschung

Die Gerontologie ist die Wissenschaft, die sich mit dem Alter und Altern befasst und sowohl fördernde als auch hemmende Bedingungen aufzeigen will. Sie beschäftigt sich mit der Beschreibung, Erklärung und Modifikation von körperlichen, psychischen, sozialen, historischen und kulturellen Aspekten des Alterns und Alters, einschließlich der Analyse von altersrelevanten und alternskonstituierenden Umwelten und sozialen Institutionen. Dabei geht es um die Erkundung von Entwicklungs- und Verbesserungsmöglichkeiten.

Die Gerontologie ist auf Interdisziplinarität angewiesen, das heißt, sie muss zusätzlich aus dem Blickwinkel der Medizin, der Pädagogik, der Psychologie, der Pflegewissenschaft, der Soziologie, der Kulturwissenschaft, der Rechtskunde, also disziplinübergreifend, betrachtet werden. Ganz im Sinn von Erich Weniger ist auch in der Gerontologie der Ausgang aller Erkenntnis das Leben: „Theorie ist immer nur möglich aus der Erfahrung des Lebens heraus, als Aufklärung des Handelns durch Theorie." Ähnlich wie in der Sozialpädagogik sind in der Gerontologie Wissenschaft und Praxis verbunden.

Nach Paul B. Baltes beschäftigt sich die gerontologische Grundlagenforschung mit der Frage, wie Risikofaktoren für ein gelingenderes Alter zu minimieren sind und will „neue gesellschaftliche Optionen und Kompensationsmöglichkeiten für die Gestaltung des Alters und Alterns aufzeigen" (Baltes/Staudinger 1996, S. 319), nachdem bisher bei Forschungsarbeiten des Max-Planck-Institutes die Bilanzierung des Alters nach Gewinnen und Verlusten im Vordergrund stand.

Aktuelle Ergebnisse der Alternsforschung belegen, das Ziel der meisten Menschen ist, ein langes Leben zu erreichen. Dabei sollte dieses Leben auch ein gutes Leben sein. Die Frage nach der Lebensqualität erhält im Alter ein besonderes Gewicht, weil sie sich aufgrund körperlicher und seelischer Beeinträchtigungen verschlechtert. In vielen Studien hat sich die Verfügbarkeit sozialer Unterstützungssysteme als positiver Faktor erwiesen. Bei Hilfebedürftigkeit zählen die familialen und nachbarschaftlichen Beziehungen zu den wichtigsten Hilfepotentialen. Bei eingetretener Pflegebedürftigkeit engt sich die Orientierung allerdings deutlich auf die Herkunftsfamilie ein.

Als vorrangig sieht Baltes die Entwicklung eines positiven Altersbildes an, in dem Autonomie und Selbständigkeit im Mittelpunkt stehen. Ohne ein positives Altersbild, so meint er, wäre auch die Wahrscheinlichkeit gering, dass positive Alternsprozesse überhaupt entstehen. Auch Leopold Rosenmayr beschreibt in seinem Buch ,Die Kräfte des Alters' diesen Sachverhalt: „Wer über das Alter schreibt, erfreut nicht unbedingt seine Zeitgenossen. Denn tief eingesessen und unausrottbar sind die Wünsche des Menschen, unbegrenzt weiterzuleben. Vom Alter will er gar nicht so gern wissen. Es kommt ohnehin zeitig genug. In diese Ablehnungen hinein, muss der Altersforscher seine mühsam zusammengetragenen Wahrheiten formulieren." Die gesellschaftliche Abwertung des Alters drängt den älteren Menschen ein negatives Selbstbild auf. Nur wer sich selbst von der mehr oder minder heimlichen Verachtung ringsum befreien kann, gewinnt die Kraft des Selbstvertrauens.

Ein neues Bild von Alter entsteht, wenn eine aktivierende Politik den älteren Menschen ermöglicht, ihre Potenziale stärker in die Wirtschaft und die Gesellschaft einzubringen. Im Falle nur die negativen Seiten im Vordergrund stehen, entstehe ein dysfunktionales Wirkungssystem: „Eine Aufgabe von Grundlagenforschung besteht darin, dieses Ursache-Wirkungssystem zu analysieren und uns davor zu bewahren, das, was ist, als das Quasi-Natürliche, als das Gegebene, anzusehen und es ohne weitere Reflexion zur automatisierten Richtschnur unserer Erwartungen und unseren Handelns zu machen" (ebd., S. 326).

Seine Forschungsbefunde aus dem Jahr 1996 im Rahmen eines Projekts des Max-Planck-Instituts für Bildungsforschung in Berlin machen deutlich, wie sehr sich altersbezogene Einstellungsmuster im Individuum als Erwartungshaltung gegenüber der eigenen Zukunft und dem eigenen Handlungspotential manifestieren. Wenn wir Personen danach befragen, was sich im Erwachsenenleben verändert, so steht eine zunehmend negative Bilanzierung von Gewinnen und Verlusten im Vordergrund. Außerdem wird das, was im Alter passiert, auch als weniger steuerbar und kontrollierbar eingeschätzt. Diese Erwartungshaltung hat einen breiten Konsens und findet sich bereits bei Jugendlichen.

Unsere Erwartungshaltungen vom älteren Menschen stigmatisieren diesen in eine Richtung, dass die alte Person fast immer als hilfebedürftig, unselbständig und defizitär wahrgenommen wird" (ebd., S. 324 ff.) und sich bald selbst so fühlt. Diese Erwartungshaltung beeinflusst auch die Beschaffenheit der sozialen Welt älterer Menschen, wie sie sich in sozialen Interaktionsmustern zwischen Alt und Jung ausdrückt. Deshalb ist ein positives Altersbild nach den Ergebnissen der Studie nötig, damit positive Alternsprozesse überhaupt entstehen können.

Zu einem würdigen Altern gehört nach Baltes auch die Anpassung an die Realität. Sein Rezept heißt, Selektieren – Kompensieren – Optimieren. Er belegt es mit einem Beispiel von Arthur Rubinstein, der auf die Frage, wie er es mit achtzig Jahren noch schaffe, Konzerte zu meistern, antwortete: Er spiele weniger Stücke. Diese öfter, verlangsame Passagen, um andere schneller erscheinen zu lassen.

Auch Andreas Kruse vom Institut für Gerontologie an der Universität Heidelberg zählt die Korrektur gesellschaftlicher Altersbilder nach wie vor zu den vorrangigen Aufgaben gerontologischer Forschung. Nachdem die Existenz produktiver Potenziale des Alters durch zahlreiche gerontologische Forschungsarbeiten nachgewiesen werden konnte, wird es in Zukunft darum gehen müssen, die Realisierung dieser Potenziale zu ermöglichen. Dies wäre ein Beitrag zur Entwicklung einer Kultur des Alters.

Forscher vom Institut für Arbeitsphysiologie an der Universität Dortmund untersuchen seit einiger Zeit die Vorgänge im Gehirn älterer Menschen. Dabei wurden sie positiv überrascht: Im Vergleich mit Jüngeren „denken" alte Menschen anders – und manchmal sogar schneller. „Ältere Menschen lernen mehr aus Ihren Fehlern", berichtet Michael Falkenstein: „Nach einem Fehler zögern ältere Menschen bei der nächsten Aufgabe ein wenig länger und machen damit im Endeffekt etwas weniger Fehler als die jüngeren Probanden." Ebenso kann Gehirnjogging Defizite im Denken verringern. Körperliches Fitness-Training, wirkt sich ebenfalls äußerst positiv auf die geistigen Fähigkeiten aus, wie der amerikanische Forscher Arthur Kramer vom Beckman Institute in Illinois herausfand.

Tod und Sterben darf auch für die Forschung kein Tabu-Thema mehr sein. Die Entwicklung einer Kultur des Alterns ist ebenso wichtig wie die Entwicklung einer Kultur des Sterbens. Ältere Menschen haben eine deutlich bessere Beziehung zum Tod, als jüngere Menschen meinen. Sie sprechen gerne über Leben und Tod, insbesondere, wenn es kein gutes Leben ist. Die Zahl der Freitode im Alter ist hoch und weiter im Steigen begriffen. Aus zahlreichen Studien geht hervor, dass Suizide bei älteren Menschen wesentlich häufiger auftreten als bei jüngeren. Während die Gesamtsuizidrate 1997 für Männer 22,1 und für Frauen 8,1 pro 100.000 Einwohner betrug, war die Rate bei den über 60-jährigen Männern mit 38,4 und auch bei den über 60-jährigen Frauen mit 15,2 deutlich höher. Die hohen Raten bei den

Männern sind hauptsächlich auf den steilen Anstieg jenseits des 80. Lebensjahres zurückzuführen.

Aufgrund spezifischer Probleme der Todesursachenbestimmung im Alter dürfte die tatsächliche Suizidrate noch höher sein: Latente suizidale Verhaltensweisen wie das Einstellen der Nahrungszufuhr, mit der Absicht zu sterben, sind häufig schwer zu erkennen. Aufgrund der erhöhten Multimorbidität werden bei der Dokumentation der Todesursachen suizidale Handlungen nicht immer angegeben (...). Aktuelle psychiatrische, vor allem depressive Erkrankungen zählen zu den wichtigsten Ursachen für suizidales Handeln (...). Als weitere Risikofaktoren für suizidales Verhalten im höheren Alter werden häufig genannt: Psychotische Erkrankungen oder Suizide in der Familie. Frühere depressive Phasen und Suizidversuche, Abnahme körperlicher Leistungsfähigkeit, chronische Erkrankungen mit tödlichem Ausgang und Erkrankungen mit Schmerzen, Abnahme des sozialen Unterstützungspotentials (z. B. Todesfälle) und Probleme mit Statusverlust (z. B. Berentung). Allein durch die Veränderung der Alterspyramide werden Suizidversuche älterer Menschen zunehmen (BMFSFJ 2002, S. 154).

In einer Studie des Instituts für Rechtsmedizin an der Berliner Charite aus dem Jahr 2003 erforschten Peter Klostermann und andere Wissenschaftler anhand von Abschiedsbriefen die Suizidmotive alter Menschen zwischen fünfundsechzig und fünfundneunzig Jahren. Untersucht wurden 130 Fälle von Selbsttötung in den Jahren zwischen 1995 bis 2003. Fast alle Betroffenen vermerkten in ihren Abschiedsbriefen, dass sie mit dem Freitod einer Heimeinweisung zuvorkommen wollten. Die Angst vor Entmündigung und Entrechtung wegen einer Altersdemenz, chronischen Schmerzen oder Depressionen haben sie dazu getrieben. Das entscheidende Motiv sei aber die Angst vor absoluter Hilflosigkeit und unwürdigem Weiterleben gewesen. Nach Klostermann lasse die Berliner Studie auf Hunderte ähnlich dramatische Fälle in ganz Deutschland schließen. Diese und andere Forschungsergebnisse haben zu einem neuen gesellschaftlichen Verständnis von Alter und Altern geführt.

2.2 Veränderungen im Alter

Der Prozess des Älterwerdens mit seinen spezifischen Veränderungsprozessen in den späten Phasen des Lebens und der Zustand des Altseins sind biologische Tatsachen. Die Zeit, die ein Mensch heute zum Leben hat, ist gegenüber früheren Zeiten sehr lang geworden. Historisch gesehen, ist das Alter also noch ziemlich jung. Deshalb gibt es auch noch keine lange Tradition einer Alterskultur. Zudem ist Alter nicht gleich Alter. Es ist vielgestaltig und es besteht eine große Heterogenität alter Menschen in körperlicher, geistiger, seelischer und materieller Hinsicht. Gesund, gebildet und reich lebt es sich in allen Lebensphasen allemal besser als krank, ungebildet und arm.

Körperliche Veränderungen und Funktionseinschränkungen, wie sie beim Hören, Sehen, Riechen und Schmecken auftreten, sind im Alter normal und betreffen mehr oder weniger alle älteren Menschen. Nach Klaus Dörner und Ursula Plog ist „(…) Faulheit im Alter eine große Gefahr, denn geschwächte Muskeln und schlechte Gesundheit sind häufig Folge von Unbewegtheit und nicht Ursache" (Dörner/Plog: 1992, S. 413). Qualitative Einbußen ergeben sich erst bei Überlagerung des normalen Alterungsprozesses durch chronische Erkrankungen, wie zum Beispiel die Alzheimer Demenz, Diabetes oder Osteoporose. Hans Thiersch spricht hier „von den kränkenden Mühen, alt zu werden. (…). In solchen Mühen des Altwerdens sind Menschen angewiesen auf Hilfe, also auf Gesellschaft, Freundschaft, Freundlichkeit und Unterstützung" (Thiersch 2002, S. 173 ff.).

In vergangener Zeit dominierte die Vorstellung, Altern sei vorwiegend defizitär. Alt zu sein, ist zwar oft mühsam, aber es ist heutzutage auch abwechslungsreich und vielfältig geworden. Es bestehen Chancen zur persönlichen Entfaltung, unbelastet von gesellschaftlichen Zwängen. Dazu kommt, dass die Lernreserven älterer Menschen beträchtlich sind. Erst ab etwa dem achtzigsten Lebensjahr lässt die Fähigkeit nach, Neues zu erlernen. Sinnloses Material wird weniger gut erlernt als sinnhaftes. Die Verknüpfung mit vorhandenem Wissen ist wesentlich. Außerdem sind alte Menschen von ihrem Gemütszustand her meist ebenso glücklich und zufrieden, wie es die Jungen auch sind. Kontakte zu anderen Menschen nehmen zwar ab und körperliche Beschwerden nehmen zu, aber alte Menschen passen sich dem meist an und reduzieren ihr Anspruchsniveau.

Altwerden in unserer Zeit ist von einer solchen Vielfalt geprägt, die es verbietet, noch länger von „dem Alter" zu sprechen. Einerseits entdecken „neue Alte" neue Formen kultureller Entfaltung, andererseits geraten „alte Alte" in zunehmende Isolation; einerseits gibt es wohlsituierte Senioren, die eine Fernreise nach der anderen antreten, andererseits müssen viele Witwen mit einem Alterseinkommen am Rande des Existenzminimums auskommen; einerseits geben Seniorenexperten ihr berufliches Wissen bis ins hohe Alter weiter, andererseits sieht sich eine ganze Generation Erwerbstätiger mit 55 Jahren plötzlich nicht mehr gefragt; einerseits können die wohlhabenden Alten ihre Kundenrolle und damit ihre Autonomie aufrechterhalten, andererseits werden die Mittellosen zu abhängigen Empfängern kommunaler, respektive staatlicher Fürsorgeleistungen (ISS e.V. 1995, S. 3).

Gute Lebensbedingungen haben das Leben im Alter zu einem Lebensabschnitt gemacht, den die meisten Menschen erleben werden. Mit Blick auf die Befunde zahlreicher Studien lässt sich das „Vierte Lebensalter" aber auch durch eine Anhäufung von alterungsbedingten Risiken beschreiben. „Die Frage beeinträchtigter Wahrnehmungs-, Erinnerungs- und Denkfähigkeit stellt sich im Alter in besonderer Schärfe. Sensorische Einbußen und demenzielle Krankheitsbilder stellen im hohen Alter ein besonderes Risiko für die Lebensqualität dar" (BMFSFJ 2002, S. 75).

Ein anderer, nicht unwichtiger Risikofaktor ist der Funktionsverlust durch die Freistellung von Arbeit. Die Verlängerung der Lebensarbeitszeit wäre daher wichtig, nachdem Anerkennung in der Industriegesellschaft meist über die Arbeit läuft. Eine Flexibilisierung der Arbeitszeit wäre nicht nur für ältere ArbeitnehmerInnen wichtig. Älteren käme die Neuordnung der Lebensarbeitszeit zu Gute, da ein Ausscheiden aus dem Erwerbsleben allmählich, gleitend erfolgen könnte. Die staatlichen Bemühungen nehmen seit Mitte der 1990er Jahre zu, „die Anreize zu einem frühzeitigen Übergang vom Erwerbsleben in den frühzeitigen Ruhestand zu beseitigen und einen längeren Verbleib im Erwerbsleben zu fördern" (Engstler 2004).

Im Gegensatz dazu nimmt in Deutschland nach einer Studie des Verbandes der Ingenieure (VDI) der Ingenieurmangel zu, nachdem Ältere nicht mehr gefragt sind. Derzeit sind nur 23 Prozent der in den Unternehmen beschäftigten Ingenieure über 50 Jahre alt. 91 Prozent der für die Einstellung von MitarbeiterInnen befragten Verantwortlichen gaben an, im vergangenen Jahr keinen Ingenieur über 50 Jahre eingestellt zu haben. 84 Prozent wollen dies trotz eines steigenden Fachkräftemangels auch in Zukunft nicht tun. Laut Studie gehen die Unternehmen davon aus, dass ältere Ingenieure über mangelnde Branchenkenntnisse und nicht mehr über aktuelles Fachwissen verfügen.

Auch der Frauenanteil ist gering: In den Unternehmen sind nur elf Prozent der Ingenieure weiblich. Am stärksten ist der Ingenieurmangel derzeit im Maschinenbau. 54 Prozent der Maschinenbauer in Deutschland suchen händeringend Ingenieure, gefolgt von 33 Prozent der Unternehmen der Elektrotechnik und 16 Prozent im Bauingenieurwesen. Als Gründe, warum freie Stellen derzeit nicht mehr besetzt werden können, nannten die Befragten mangelnde Branchenkenntnisse, gefolgt von unpassendem Fachwissen und mangelnder Berufserfahrung, zu wenig Praxisbezug und veraltete Fachkenntnisse.

Als Risiken im Alter gelten außerdem soziale Isolation und Desintegration, Armut und Sozialhilfebedürftigkeit, Multimorbidität, chronische Erkrankungen, geistige und körperliche Einschränkungen und Perspektivlosigkeit. Risikofaktoren für die Entstehung von Einsamkeitsgefühlen sind Alleinleben und Alleinsein, Kontaktarmut, der Tod des Lebenspartners, Kinderlosigkeit, das Wohnen im Heim und Gesundheits- und Mobilitätseinschränkungen (ebd., S. 71 ff.). Wesentliche Berührungspunkte Sozialer Altenarbeit ergeben sich durch Erkrankungen, wie depressive Verstimmungen, Suchtverhalten, Demenzerkrankungen und Verwahrlosungstendenzen.

Ältere Menschen verfügen glücklicherweise über eine Vielfalt von Ressourcen, die manche Belastungen abpuffern können. So sind zum Beispiel

Menschen mit einem hohen Selbstwertgefühl eher in der Lage, die mit vielen Beeinträchtigungen einhergehende Identitätsbedrohung auszublenden. Als das wesentliche Moment zur seelischen Gesunderhaltung erscheint mir, den alten Menschen mit der für ihn gegebenen Realität auszusöhnen, wenn er es bisher noch nicht selbst geleistet hat. Der seit vielen Jahren beobachtbare Trend der Vereinzelung älterer Menschen aus Gründen von Trennung, Scheidung oder Verwitwung setzt sich weiter fort. Fast ein Viertel der Hilfe- und Pflegebedürftigen lebt in einem Einpersonenhaushalt. Sie erhalten keinerlei Hilfe oder Pflege aus Familie oder Nachbarschaft. Eine Polarisierung des Alters in ein positives und ein negatives Altern zeichnet sich ab.

Während offensichtlich die guten gesellschaftlichen Rahmenbedingungen für ältere Menschen auf komplexe Weise Langlebigkeit vorantreiben, wird insbesondere das hohe Alter ab fünfundachtzig Jahren im gesellschaftlichen Diskurs nicht selten als Last und Bedrohung interpretiert. Die Frage der Vermeidbarkeit von Morbidität im Alter ist zentral. Forscher suchen bereits danach, wie ein langes Leben ohne chronische Krankheiten zu bewerkstelligen sei, dem ein rascher Tod ohne Leiden folgen soll.

Angesichts solcher Entwicklungen kommen große Herausforderungen auf unsere Gesellschaft zu. Soziale Altenarbeit wird sich mit ihren Angeboten auf diese Entwicklungen einstellen beziehungsweise umstellen müssen, um vermehrt das soziale Kapital vor Ort nutzen zu können. Für die Lebensphase des Alters wird den Menschen viel Eigeninitiative und Selbstverantwortung bei der Alltagsgestaltung zugemutet. Die veränderten Bedingungen erfordern von den betroffenen älteren Menschen, sich auf eine lange nachberufliche Lebensphase einstellen zu müssen. Teilhabe und Teilnahme am gesellschaftlichen Leben erfolgen nicht automatisch, sondern müssen auch im Alter gestaltet und gesichert werden. Beratungsstellen, wie sie in Baden-Württemberg seit dem Jahr 1991 sukzessive für die Soziale Altenarbeit eingerichtet wurden, sollten deutschlandweit zum Standard einer kommunalen Daseinsvorsorge gehören. Eine wirkungsvolle Prävention für ein langes, in Selbständigkeit und Verantwortung geführtes Leben, wird sonst schwierig werden.

2.3 Kultur des Alters

Die sinnvolle Gestaltung des Alters ist angesichts wachsender Lebenserwartung eine zentrale Aufgabenstellung unserer Gesellschaft. „Kulturinstitutionen wie Bibliotheken und Museen sind darauf spezialisiert, mit dem Alten, Überständigen sinnvoll umzugehen. Sie sichern die Bedeutung des Alterns und der Alten für die Gegenwart; das ist ein wesentliches Kennzeichen aller kulturell wertvollen Leistungen. Altern ist eine Strategie der Wertschöpfung und des Gewinns von Erkenntnissen (…) für jedermann, der sich erinnern kann" (Brock 1998, S. 11).

Allgemein gesprochen besteht nach Marvin Harris eine Kultur „aus den von den Mitgliedern einer bestimmten Gesellschaft sozial erlernten Weisen des Denkens, Empfindens und Handelns" (Harris 1998, S. 30). Mit Hilfe der Anthropologie ist es möglich, die emotionalen, geistigen und physischen Eigenschaften des einzelnen Menschen oder ganzer Gruppen zu erforschen, um zu verstehen, welche Erfahrungen und Traditionen ihr Verhalten geformt und sie zu dem gemacht haben, was sie heute sind. Wie Erich Witte ausführt, weisen Menschen, die in einer bestimmten Zeitspanne geboren sind, „Ähnlichkeiten zu Personen desselben Lebensalters auf, die durch die historischen Gegebenheiten bedingt sind" (Witte 1989, S. 234). Für Soziale Altenarbeit ist das Verstehen der Verhaltensweisen alter Menschen grundlegend, um angemessen beraten und unterstützen zu können.

Die Gruppe der arbeitslosen älteren Menschen hat es zurzeit besonders schwer, und sie vergrößert sich zusehends. Fast 60 Prozent der Betriebe und Unternehmen in Deutschland beschäftigen keine ArbeitnehmerInnen im Alter von fünfzig und mehr Jahren. Meine Frage in diesem Zusammenhang lautet, welche Erfahrungen und Begebenheiten das Verhalten älterer Menschen geformt hat, und welche Ähnlichkeiten sie verbinden. Ältere berufstätige Menschen empfinden die Frühverrentung oft als Diskriminierung, so als würden sie selbst zunehmend als Ballast empfunden. Anstelle des Respekts, den man ihnen Kraft ihrer hohen Erfahrung und Kompetenz zollte, tritt zunehmend eine Missachtung ihrer Leistungen. Der bisher Geachtete wird abhängig von der Altersversorgung des Staates. „Er kann nicht mehr in der Sicherheit und Sorglosigkeit leben wie in den Jahren zuvor" (Noack 2005, S. 22). Diskriminiert fühlt sich auch die Gruppe der über sechzigjährigen Menschen, die keinen Kredit mehr von der Bank erhalten. Die Betroffenen können nicht mehr so handeln wie früher. In einer alternden Gesellschaft wird man aber auf die Potenziale des Alters nicht verzichten können.

Diese in vielen Bereichen erlebte Geringschätzung des Alters, muss von den älteren Menschen erst einmal verarbeitet werden, wenn nämlich an die Stelle von Respekt eine zunehmende Bedeutungslosigkeit tritt und aufgegeben werden muss, was ihnen einmal lieb und wert gewesen ist. Andererseits sind die aus dem Berufsleben ausgeschiedenen älteren Menschen keine Randgruppe. Sie sind begehrt für Ehrenämter, weil sie nichts kosten, Zeit haben und manchmal auch Geld, das sie für wohltätige Zwecke spenden. Außerdem erhalten sie Aufmerksamkeit als Konsumenten. Auch als BesucherInnen von Begegnungsstätten sind sie für dort notwendige, ehrenamtliche Tätigkeiten hervorragend geeignet.

Es scheint, als entwickeln die älteren Menschen ihre eigenen Entwürfe für die Zukunft, die sich von der „allgemeinen" Kultur abheben und sich ausschließlich im Alter begründen. Nach diesen Betrachtungen stellt sich die Frage, worin sich eine spezifische Alterskultur äußert. Eine Kultur wird nicht „geplant", sondern sie entwickelt sich aus den bestehenden, spezifischen Traditionen und dem Bezug auf den Raum und die Zeit mit den gegebenen Möglichkeiten des Umgangs miteinander und der aktiven Gestaltung der Beziehungen, wie ich es in einem Stadtteil erlebt habe.

In diesem Stadtteil entwickelte sich schon vor Jahrzehnten ein günstiges soziales Klima, in dem die dort lebenden Menschen ein besonderes Augenmerk aufeinander haben. Wenn zum Beispiel der Rollladen bei einem kranken oder pflegedürftigen Menschen morgens bis um 10 Uhr nicht hochgezogen ist, wird vom Nachbarn nachgeschaut, ob alles in Ordnung ist. Dieses Ritual kennen alle einheimischen BewohnerInnen, die zugezogenen Bewohner kennen es nicht und sie werden auch nicht einbezogen.

Diese Kultur hat mit der Einführung der Pflegeversicherung eine Veränderung erfahren. Pflegedienste und Dienste der hauswirtschaftlichen Versorgung haben die Aufgaben der Angehörigen und der Nachbarn teilweise übernommen. Der Dienst „Essen auf Rädern" ersetzt jetzt die Tochter, die zuvor der Mutter das selbst gekochte Essen brachte und ihr vielleicht sogar einen liebevollen Kuss gab.

Statt der Putzfrau, die sich früher um alles mögliche und nicht nur um das Putzen kümmerte, etablierten sich hauswirtschaftliche Dienste, die nach den Modulen der Pflegekasse abrechnen, was eine Wissenschaft für sich geworden ist. Selbst das Leeren einer Mülltüte und das Hochziehen eines Rolladens haben ihren Preis. Statt wie früher Nähe zu spüren, erleben die alten, unterstützungsbedürftigen Menschen Distanz. Ohne Frage müssen die ambulanten und stationären Dienste wirtschaftlich arbeiten, damit sie über die Runden kommen. Leider ist dabei scheinbar oft die Menschlichkeit auf der Strecke geblieben.

3. Soziale Altenarbeit

3.1 Strukturmaximen Sozialer Altenarbeit

Die im Achten Jugendbericht von Hans Thiersch genannten Maximen einer lebensweltorientierten Jugendhilfe, nämlich Alltagsorientierung, Prävention, Partizipation, Integration/Normalisierung und Dezentralisierung/Regionalisierung, sind nicht auf die Arbeitsfelder der Jugendhilfe beschränkt. Sie sind meiner Erfahrung nach, ebenso nutzbringend in der Sozialen Altenarbeit anzuwenden. Lebensweltorientierte Soziale Altenarbeit berücksichtigt die Grunddimensionen der Lebenswelt, nämlich den Raum, die Zeit und die sozialen Beziehungen der AdressatInnen.

Alltagsorientierung berücksichtigt den alltäglichen Lebens- und Erfahrungsraum vor Ort und bezieht ihn mittels einer ganzheitlichen Sichtweise in die Beratungs- und Unterstützungsarbeit mit ein. Die AdressatInnen sollen so unterstützt werden, dass sie durch die Nutzung institutioneller und professioneller Ressourcen zu einem „gelingenderen Alltag" finden.

Umgedeutet auf alte Menschen, bedeutet *Prävention*, die Inszenierung und Stabilisierung einer belastbaren und unterstützenden Infrastruktur im Sozialraum, die Bildung und Stabilisierung allgemeiner Kompetenzen zur Lebensbewältigung, sowie die Schaffung gerechter Lebensverhältnisse.

Mit *spezieller Prävention* ist gemeint, Unterstützung schon so rechtzeitig anzubieten, bevor sich Schwierigkeiten verhärten. Agiert wird bereits im Vorfeld, also wenn die Schwierigkeiten erst zu erwarten sind, zum Beispiel, bei absehbarer Überlastung und Überforderung pflegender Angehöriger. Die Unterstützung soll eingebettet sein in die gegebenen, lebensweltlichen Ressourcen. Den Menschen soll nichts aufgedrängt werden, das ihnen fremd wäre. Auch soll nicht dramatisiert werden, was nicht zu ändern ist. Es geht um die Herstellung von Normalität.

Alltagsnähe meint die Präsenz der Hilfen in der Lebenswelt der Adressaten. Die Unterstützungsangebote müssen schwellenfrei erreichbar sein. Die ineinander verwobenen Lebenserfahrungen und Lebensdeutungen erfordern eine ganzheitliche Orientierung. Offene Zugänge müssen gestärkt werden, dürfen aber nicht gegen Spezialdienste ausgespielt werden. Es werden beide gebraucht. Ganzheitlichkeit ist realisierbar, wenn spezielle Hilfen koordiniert werden.

Integration/Normalisierung zielt auf eine Lebenswelt ohne Ausgrenzung, zum Beispiel Demenzkranker, auf eine Lebenswelt ohne Unterdrückung und Gleichgültigkeit, jedoch nicht Egalisierung. Gefordert ist die Anerkennung von Unterschieden auf der Basis elementarer Gleichheit. Beide Maximen gewährleisten die soziale Teilhabe am gesellschaftlichen Geschehen.

Dezentralisierung/Regionalisierung und Vernetzung meint die Präsenz der Hilfen vor Ort, die an dem konkreten Hilfebedarf anknüpfen und sich untereinander ergänzen. Die Angebote vor Ort müssen den AdressatInnen bekannt gemacht werden, und die Dienste müssen gut erreichbar, also schwellenfrei für die alten Menschen sein. Ohne Schwellenfreiheit sind sie für viele alte Menschen nicht erreichbar, also unsinnig.

Erst dann wird *Lebensweltorientierung* möglich sein, wenn nämlich die in der Lebenswelt vorhandenen Ressourcen und die daraus resultierenden Möglichkeiten erkannt, genutzt und in den Hilfe- und Unterstützungsprozess mit einbezogen werden können.

3.2 Über die Notwendigkeit Sozialer Altenarbeit

Soziale Altenarbeit orientiert sich an den Sichtweisen der Betroffenen, ihren Möglichkeiten und an der Bedeutung, die sie selbst ihrer Situation beimessen. Bezogen auf die Antriebskräfte alter Menschen habe ich zwei Typen von Menschen kennen gelernt, vermutlich gibt es aber fließende Übergänge. Einerseits sind es die LebenskämpferInnen und andererseits die Sicherheitsbedürftigen. Die LebenskämpferInnen lassen sich nicht unterkriegen, sie holen sich zwar Rat, helfen sich aber meist selbst und wollen allein zurechtkommen. Sie trauen sich viel zu, gestalten ihr Leben mit Energie und schaffen Bewegung.

Die Sicherheitsbedürftigen holen sich zwar auch Rat, fühlen sich aber oft nicht fähig, ihre Alltagsangelegenheiten ohne fremde Hilfe ordnen und regeln zu können. Sie trauen sich wenig zu und suchen jemanden, an dem sie sich orientieren und festhalten können. Außerdem sind sie ängstlich, meist zurückhaltend und verschließen sich gegenüber Veränderungen und Neuerungen, auf die sie manchmal mit Panik oder Depressionen reagieren. Dann geraten sie in eine für sie gefährlich erscheinende, unübersichtliche, vielleicht sogar kritische Lage, mit der sie gar nicht mehr zurechtkommen, die sie belastet und hilflos macht. Es stellt sich die Frage nach den Ursachen eines so unterschiedlichen Verhaltens.

Belastende Situationen werden meiner Beobachtung nach von beiden Typen verschieden wahrgenommen. Was für die LebenskämpferInnen eine Herausforderung ist, bedeutet für die Sicherheitsbedürftigen eine Belastung. Solche Belastungssituationen gehen bei ihnen immer mit Gefühlen der Angst, des Bedrohtseins der eigenen Identität und der Ohnmacht einher. Eine dann notwendige sozialpädagogische Einflussnahme ist primär darauf gerichtet, zu diesen alten Menschen einen engeren Kontakt als üblicherweise zu halten, ein Vertrauensverhältnis aufzubauen, um Ängste zu minimieren, sie zum Selbst-tun anzuregen und sie freudiger zu stimmen, damit sie neuen Lebensmut gewinnen.

Mit der Aktivierung ihrer Eigenkräfte gewinnen sie möglicherweise Zutrauen zu sich selbst. Die Befähigung zur Bewältigung eines zufrieden stellenden Alltags wird in solchen Fällen nicht immer möglich sein, sollte aber zumindest versucht werden. Aufgabe einer lebensweltorientierten Sozialen Altenarbeit ist es dann, den alten Menschen so zu stützen und zu stärken, dass sich sein Handlungs-, Entwicklungs- und Erlebnispotential in Bezug auf seine gewohnten Zeitstrukturen, die Gestaltung des vertrauten Raumes und die Erfahrung sozialer Bezüge entfalten kann.

Auch in der Arbeit mit alten Menschen geht es nämlich nicht nur „(…) um die Bearbeitung von Defiziten sondern auch um die Förderung von Wachstum" (Woog 1998, S. 183). Den Hilfebedürftigen muss geholfen werden, den Gesunden darf der Weg zur Partizipation nicht verbaut werden.

Die lebensweltliche Perspektive sollte bei Interventionen immer einbezogen sein. Durch die Einflussnahme auf das soziale und gesellschaftliche Umfeld können möglicherweise neue Ressourcen in der Lebenswelt erschlossen werden. Ziel einer solchen sozialpädagogischen Intervention ist es, gemeinsam mit dem alten Menschen darüber nachzudenken, wie die Lebensqualität wieder herzustellen ist, um ihm ein weitgehend stressfreies und unbelastetes Weiterleben vor allem zu Hause zu ermöglichen und auf diese Weise zu einem „gelingenderen Alltag" (Thiersch) zu finden. Ein Aufenthalt im Pflegeheim sollte möglichst vermieden werden, wenn der alte Mensch dazu nicht bereit ist.

Mittels Sozialer Altenarbeit können die Eigenkräfte des alten Menschen zwar gestützt und gestärkt werden, aber die Verhältnisse können nachhaltig nicht so stabilisiert werden, dass in Zukunft keine Unterstützung mehr notwendig wird. Wer im Alter zum Beispiel an Diabetes leidet, also chronisch krank ist, wird nicht mehr gesund. Er wird mit dieser Erkrankung sterben.

Wer an Alzheimer Demenz leidet, wird bis zu seinem Tod dement bleiben. Anders als in der Jugendhilfe kann sich Soziale Altenarbeit meist nicht „überflüssig" machen, sondern sie wird den Personenkreis vor allem der allein lebenden und allein stehenden Menschen zeitlebens bis hin zum Tod begleiten, um ihnen ein möglichst stressfreies und zufrieden stellendes Leben und Sterben – am besten zu Hause – zu ermöglichen.

3.3 Netzwerk- und Strukturarbeit

Wenn für alle BewohnerInnen eines Stadtteils gerechte und positive Lebensbedingungen erhalten oder geschaffen werden sollen, ist Strukturarbeit eine Grundbedingung. Wie Ulrich Otto und Petra Bauer ausführen, stellt sich Lebensweltorientierung „zuallererst in den Dienst der Stützung all jener Ressourcen in direkter und indirekter Arbeit, die als zentrale Voraussetzungen kompetenten, unabhängigen Lebens auch im höheren Alter gelten – von sozialen Netzwerken (…) über Wohnumfeld- und Gemeinwesenqualität bis zu Möglichkeiten lebenslangen Lernens" (Otto/Bauer 2004, S. 206). Ausgehend von den Aufgaben der AdressatInnen ist das Konzept Lebensweltorientierung hilfreich beim Erkennen der vorhandenen Potenziale und der gegebenen Möglichkeiten. Es gilt, Potenziale zu fördern und neue Lebensperspektiven zu eröffnen, wenn Defizite bestehen.

Soziale Altenarbeit versucht, Gerechtigkeit zu realisieren. Deshalb ist es sehr wichtig, schon im Vorfeld von Hilfebedürftigkeit tätig zu sein und fehlende Ressourcen aufzuspüren. Bedarfe sollten gemeinsam mit den BürgerInnen, bürgerschaftlich Engagierten, Planungsexperten der Stadtverwaltung und anderen Experten herausgefunden und festgelegt werden. Stadtteilorientierung meint die Einbettung Sozialer Altenarbeit in die vor Ort existierenden Strukturen und die Nutzung der im Stadtteil liegenden Ressourcen. Integriert in die soziale Infrastruktur des Stadtteils agieren die MitarbeiterInnen des Dienstes „Leben im Alter" in den gegebenen Lebensverhältnissen der Betroffenen. Sie berücksichtigen deren Lebenslage, das heißt, die materielle, gesundheitliche geistige und soziale Situation, und sie beziehen in den Hilfeplanungsprozess neben den professionellen Diensten auch Nachbarschaften und freiwillige HelferInnen mit ein.

Die MitarbeiterInnen nehmen an Stadtteilrunden teil, die sie zum Teil mitgestalten und vorbereiten. Sie regen Gespräche mit und zwischen den KooperationspartnerInnen an, machen zur Abklärung des Hilfebedarfs (auch gemeinsame) Hausbesuche, geben Informationen weiter und halten Vorträge. Sie geben Anstöße, unterstützen und koordinieren Projekte, Initiativen und Gruppen zu Themen wie Ehrenamt, Besuchskreis, bürgerschaftliches Engagement, Altersverwirrtheit, ältere MigrantInnen, Sucht, Alt und Jung und vieles andere mehr. Ein wesentlicher Bestandteil der Arbeit ist das Erkennen und Thematisieren von Veränderungen des Bedarfs, also das Aufzeigen von Bedarfslücken und die Weiterleitung dieser Erkenntnisse an die Sozialplanung. Anfragen der Sozialplanung zu verschiedenen Bereichen der Situation im Stadtteil werden bearbeitet.

Beispiele für stadtteilorientierte Initiativen

- Initiierung, Mitorganisation und teilweise Leitung von Betreuungsgruppen für Demenzkranke.
- Mitinitiierung, Mitgestaltung und Leitung von Gesprächsgruppen für pflegende Angehörige.
- Organisation und Durchführung von regelmäßigen Kooperationsgesprächen mit Pflegedienstleitungen von Diakonie- und Sozialstationen sowie mit Einsatzleiterinnen der Nachbarschaftshilfe und der Mobilen Dienste.
- Organisation, Vorbereitung und Durchführung von Stadtteilrunden mit weit gefasster Themenpalette des Bereichs „Älter werden in Stuttgart" in Kooperation mit anderen Fachdiensten.
- Mitgestaltung der Treffen für die Gründung von Besuchskreisen für vereinsamte alte Menschen.
- Gründung und Koordination von Gesprächskreisen zur Situation älterer Menschen im Stadtteil und Initiierung einer generationenübergreifenden Begegnungsstätte.
- Mitinitiierung, Organisation und Durchführung von besonderen Projekten wie „Pause für pflegende Angehörige".
- Regelmäßige Teilnahme in Altenkreisen von Kirchengemeinden
- Beteiligung an der Planung eines Altenhilfeprojektes im Stadtteil mit generationenübergreifenden Ansatz.
- Bestandserhebung gemeinsam mit der Diakoniestation und der Altenbegegnungsstätte über die Anzahl verwirrter Menschen im Stadtteil.
- Teilnahme am und zum Teil Begleitung von Ärztestammtischen.
- Zusammenarbeit mit dem Eltern-Kind-Zentrum im Mehrgenerationenzentrum.
- Gemeinsame Durchführung von Suchtpräventionstagen für Alt und Jung mit der Schule.

Bürgerschaftliches Engagement

Im Jahr 1994 war es das Ziel des Städtetags Baden-Württemberg „das Hilfspotential und die Kompetenz der älteren Bürger zu aktivieren. Angesichts des rückläufigen klassischen Ehrenamtes und des beklagten Rückzugs des Einzelnen aus der sozialen Verantwortung" müsse nach Möglichkeiten gesucht werden, wie eine stärkere Einbringung, insbesondere der älteren Menschen, ins Gemeinwesen ermöglicht werden kann. Bürgerschaftliches Engagement meint gemeinschaftliches, auf einen Stadtteil bezogenes Handeln. Es geht um eine besondere Dimension von freiwilligem, unentgeltlichem Handeln der BürgerInnen. Eine wichtige Rolle haben dabei örtliche Anlaufstellen, an die sich Anbieter und Nutzer wenden können. Bürgerschaftliches Engagement kann nicht erzwungen werden. Aus der Eigeninitiative der BürgerInnen kann es entstehen und sich entfalten.

Nach Martin Neuber ist bürgerschaftliches und freiwilliges Engagement „weitgehend in den organisatorischen Rahmen von Vereinen und Verbänden eingebunden und bedeutet in der Regel eine Mitgliedschaft sowie die Übernahme kontinuierlicher Tätigkeiten. Das Engagement reicht dabei von der Wahl in einen Vorstand, die Organisation und Durchführung von Veranstaltungen, die pädagogische Betreuung und Anleitung einer Gruppe bis hin zu vielfältigen praktischen Arbeiten, die geleistet werden müssen. Die gesellschaftliche Beteiligung und die Übernahme von Verantwortung im Rahmen ehrenamtlichen und freiwilligen Engagements durch BürgerInnen ist eine der Schlüsselfragen für die Zukunft der Bürgergesellschaft" (Neuber 2005, S. 34).

Nach einer Beschlussvorlage des Stuttgarter Gemeinderats vom Mai 2000 werden Besuchsdienste für isoliert lebende und von Vereinsamung bedrohte alte Menschen gefördert, nachdem die Zahl der allein lebenden älteren Menschen stetig zunimmt. Träger der mittlerweile sechs Besuchskreise in Stuttgart sind meist die Kirchengemeinden. Die MitarbeiterInnen sind über den Träger versichert und erhalten eine kleine Aufwandsentschädigung.

Meiner Beobachtung nach sind viele ältere Menschen bereit, für alte und junge Menschen etwas zu tun, und gesellschaftliche Verantwortung zu übernehmen. Es gilt, die produktiven Potentiale des Alters zu nutzen. Zivilgesellschaftlich (Kruse) tätig zu sein, bedeutet, weg vom Kommerz, hin zur Verantwortung für einen Mitmenschen, selbst etwas für ihn tun, ihm zur Seite stehen und nicht für jeden Handgriff nach den Modulen der Pflegeversicherung abrechnen zu müssen. Eine Betätigung im Rahmen bürgerschaftlichen Engagements gemeinsam mit anderen Menschen auszuüben, macht Spaß, hält fit und bringt Anerkennung. Außerdem vermindert sich die Gefahr der eigenen Vereinsamung.

Warum es so wichtig ist, der Vereinsamung vorzubeugen, drückt der Psychoanalytiker Paul Parin folgendermaßen aus: „Das Gefühl, einsam zu sein, ist eine innere Wahrnehmung. Wenn niemand da ist, oder niemand mehr da ist, den man lieben könnte, den man hassen müsste, ist man einsam. Liebesgefühle finden keine Erwiderung; die Sexualität bleibt leer. Hass hat kein Ziel mehr, zerbricht an der Aussichtslosigkeit, an der Ohnmacht zu siegen" (Parin 1996, S. 201).

Durch die Zunahme Hochaltriger verstärkt sich die Einsamkeitsproblematik. Da erscheint es nahe liegend, wenn sich junge Alte um alte Alte kümmern, weil dann beiden Gruppen geholfen wird. Die einen bleiben nicht einsam, die anderen werden es nicht. Oder, wie es Richard Sennett ausdrückt: „Man fühlt sich nützlich, wenn man etwas tut, das auch für andere wichtig ist" (Sennett 2005, S. 150). Im Gegensatz dazu gibt es aber auch einen großen Teil allein lebender und allein stehender alter Menschen, die gern allein sind und sich keineswegs einsam fühlen.

Die fehlende mitmenschliche Nähe durch den Aufbau eines sozialen Umfeldes wieder herzustellen, ist vorrangige Aufgabe von Besuchsdiensten. Sie übernehmen damit eine präventive Funktion im Hilfesystem. Sie stellen zu dem betroffenen alten Menschen eine vertrauensvolle Beziehung her, ziehen professionelle Hilfe hinzu, wenn sie nicht mehr weiter wissen und integrieren ihn auf diese Weise in das Hilfesystem. Ausgangsbasis für den Aufbau eines Besuchskreises in Stuttgart für alte, vereinsamte Menschen war die steigende Anzahl allein lebender älterer Menschen, die nahe stehende Angehörige durch Tod verloren hatten und dadurch bedingt, kaum mehr AnsprechpartnerInnen hatten. Dadurch kamen vermehrt Anfragen von BürgerInnen und Diensten wegen einer bestehenden Einsamkeitsproblematik bei älteren Menschen, die in seelische Not geraten waren.

Ohne die Hilfe Sozialer Altenarbeit, die den Betroffenen Angst und Misstrauen nimmt, wäre es ihnen nicht möglich, verloren gegangene Beziehungen und Unterstützung zu kompensieren oder Hilfen zu organisieren. Aufgabe eines Besuchskreises ist also die Unterstützung vor allem der älteren Menschen, welche die Wohnung kaum noch verlassen können und deren Lebenskreis im Laufe der Zeit stark eingeengt wurde. Manche leiden an depressiven Verstimmungen, sind vielfach misstrauisch und ängstlich gegenüber ihrer Umwelt. Die Entwicklung eines Vertrauensverhältnisses zwischen dem Besuchten und der Besucherin hat oberste Priorität.

Angebote, wie zum Beispiel in Altenbegegnungsstätten, zielen darauf ab, schon im Vorfeld von eventueller Isolation und Vereinsamung die Weichen zu stellen, um isoliert lebende alte Menschen in das soziale Geschehen einbinden zu können. Die Bedingungen für die Entstehung sozialer Beziehungen sind schwer einschätzbar. Ich vermute, sie entstehen am ehesten, wenn im öffentlichen Raum Möglichkeiten zur harmlosen, formlosen, unverbindlichen Begegnung vorhanden sind, wie zum Beispiel schöne Spazierwege, nette Kaffeehäuser, Bänke zum Ausruhen, Spielplätze für Alt und Jung und Sportvereine. Gute menschliche Beziehungen können nicht „gemacht" werden, sondern sie entstehen, wenn die Begleitumstände stimmen.

Das Bewusstsein der Aktivierbarkeit von Kontakten, „(…) die bloße Anwesenheit von Leuten, von Familien, Freunden und Bekannten in der näheren oder weiteren Umgebung der Wohnung (…)" (Hübner-Funk 1983, S. 12) ist für Menschen hilfreich. Auch Frank Nestmann beschreibt die präventive Wirkung von sozialen Netzen, die ohne in Anspruch genommen zu werden, allein durch ihr Vorhandensein ein ‚soziales Immunsystem' gegen die Beeinträchtigung durch Stress schaffen. „Die Netzwerk- und Unterstützungsforschung konzentriert sich also auf Ressourcen der sozialen Umgebung (…)" (Nestmann 1989, S. 107). Wo diese Ressourcen fehlen, kann auch keine Entlastung erfolgen.

Heute sind alte Menschen gesünder, besser ausgebildet, aktiver und haben mehr Zeit zur Verfügung als frühere Generationen. Sie stellen ein produktives gesellschaftliches Potenzial dar, das genutzt werden sollte. Die Etablierung von Gesprächsgruppen, die dem Austausch zwischen Alt und Jung über die Situation in ihrem Stadtteil dienen, hat sich zur Klärung der Verhältnisse als günstig erwiesen. Schnell wird bei gemeinsamen Gesprächen deutlich, in welchen konkreten Lebensverhältnissen tragfähige Strukturen vor Ort fehlen.

An diesem Punkt beginnen dann die gemeinsamen Überlegungen, wie Abhilfe geschaffen werden kann. Manchmal fehlen im Stadtteil einfach nur Bänke. Dann wird nach geeigneten Plätzen gesucht, wo sie aufgestellt werden sollen, und die Suche nach Sponsoren beginnt. Ein anderes Beispiel ist die Durchführung eines Benefizlaufes, um zum Beispiel mit dem Erlös in der Schule eine Kletterwand aufzubauen. Alt und Jung beteiligen sich an dem Benefizlauf. So entstehen gute Beziehungen zwischen den Generationen.

Durch den Tod nahe stehender Angehöriger verlieren vereinsamte alte Menschen manchmal die Unterstützung durch ihr soziales Umfeld und geraten so vielfach in seelische Not. Oft leiden sie dann an depressiven Verstimmungen, sind misstrauisch und ängstlich gegenüber ihrer Umwelt. Sie geraten immer tiefer in die soziale Isolation, aus der sie sich allein meist nicht befreien können. Die fehlende Unterstützung durch den Aufbau eines sozialen Umfeldes wieder herzustellen, ist die vorrangige Aufgabe von Besuchskreisen.

Die BesucherInnen stellen zu den betroffenen alten Menschen eine vertrauensvolle Beziehung her. Je persönlicher sich die Beziehung entwickelt, desto umfangreicher und vielseitiger können die gemeinsamen Aktivitäten werden. Ein gemeinsamer Besuch in der Begegnungsstätte zum Mittagessen, Spaziergänge in Gebiete, in die man sich bisher allein nicht traute, oder ein gemeinsamer Einkaufsbummel in Geschäften, die man bisher allein nicht erreichen konnte. Zwischen BesucherInnen und Besuchten entstehen manchmal sogar auch Freundschaften. Es gibt kein Oben und kein Unten, sondern einfach Menschen, die einander begegnen und Freunde werden.

Durch eine monatlich stattfindende Gruppensupervision bildet sich innerhalb der Gruppe der BesucherInnen schnell ein Zugehörigkeitsgefühl.

Mittels der regelmäßigen Besuche hat der meist allein lebende und allein stehende alte Mensch eine feste Ansprechpartnerin, mit der er sich austauschen und Schwierigkeiten besprechen kann. Oft sind diese Kontakte der einzige Kontakt zur Lebenswelt. Mittels der BesucherInnen können Ängste bewältigt werden und ein gelingenderer Alltag ermöglicht werden. Ein positiver Nebeneffekt beim Aufbau eines Besuchskreises beruht auf der Tatsache, nämlich der eigenen Vereinsamung zu entgehen.

Ziel eines Besuchskreises ist es also, vereinsamte beziehungsweise von Einsamkeit bedrohte alte Menschen durch bürgerschaftlich engagierte Menschen so zu begleiten und zu unterstützen, damit sie wieder im Stadtteil integriert und nicht mehr einsam sind. Sie sollen sich nach der Begleitung wohler fühlen. Zur Veranschaulichung der Vorgehensweise und zur Erhellung, was bei den Besuchen eigentlich geschieht, und welche Wirkungen sich zeigen, ließ ich mir von den BesucherInnen erzählen, was die Besuche bei ihnen und den Besuchten ausgelöst haben.

Berichte der BesucherInnen

Frau A., 78 Jahre: „Manchmal hat Frau R. eine Stinklaune, da komme ich nicht an sie ran. Ich denke, das ist krankheitsbedingt und das hängt mir ihrer Erblindung zusammen. Wenn sie gut drauf ist, lacht sie auch. Manche Tage geht es ihr einfach schlecht. Anfangs war sie sehr distanziert, jetzt hat sie die Hilfe angenommen. Ich traue mich jetzt auch, ihr Contra zu geben. Weil ich es mir nicht unter die Haut gehen lassen will. Manchmal ist sie sehr depressiv. Sie sollte Tabletten nehmen, nimmt aber keine. Ob ich es probieren soll? Ich denke eher nein.
Die Familie hat wenig Zeit, kümmert sich aber schon etwas um sie. Sie meint halt, nicht genug. Sie mucken auf, weil sie dieselbe Geschichte immer wieder erzählt. Das tut ihr offenbar gut. Ich kann es ertragen. Die Familie aber nicht. Sie gehört zur Kriegsgeneration und reflektiert ihr eigenes Leben. Aus der Heimat sind sie vertrieben worden und haben schlimme Sachen erlebt. Das lässt sie nicht los. Irgendwie kann ich sie nicht so fördern, wie es mir vorschwebt. Sie ist voller Unruhe, aber Beruhigung ist möglich. Wenn ich nicht wäre, hätte sie niemanden, der ihr zuhört."

Frau B., 95 Jahre: „Frau B. wird immer hinfälliger. Als wir uns vor zwei Jahren kennen lernten, konnten wir noch raus aus der Wohnung ins Freie. Aus dem Haus können wir jetzt nicht mehr. Früher hatte sie große Freude an Gesellschaftsspielen. Immer wieder und wieder wollte sie die gleichen Spiele spielen. Sie konnte nicht genug davon bekommen. Da haben wir noch viel zusammen gelacht. Heute ist sie stiller. Sie hat sich ziemlich verändert und ist auch ängstlicher geworden.
Wenn ich bei ihr bin, freut sie sich. Ohne mich würde sie vermutlich nur im

Bett liegen. Ich ermuntere sie, sich anzukleiden. Manchmal helfe ich ein wenig dabei. Ich halte das aus und mache mit den Besuchen gern weiter. Immer bringe ich etwas mit, worüber sie sich sehr freut. Manchmal Cappuccino und Kuchen, manchmal eine andere Schleckerei. Wenn es unangenehm riecht, lüfte ich das Zimmer. Jeden Tag kommen andere HelferInnen. Dieser Wechsel ist nicht gut für sie. Nachts schläft jemand bei ihr, damit nichts passiert.

An mich hat sie sich sehr gewöhnt. Ich fehle ihr, wenn ich einmal nicht kommen kann. Früher haben wir viel gespielt, jetzt geht es nicht mehr so gut. Sie meint immer, solange sie noch spielen kann, will sie spielen. Es sei noch zu früh, ihr aus der Bibel vorzulesen. Jedenfalls hat sie mehr an Lebensqualität, als sie sonst hätte. Wir haben eine gute Beziehung und spüren einander."

Frau C., 88 Jahre: „Positive Veränderungen waren deutlich zu merken, als Frau C. noch in der eigenen Wohnung lebte. Irgendwie waren wir uns ähnlich und haben schnell einen guten Draht zueinander gefunden. Selbst zum Einkaufen zu gehen, war ihr sehr wichtig. Da sie die schweren Taschen nicht mehr selbst tragen konnte, habe ich ihr dabei geholfen. Wir haben gute Gespräche gehabt, den von mir mitgebrachten Kuchen verzehrt und eine entspannte Zeit miteinander verbracht. Irgendwie bin ich ihr und sie ist mir wichtig geworden.

Leider währte diese Freude nicht lange, da sie schwer erkrankte. Es musste ihr ein Bein amputiert werden. Anschließend kam sie in eine Pflegeeinrichtung und wurde zu einem Schwerstpflegefall. Seit dieser Zeit besuche ich sie dort regelmäßig, da sie sonst niemanden hat. Leider entwickelte sich bei ihr zusätzlich zu den vorhandenen körperlichen Leiden eine Demenzerkrankung. Wenn ich sie jetzt besuche, gibt es kurze Momente der Freude. Ihr Zustand wechselt von Tag zu Tag. Meist liegt sie nur im Bett. Wenn sie aufstehen darf, fühlt sie sich gut. Fragen versteht sie nicht mehr und antwortet auch nicht. Ich denke oft, ob es nicht zuwenig ist, was ich mache, und was ich noch tun könnte. Ich müsste mehr präsent sein, um noch was zu bewegen. Wenn ich zu Besuch komme, freut sie sich und ist vor den anderen Leuten dort stolz, dass sie auch besucht wird. Dann steht sie im Mittelpunkt, und das tut ihr gut. Mit der vorhandenen Zeit ist nicht viel zu erreichen. Häufigere Besuche wären nötig. Es gibt positive Veränderungen, aber ich denke, nicht genug."

Frau D., 80 Jahre.: Frau D. ist an Parkinson erkrankt und deshalb an die Wohnung gefesselt. Sie lebt allein und hat keine Angehörigen mehr. Vom ersten Moment des Kennenlernens haben wir uns sofort verstanden. Gleich bei meinem ersten Besuch hat sie mir die Wohnungsschlüssel gegeben. Das gibt ihr ein Sicherheitsgefühl, wie sie mir sagte. Sie darf mich jederzeit anrufen, haben wir ausgemacht. Mein Telefon habe ich immer dabei. Wichtig ist ihr, miteinander „schön" spazieren zu gehen, da sie mit ihrer Erkrankung nicht allein aus dem Haus kommt. Einmal bin ich eine Woche lang weg gewesen, da sind ihr die Tränen herunter gelaufen. Wir stützen uns gegenseitig. Wenn aus der Nachbarschaft Leute anrufen und fragen: „Geht es Ihnen wieder besser?", dann freut sie sich. Mittlerweile ist eine gute Beziehung zwischen uns gewachsen. Da sie nicht weit entfernt wohnt, kann ich ihr auch bei Alltagskleinigkeiten helfen, wie zum Beispiel morgens den Rollladen hochziehen oder Briefe aus dem Briefkasten holen. Ich wäre auch allein, wenn ich niemanden zum Besuchen hätte".

Frau E., 95 Jahre: „Frau E. hat eine schwere Hauterkrankung und traut sich deshalb nicht mehr allein aus dem Haus. Sie freut sich immer, wenn ihr schwer behinderter Sohn da war. Seit ich bei ihr Besuche mache, hat sich alles zum Guten gewendet. Wir unterhalten uns gerne und haben einen guten Kontakt zueinander gefunden. Im Krieg war sie Luftwaffenhelferin. Da kommen die schlimmen Gedanken wieder hoch. Mit ihrem Leben kommt sie mittlerweile wieder gut allein zurecht. Sie braucht mich zum miteinander reden. Wir unterhalten uns über alles. Beim Abschied ist ihr die Umarmung wichtig. Wir drücken uns deshalb auch ganz fest."

Frau F., 85 Jahre: „Frau F. ist das Alleinsein gewöhnt. Schon seit dem Tod ihres Ehemannes vor einundzwanzig Jahren lebt sie allein. Kinder hat sie keine. Sie ist energisch, lässt sich nicht hängen und schiebt den Gehwagen noch kräftig in der Wohnung herum. Eine Nachbarsfamilie hat das Aufräumen der Wohnung und das Waschen der Wäsche übernommen. Ihr sehnlichster Wunsch ist, sterben zu dürfen. Sie stammt aus der Slowakei und erzählt mir viel über den Krieg und die Vertreibung aus der Heimat. Leider traut sie sich nicht mehr vor die Tür, sonst könnten wir spazieren gehen. Ich will ihr Freude machen. Einmal in der Woche bringe ich Kuchen mit. Sie freut sich immer schon sehr auf meinen Besuch. Es hat sich eine gute Beziehung zwischen uns entwickelt. Ich kündige den Besuch telefonisch an, sie könnte ja von jemand anders besucht werden. Der Besuch dauert zwei Stunden."

Zusammenfassung

Aus den Berichten geht hervor, dass die Grundlage für die positiven Veränderungen die sich entwickelnden guten Beziehungen zwischen den BesucherInnen und den Besuchten sind. Das gemeinsame Erleben von Freude, also zum Beispiel miteinander einen Waldspaziergang machen, zeigt Wirkung. Nach und nach fühlen sich die Besuchten sicherer, Ängste schwinden und Freundschaften entstehen. Aber auch von den BesucherInnen werden für sich selber positive Effekte genannt, nämlich die eigene Integration im Stadtteil durch diese Aufgabe und die Vermeidung einer eventuell entstehenden eigenen Einsamkeitsproblematik. Auf diese Weise entstehen für beide Gruppierungen Vorteile. Der Besuchskreis hat sich als gutes Mittel erwiesen, vereinsamte Menschen aus ihrer Vereinsamung herauszuführen und neue Maßstäbe zu setzen.

Suchtpräventionstage

Eine andere Möglichkeit für Strukturarbeit im Stadtteil ist, gemeinsame Suchtpräventionstage für Alt und Jung durchzuführen. Suchtprävention bedeutet, schon im Vorfeld von Schwierigkeiten Hilfen anzubieten. Mit dem Älterwerden einhergehend ergeben sich für manche alte und junge Menschen Schwierigkeiten, die sie mit Zigaretten, Alkohol oder Drogen zu lösen versuchen. Das ist keine gute Idee, da man von diesen Mitteln schneller abhängig wird, als man glaubt. Es gilt herauszufinden, ob es außer Alkohol, Zigaretten oder Drogen noch andere Mittel gibt, die Gefühle des Glücklichseins, der Zufriedenheit, des Vergnügens und der Lebensfreude bringen. Mittel also, welche die Lebensqualität nicht nur kurzfristig erhöhen und langfristig beeinträchtigen, sondern die Lebensqualität auf Dauer positiv beeinflussen.

Nach gemeinsamem Nachdenken mit Lehrern und Schülern der Grund- und Hauptschule und den Mitgliedern des „Arbeitskreis Senior" wurden entsprechend passende Angebote entwickelt und über eine Woche lang durchgeführt. Im Bereich der alten Menschen sind wir auf „Qigong" gestoßen. Es handelt sich dabei um vielfältige Übungsmethoden, die in China entwickelt wurden und sich in unterschiedlicher Weise mit der Lebenskraft beschäftigen. Wer süchtig oder von Sucht bedroht ist, dem fehlen Lebenskräfte. Ziel des Qigong ist es, die Übenden wieder mit sich selbst und ihrem Umfeld ins seelische, geistige und körperliche Gleichgewicht zu bringen, um verloren gegangene Lebenskräfte neu zu entdecken. Die Pflege des Körpers ist nicht zu trennen von der Kultivierung des Geistes. Angst und Sorgen blockieren das freie Fließen der Lebensenergie, sie lassen den Menschen erstarren, oder in übermäßige Unruhe ausweichen.

Mit den Qigong – Übungen werden Hilfen für den liebevollen, achtsamen und verantwortlichen Umgang mit sich „selbst vermittelt. Ausgeglichenheit und innere Ruhe kann man üben. Es ist eine Geisteshaltung, die an keine äußeren Umstände gebunden ist. Sie ist unspektakulär, braucht Zeit und anerkennt den eigenen Rhythmus des Lebens und die Verbindung, mit allem, was lebt. So wurde es mir jedenfalls erzählt. Ein angenehmer Nebeneffekt der Übungen gerade bei alten Menschen besteht darin, dass mittels der Übungen auch das körperliche Gleichgewicht wieder hergestellt und die Sturzgefahr verringert werden kann. Stürze sind bei älteren Menschen immerhin die Hauptursache für Einweisungen ins Krankenhaus. Jeder dritte Bürger über 65 Jahre stürzt mindestens einmal im Jahr. Stürze und Sturzgefährdung können die Ursache von Pflegebedürftigkeit sein und stellen, wenn bereits Pflegebedürftigkeit besteht, ein schwerwiegendes Problem in Pflegeheimen dar. Das Training von Muskulatur, Aufmerksamkeit und Koordination erfolgt bei den alltäglichen Verrichtungen.

Neben gezielten Programmen sollten die BewohnerInnen im Alltag zu möglichst großer Mithilfe bei den pflegerischen Tätigkeiten motiviert werden. Bewegungsprogramme müssen in den Tagesablauf integriert sein, damit sie zu festen alltäglichen Bestandteilen werden. Stürze können mittels der Übungen reduziert werden, wie an der Universitätsklinik Ulm bei Forschungsarbeiten herausgefunden wurde. Es liegt also nahe, Qigong als Regelangebot in allen interessierten Altenbegegnungsstätten anzubieten, wie es in Stuttgart mit Erfolg bereits praktiziert wird.

Altenbegegnungsstätten

Während der vergangenen 30 Jahre wurden in fast allen Stuttgarter Stadtteilen wohnortnah Begegnungsstätten für Ältere eingerichtet. Die Begegnungsstättenarbeit hat sich in der Vergangenheit abhängig von der jeweiligen Bevölkerungsstruktur, dem im Stadtteil vorhandenen Infrastrukturangebot und der jeweiligen Trägerintention unterschiedlich entwickelt. Allen Einrichtungen ist aber gemeinsam, die Ausrichtung auf die Bedürfnisse älterer Menschen und deren Wunsch und Anspruch, das Angebot mitzugestalten. Begegnungsstättenarbeit ist präventive Arbeit, leistet Hilfe zur Alltagbewältigung und sichert älteren Menschen die Teilhabe am gesellschaftlichen Leben. Sie orientiert sich am Gemeinwesen und soll Generationen übergreifende Aspekte berücksichtigen.

Nach der Einschätzung von Andreas Kruse muss die Stadtentwicklung der Zukunft auch die Beziehungen zwischen den Generationen stärken: „Es ist heute schon nicht mehr modern von ‚Seniorenzentren' oder ‚Jugendzentren' zu sprechen" (Kruse 2005, S. 12). Es müssten deutlich mehr Generationenzentren geschaffen werden, die als natürliche Begegnungsstätten dienten. Außerdem muss auf die Mischung der Generationen in allen Stadtquartieren geachtet werden. Teilweise sind Begegnungsstätten schon heute in Bürgerhäuser oder Gemeinwesenzentren integriert.

Allerdings sind damit nicht automatisch Generationen übergreifende Begegnungen verbunden. Verschiedene Zielgruppen nutzen oft in je unterschiedlicher Weise, und zu unterschiedlichen Zeiten die Einrichtungen. Manchmal verhindern gegensätzliche Interessenslagen ein positives Miteinander. Bei der Ausgestaltung der Angebote sind die manchmal geringen finanziellen Mittel sozial benachteiligter älterer Menschen zu berücksichtigen. Brücken bauen zwischen den Generationen ist mittlerweile auch ein Anliegen der Altenbegegnungsstätten in Stuttgart. Die Schwierigkeiten, die mit der zunehmenden Vereinzelung der Menschen in der heutigen Gesellschaft verbunden sind, müssen offensiv angegangen werden.

Die unterschiedliche Entwicklung hat zu zwei unterschiedlichen Arten von Begegnungsstätten geführt. Zum einen zu ehren- oder nebenamtlich geführten Begegnungsstätten mit dem Schwerpunkt „Begegnung und Bildung", zum anderen zu einer hauptamtlich durch eine Fachkraft geleiteten Begegnungsstätte mit Dienstleistungscharakter, mit dem Schwerpunkt „Hilfe zur Alltagsbewältigung". Hier gibt es an fünf Tagen in der Woche eine Mittagsmahlzeit. Die regelmäßige Nutzung führt zu einer verlässlichen Tagesstrukturierung und ermöglicht bei sich anbahnenden Krisen ein rasches Handeln. Die Leistungsstandards sind daher auch unterschiedlich.

Einzelarbeit in Begegnungsstätten zielt darauf ab, stark hilfebedürftigen oder desorientierten BesucherInnen die Nutzung präventiver und tagesstrukturierender Angebote mit dem Schwerpunkt „Hilfen zur Alltagsbewältigung" zu ermöglichen. Dies geschieht durch eine Fachkraft, die den Betroffenen als Ansprechpartnerin verlässlich zur Verfügung steht und bei Bedarf sogar Hausbesuche macht. Durch solche Einzelarbeit können fehlende Kontakte ermöglicht, Vereinsamung, Apathie, Depression und Immobilität vermieden und einer Verschlechterung der persönlichen Lebenssituation vorgebeugt werden. Ziel ist es, die Führung eines selbstständigen und selbst bestimmten Lebens zu ermöglichen und eine andernfalls notwendige Heimaufnahme zu vermeiden.

Wie aus dem Altenhilfeplan der Stadt Stuttgart aus dem Jahr 1999 hervorgeht, richten sich offene Altenhilfeangebote an alle älteren Menschen und zielen darauf ab, schon im Vorfeld der Gefahr von Isolation und Vereinsamung entgegenzuwirken und die Zielgruppe schon dann anzusprechen, wenn sie der Hilfe noch nicht oder doch nur teilweise bedarf. Außerdem soll offene Altenhilfe Angebote entwickeln, um ältere Menschen in das gesellschaftliche Leben einzubeziehen. Der Betreuungs- und Fürsorgegedanke der Altenhilfe wird dabei weitgehend überlagert vom Gedanken des Infrastrukturangebots für alle Bevölkerungs- und Altersgruppen.

Im Vordergrund stehen hier Erhalt und Förderung der Eigeninitiative, Partizipation und weitestgehende Selbstbestimmung älterer Menschen im Bereich der Kommunikation und Freizeitgestaltung. Eines von vielen Angeboten in Stuttgart ist zum Beispiel die „Werkstatt zum Schreiben von Biografien und Familiengeschichten". Hier erhalten die alten Menschen das Handwerkszeug für interessante und spannende Geschichten, selbst erlebt oder frei erfunden. Mit Übungen und gemeinsamen Gesprächen wird am Verfassen von Erinnerungen, Biografien und Familienchroniken, aber auch an fiktionalen Erzählungen, Prosastücken und Gedichten gearbeitet.

Der Übergang zu kommunalen Angeboten für andere Zielgruppen wird damit fließend; dies kann und soll dazu führen, dass Angebote nicht nur speziell auf ältere Menschen ausgerichtet werden, sondern durch individuelle Gestaltung jeweils auf die unterschiedlichen Interessensgruppen reagieren. Damit würde auch das Ziel erreicht, alten Menschen die Möglichkeit zu erhalten, am Leben der Gemeinschaft teilzunehmen.

Unabhängiges Altern ist dann gewährleistet, wenn die durch das Ende der Erwerbsarbeit erzwungene Aufgabe von beruflicher Aktivität durch neue Aktivitäten kompensiert wird. Die den vorhandenen Bedürfnissen entsprechen und eine Einengung der sozialen Welt verhindern. Offene Altenhilfeangebote haben damit eine hohe präventive Funktion. Dabei ist zu berücksichtigen, dass Faktoren wie sozioökonomischer Status, soziales Umfeld und Gesundheitszustand sowie kultureller Hintergrund und Sprachkompetenz die Art und das Ausmaß sozialer Aktivitäten bestimmen. In Stuttgart hat sich unter diesen Voraussetzungen ein plurales, unterschiedlichen Bedürfnissen entsprechendes differenziertes Angebot entwickelt. Das Programm wird gestaltet aus den Bereichen Bewegung (Gymnastik, Seniorentanz, Wandern), kreatives Handarbeiten, Vorträge, Musik (Chor), Gesprächsrunden, Gedächtnistraining und Feste aus dem Jahreskreis. Dieses Angebot muss im Hinblick auf die Heterogenität der verschiedenen Generationen alter Menschen im großstädtischen Milieu sowie auf deren mehr und mehr internationalen Herkunft weiterentwickelt und ausgebaut werden.

Sport

Das Angebot an sportlichen Aktivitäten für alte Menschen ist in Stuttgart durch private Anbieter und Sportvereine ausgesprochen breit gefächert. Dadurch wird der Zugang erleichtert. Viele Bewegungsangebote stehen zur Verfügung und werden auch intensiv genutzt. Die Übungen werden im Gehen, im Sitzen oder im Liegen durchgeführt. Unterstützt von Musik regen Bewegungsspiele, Partnerübungen und rhythmische Gymnastik zu einem ungezwungenen Miteinander an. Seniorengymnastik wird in der Regel von ausgebildeten Fachkräften durchgeführt. Die Ausbildungsinhalte wurden vom Deutschen Roten Kreuz sowie vom schwäbischen Turnerbund zusammengestellt.

4. Themen Sozialer Altenarbeit

4.1 Sozialhilfebedürftigkeit

Die finanzielle Situation älterer Menschen hängt von dem ihnen zur Verfügung stehenden Einkommen ab, also ihrer Rente und sonstigem Vermögen. Nach Erhebungen von Heribert Engstler und Sonja Menning vom Deutschen Zentrum für Altersfragen zeigt sich im Vergleich der Altersgruppen, „dass bei den Erwachsenen im zunehmenden Alter der Anteil einkommensarmer Personen sinkt. Am seltensten einkommensarm sind Personen im Rentenalter" (BMFSFJ 2003, S. 154). Sie erklären es durch den Ausbau der Alterssicherungssysteme. So konnte die Altersarmut in den vergangenen Jahrzehnten zurück gedrängt werden. „Das geringste Armutsrisiko haben die über 71-Jährigen, das höchste die Kinder und Jugendlichen bis zu zwanzig Jahren (ebd., S. 155).

Auffällig hoch ist die Sozialhilfequote bei den MigrantInnen. Hier sind neben den Kindern und Jugendlichen insbesondere die älteren Menschen überdurchschnittlich auf Hilfe angewiesen. Trotz Zurückdrängung der Sozialbedürftigkeit alter Menschen besteht Altersarmut nach wie vor. Um Altersarmut zu verhindern, gibt es seit 1. Januar 2003 das neue Gesetz zur Grundsicherung. Nach diesem Gesetz kommen über 65-Jährige in den Genuss der Grundsicherung, wenn sie nicht allein für ihren Lebensunterhalt sorgen können. Die Grundsicherung soll die finanzielle Existenzgrundlage für eine würdige Lebensführung schaffen und sichern. Grundsicherung kann nur erhalten, wer einen Antrag gestellt hat. Antragsformulare bekommt man bei der Stadt-, Kreis- oder Gemeindeverwaltung. Dort hilft man auch beim Ausfüllen des Antrags.

Das Neue gegenüber der Sozialhilfe ist, dass die Leistungen der Grundsicherung erstmals unabhängig vom Einkommen der Kinder ausbezahlt werden, außer deren Einkommen erreicht oder übersteigt 100.000 Euro jährlich. Das bedeutet für die meisten alten Menschen, die Einkommensverhältnisse der Kinder spielen unter diesen Bedingungen gegenüber früher kaum mehr eine Rolle. Auf diese Weise fällt auch das ungute Gefühl weg, die Kinder belasten zu müssen. Der Anspruch auf Grundsicherung bleibt auch bestehen, wenn man stationär untergebracht werden muss. Sind die Unterbringungs- und Pflegekosten höher als die Grundsicherungsleistung, werden die übersteigenden Kosten von der Sozialhilfe getragen, die in diesem Fall unter bestimmten Umständen auf die Kinder und Eltern zurückgreifen kann.

Alleinige Voraussetzung für den Bezug ist, dass der Bedarf nicht aus eigenem Einkommen oder Vermögen finanziert werden kann. Das heißt also, erst wenn das eigene Vermögen und Besitz aufgezehrt sind, besteht ein Anspruch. Dabei geht es immer um die Frage, wie viel wird auf der einen Seite zum Leben benötigt, und wie hoch ist auf der anderen Seite das Einkommen oder der Besitz. Der Differenzbetrag wird als Grundsicherung ausbezahlt.

4.2 Pflegebedürftigkeit

Die Qualität der Pflege- und Betreuungsleistungen in Deutschland entspricht noch nicht den gewünschten Standards. Nach den Überlegungen von Margarete Landenberger analysiert und konzeptualisiert die Pflegewissenschaft derzeit „Prozesse, Interventionen und Strategien, die den Gesundheitszustand und das Gesundheitsempfinden von Menschen positiv beeinflussen" (Landenberger 2001, S. 1355). Ihrer Ansicht nach benötigen die Berufsangehörigen bessere technisch-handwerkliche Fähigkeiten, methodisches Handeln und wissenschaftliches Wissen. Ihr geht es darum, die Wirksamkeit von Pflegeinterventionen „theoriegestützt und mittels Anwendung empirischer Methoden nachzuweisen" (ebd.).

Für die professionelle Pflege des Körpers eines gebrechlichen, pflegebedürftigen alten Menschen reicht Erfahrungswissen nicht aus. „Eine Reform der Ausbildung in den Pflegeberufen ist überfällig", meinte bereits im Jahr

2000 die Robert-Bosch-Stiftung. Pflege müsse neu gedacht werden, äußerte sich in diesem Zusammenhang der die Stiftung beratende Hartmut von Hentig. Ziel müsse sein, bis zum Jahr 2020 Empfehlungen für zukunftsweisende Veränderungen im Ausbildungsgeschehen zu erarbeiten. Deshalb hat die Stiftung einen Kreis unabhängiger und kompetenter Fachleute gebeten, sich dieser Thematik, nämlich „Die Zukunft der Pflegeausbildung", anzunehmen. Der Ausbildung, Führung und Entwicklung des Personals in Pflegeeinrichtungen kommt eine immer stärkere Wichtigkeit zu.

Seit den neunziger Jahren werden für die Qualifizierung von leitenden und lehrenden Pflegepersonen etwa fünfzig Studiengänge an Universitäten und Fachhochschulen in Deutschland angeboten. Die Ausbildung von Pflegekräften vor Ort blieb dagegen in überholten Strukturen verhaftet. Inzwischen gibt es zwei Ausbildungsgänge. Zum einen die Ausbildung zur Altenpflegerin, gekoppelt an Alten- und Krankenpflegeschulen, zum anderen zur Gesundheits- und Krankenpflegerin, gekoppelt an Kliniken. Sie hat sozusagen die frühere Krankenschwester abgelöst. Beide Ausbildungen dauern drei Jahre. Ein Praktikumsplatz in einer entsprechenden Einrichtung ist bei beiden Ausbildungsgängen nötig.

Die Altenpflegerin ist nur in der Altenhilfe beschäftigt, also in der Kurzzeitpflege, in Altenpflegeheimen, bei ambulanten Pflegediensten und in der geriatrischen Rehabilitation. Die Gesundheits- und Krankenpflegerin kann sowohl im Krankenhaus als auch in der Altenhilfe tätig sein. Zugangsvoraussetzungen sind im Altenpflegegesetz und in der Ausbildungs- und Prüfungsverordnung für die Berufe in der Krankenpflege festgeschrieben. Die „Verwissenschaftlichung" hat erst vor etwa zehn Jahren begonnen. Voraussetzung für ein weiteres Studium ist eine vorherige Ausbildung zum Altenpfleger oder zum Gesundheits- und Krankenpfleger.

Mit der Einführung der Pflegeversicherung im April 1995 für den ambulanten und im Juni 1996 für den stationären Bereich ist die Pflege alter Menschen zu einer Gemeinschaftsaufgabe geworden. Eine steigende Anzahl älterer zum Teil hochaltriger Menschen stellte die Gesellschaft vor neue, noch nie da gewesene Probleme. Vorrangiges Ziel war es daher, Pflegebedürftigkeit als Folge von Krankheit und Gebrechlichkeit zu verkürzen oder gar zu vermeiden. Dieses Ziel sollte sowohl durch eine verbesserte Prävention und eine verstärkte Rehabilitation erreicht werden, als auch durch Kooperation und Vernetzung der AnbieterInnen vor Ort (§§ 3 und 5 SGB XI), um Synergieeffekte zu schaffen.

Pflegebedürftig ist, wer wegen einer körperlichen, geistigen oder seelischen Krankheit oder Behinderung für die gewöhnlichen und regelmäßig wiederkehrenden Verrichtungen des täglichen Lebens auf Dauer der Hilfe bedarf, und zwar in den Bereichen Körperpflege, Ernährung, Mobilität und hauswirtschaftliche Versorgung. Pflegebedürftigkeit ist zu unterscheiden von Krankheit und Behinderung. Nicht jeder Kranke oder Behinderte ist auf

Dauer pflegebedürftig; aber jeder Pflegebedürftige ist entweder krank oder behindert.

Erhebliche Pflegebedürftigkeit setzt voraus, dass einmal täglich bei wenigstens zwei Verrichtungen in den Bereichen Körperpflege, Ernährung oder Mobilität und zusätzlich mehrfach wöchentlich bei der hauswirtschaftlichen Versorgung Hilfe geleistet werden muss (mindestens neunzig Minuten). *Schwerpflegebedürftigkeit* setzt voraus, dass dreimal täglich zu verschiedenen Tageszeiten pflegerische Hilfe erforderlich ist und zusätzlich mehrfach wöchentlich bei der hauswirtschaftlichen Versorgung Hilfe geleistet werden muss (mindestens drei Stunden). *Schwerstpflegebedürftigkeit* liegt vor, wenn täglich rund um die Uhr, also auch nachts, gepflegt werden muss und zusätzlich mehrfach wöchentlich bei der hauswirtschaftlichen Versorgung Hilfe zu leisten ist (mindestens fünf Stunden).

Pflegebedürftige Menschen hoffen, möglichst lange in ihrer vertrauten Wohnung und Wohnumgebung bleiben zu können. Der Umzug in ein Pflegeheim ist für viele Menschen ein Schock, der nur schwer überwindbar ist. Keinesfalls sollte ein pflegebedürftiger Mensch gegen seinen Willen in eine Pflegeeinrichtung gebracht werden, weil er den damit verbundenen Stress meist nicht lange überlebt. So zeigte sich bei Untersuchungen Sabine Bartholomeyczik und Berta Schrems in Alterspflegeheimen in Frankfurt, je abhängiger ein Mensch ist, „desto mehr auch seine Selbstbestimmung, Selbstständigkeit und die Möglichkeit, zwischen Alternativen zu wählen, beschnitten wird. Zwar hatten ebenfalls befragte Bewohner und Angehörige dem Pflegepersonal Professionalität bescheinigt, jedoch brachte die Untersuchung an den Tag, dass trotz einer professionellen Haltung die Orientierung an den Bedürfnissen der Bewohner bzw. an deren Individualität noch kein integraler Bestandteil pflegerischer Qualitätskriterien zu sein schien". (Informationsdienst Wissenschaft vom 02.02.2004). Menschlichere Wohnmodelle für die Zukunft als die derzeitigen Pflegeheime beginnen sich langsam zu entwickeln, wie zum Beispiel „Betreutes Wohnen zu Hause" (ebd. vom 16.2.2005).

Für die im häuslichen Bereich zu pflegenden Menschen stehen abgestufte Geld- oder Sachleistungen zur Verfügung. Auf diese Weise wird es den Pflegebedürftigen ermöglicht, möglichst lange Zeit in ihrer häuslichen Umgebung bleiben zu können. Diesem Prinzip folgend gehen auch die Leistungen der teilstationären Pflege und der Kurzzeitpflege denen der vollstationären Pflege vor. Somit tragen die Leistungen der Pflegeversicherung dazu bei, dem Pflegebedürftigen ein selbstbestimmtes und selbstständiges Leben zu Hause zu ermöglichen.

Menschen, die in ihrer häuslichen Umgebung gepflegt werden, erhalten Grundpflege und Unterstützung bei der hauswirtschaftlichen Versorgung durch geeignete Pflegefachkräfte, also eine so genannte „Pflegesachleistung". Zur Grundpflege gehören Hilfen im Bereich der Ernährung und Körperpflege, sowie Unterstützung beim Betten, Aufstehen, Zu-Bett-Gehen und Ankleiden oder Bewegen. Eine „Pflegegeldleistung" erhält, wer den Wunsch hat, die pflegerische Versorgung selbst zu sichern, wie zum Beispiel durch Angehörige, Freunde oder Nachbarn.

Leistungen aus der Pflegeversicherung bedürfen einer Antragsstellung, wobei ein Mitarbeiter des Medizinischen Dienstes der Kassen (MDK) die Pflegebedürftigkeit prüft und die Pflegestufe festlegt. Grundlage der Einschätzung des MDK sind die Richtlinien der Spitzenverbände der Pflegekassen zur Begutachtung der Pflegebedürftigkeit nach dem XI. Buch des Sozialgesetzbuches aus dem Jahr 1997. Dabei stellt er auch fest, welche Pflegehilfsmittel (zum Beispiel ein Pflegebett oder ein Rollstuhl) benötigt werden.

Nach dem Pflegeleistungsergänzungsgesetz (PfLEG) erhalten pflegebedürftige Menschen mit einem hohen Betreuungsaufwand, wie zum Beispiel Demenzkranke, auf Antrag neben dem Pflegegeld beziehungsweise der Pflegesachleistung zusätzlich einen Betrag von derzeit 460 € jährlich, wenn sie aufgrund einer dauerhaften Einschränkung ihrer Alltagskompetenz einen erhöhten Betreuungsbedarf haben, was meist der Fall ist. Ambulante, häusliche Pflege findet ihr Ende, wenn die Pflege zu Hause zu schwierig wird, zum Beispiel bei Nachtpflege. Dann wird ein Umzug in ein Pflegeheim zur stationären Pflege manchmal unumgänglich.

Unter stationärer Pflege versteht man im Sinne der Pflegeversicherung die Pflege in speziellen Altenpflegeheimen. Hier erhalten alte, kranke, behinderte und pflegebedürftige Menschen Unterkunft, Verpflegung und umfassende soziale Betreuung und Pflege. Die Einrichtungen werden von unterschiedlichen Trägern geführt und verwaltet. Bevor man in ein Pflegeheim übersiedelt, muss die Kostenfrage geklärt sein. Anspruch auf Leistungen aus der Pflegeversicherung haben Personen, die wegen einer körperlichen, geistigen oder seelischen Krankheit oder Behinderung dauerhaft (mindestens sechs Monate) auf Hilfe angewiesen sind. Der Antrag auf Einstufung in eine Pflegestufe (I, II oder III) und somit auf Geld- oder Sachleistungen der Pflegeversicherung muss bei der Pflegekasse gestellt werden. Die Leistungen aus der Pflegeversicherung können nicht rückwirkend gewährt werden, sondern gelten vom Tag der Antragsstellung an. Ambulante Pflege zu Hause, erbracht durch ambulante Pflegedienste, ist weitaus kostengünstiger als die stationäre Pflege in einem Pflegeheim.

Die Pflegeversicherung ist angesichts der demografischen Entwicklung wichtiger denn je. Als elementarer Baustein hat sie sich bei der Absicherung sozialer Risiken bewährt und zu einer Entlastung beigetragen. Neu im Gespräch ist das persönliche Pflegebudget für pflegebedürftige Menschen. Mit diesem Budget könnten sie selbstbestimmt und flexibler als bisher Pflege- und Betreuungsleistungen einkaufen. „Die bisherige Festlegung auf bestimmte Leistungsinhalte und Module entspricht nicht den Anforderungen an die zukünftige Sicherung bei Pflegebedürftigkeit" (Klie 2004, S. 48). Erste Erkenntnisse eines laufenden Projektes in München lassen vermuten, durch einen Systemwechsel bei der Finanzierung von Pflegeleistungen wären Bedarfe gezielter zu bedienen. Pflegebedürftige könnten individuell benötigte Leistungen kaufen, oder auf informelle Hilfen zurückgreifen, die weitaus günstiger als bei professionellen Diensten zu haben sind.

4.3 Die Vorsorgevollmacht

Das Betreuungsgesetz hat zum 1. Januar 1992 das fast 100 Jahre alte Vormundschafts- und Pflegschaftsrecht abgelöst. Das bisherige Recht war geprägt von einer Entrechtung der Betroffenen: „Die Verwaltung des Vermögens stand im Vordergrund; wichtige, personenbezogene Entscheidungen, etwa im medizinischen Bereich, wurden demgegenüber im Gesetz vernachlässigt" (BMfJ 1995). Durch das neue Betreuungsgesetz soll den Betroffenen – bei einem größtmöglichen Maß an Selbstbestimmung – Schutz und Fürsorge gewährt werden. Dabei steht ihr persönliches Wohlergehen im Vordergrund. Grundsätzlich gibt es zwei Möglichkeiten der Betreuungsvorsorge: Den privaten Weg durch Erteilung einer Vorsorgevollmacht oder den gerichtlich kontrollierten Weg durch eine Betreuungsverfügung, wahrgenommen durch Fachleute. Vollmachten und Betreuungsverfügungen können jederzeit geändert und der aktuellen Situation angepasst werden.

In der Vollmacht sollte genau festgelegt werden, auf welche Angelegenheiten sich die Vollmacht erstreckt, etwa auf Fragen im finanziellen Bereich, der Gesundheitssorge oder der Aufenthaltsbestimmung. Je detaillierter die Vollmacht abgefasst ist, desto eher ist die Umsetzung des Willens des Vollmachtgebers gewährleistet. Der Betreuer hat die Aufgabe, den Betreuten in dem ihm übertragenen Wirkungskreis zu vertreten. Grundsätzlich darf eine Vollmacht nur von einer voll geschäftsfähigen Person erteilt werden, das heißt, sie muss im Vollbesitz ihrer geistigen Kräfte sein. Ein an Demenz erkrankter Mensch darf keine Vollmacht mehr erteilen. Für ihn muss ein gesetzlicher Betreuer bestellt werden, der dem zuständigen Notar gegenüber jährlich Rechenschaft ablegen muss.

Aus Beweisgründen sollte eine Vollmacht notariell beglaubigt oder sogar beurkundet werden, damit sie zweifelsfrei anerkannt wird. Bei der Beglaubigung bestätigt der Notar die Identität von Aussteller und Unterzeichner, bei der Beurkundung klärt er den Vollmachtgeber und den Bevollmächtigten auch über den Inhalt und die Tragweite der Bevollmächtigung auf. Banken haben eigene Vordrucke für Bankvollmachten, die unbedingt benutzt werden sollten, da Banken oft nur diese anerkennen.

Eine Vollmacht sollte ausschließlich einer Vertrauensperson erteilt werden, da im Falle einer Vollmacht eine gerichtliche Überprüfung des Vertreterhandelns grundsätzlich nicht erfolgt. Der Betreuer muss den Betreuten in seinem Aufgabenbereich persönlich betreuen. Er darf sich nicht auf die Erledigung des anfallenden Schriftverkehrs beschränken. Ein wichtiger Teil seiner Aufgaben ist vielmehr der persönliche Kontakt. Er hat die ihm übertragenen Aufgaben so zu erledigen, wie es dem Wohl des Betreuten entspricht (§ 1901 BGB). Dazu gehört auch, dass er nicht einfach über den Kopf des Betreuten hinweg entscheidet, sondern sein Wille ernst genommen werden muss.

Die Bestellung eines Betreuers ist keine Entrechtung. Der Vollmachtgeber soll immer noch „Ja" oder „Nein" sagen dürfen. Die Wirksamkeit der von ihm abgegebenen Erklärungen beurteilt sich wie bei allen anderen Personen allein danach, ob er deren Wesen, Bedeutung und Tragweite einsehen und sein Handeln danach ausrichten kann. Wenn es nur darum geht, dass jemand seinen Haushalt nicht mehr selbst führen oder seine Wohnung nicht verlassen kann, so rechtfertigt das in der Regel nicht die Bestellung eines Betreuers. Hier wird es normalerweise auf ganz praktische Hilfen ankommen (zum Beispiel das Sauberhalten der Wohnung, Versorgung mit Essen), für die man keinen gesetzlichen Vertreter braucht, sondern eine Haushaltshilfe.

4.4 Sterben

Weltweit gibt es die unterschiedlichsten Kulturen des Sterbens, die meist mit der Religion des betreffenden Kulturkreises zusammenhängen. In der christlichen Welt erleben wir zurzeit eine Renaissance des Hospizgedankens, also Hilfe für Menschen, die sich nicht mehr selbst helfen können, wie zum Beispiel unheilbar Erkrankte, Menschen mit einer Krebserkrankung, AIDS oder mit Erkrankungen des Nervensystems. Dabei geht es unter anderem um die Linderung der schwer erträglichen Symptome, wie Schmerzen, Depressionen, Luftnot, Übelkeit und Erbrechen.

Die Idee, in Stuttgart eine Kultur des Sterbens zu entwickeln, ist mittlerweile über dreißig Jahre alt. Ziel war, für den häuslichen Bereich ganzheitliche Unterstützungskonzepte zu entwickeln. Sterben sollte nicht als Krankheit, sondern als eigener Lebensabschnitt betrachtet werden, in dem die psychosoziale Begleitung im Vordergrund steht. Begleitet werden die Sterbenden und ihre Angehörigen. Ihnen wird nach dem Tod des Familienmitglieds Beistand bei ihrer Trauerarbeit geleistet.

Dem gemäß hat das Hospiz in Stuttgart vier Aufgabenbereiche. Zum einen die konkrete ambulante und stationäre Fürsorge für sterbende Menschen und ihre Angehörigen, zum anderen die Beratung von Einzelpersonen und Institutionen zu Fragen des „Palliativ Care". Mit diesem Begriff sind lindernde Pflege, Beratung und Therapie bei Menschen gemeint, deren Krankheit auf heilende Maßnahmen nicht mehr reagiert. Das Ziel von „Palliativ

Care" besteht darin, die bestmögliche Lebensqualität für sterbenskranke Menschen und ihre Angehörigen zu erreichen, ohne unnötige Leiden in Würde und, wo immer möglich und gewünscht, zu Hause bis zum Tod betreut zu werden.

Die MitarbeiterInnen unterstützen und begleiten Menschen in der Zeit des Sterbens zu Hause oder im Hospiz in der Weise, dass sie ihre letzte Lebensphase als lebenswert und erfüllt empfinden können. Das Leben wird betont und das Sterben als ein normaler Prozess betrachtet. Außerdem wird Bildungsarbeit für Laien und Fachleute sowie Forschungsarbeit auf dem Gebiet geleistet. Meiner Ansicht nach, sollte es in jeder kleineren und größeren Stadt ein Hospiz geben, das auch Sterbende im Umland versorgt.

Das stationäre Hospiz in Stuttgart hat sieben Plätze. Die aufgenommen PatientInnen wissen um ihr Sterben und müssen an einer unheilbaren Erkrankung leiden. Lebensverlängernde bzw. lebensverkürzende Maßnahmen finden nicht statt. Es hat sich gezeigt, dass die Qualität der palliativ-medizinischen, beziehungsweise der palliativ-pflegerischen Kompetenz, der an der Begleitung in der letzten Lebensphase beteiligten Pflegedienste in der Zusammenarbeit mit dem Hospiz Stuttgart ein wesentlicher Faktor ist, der kranken Menschen das Sterben zu Hause in der Familie ermöglicht. Mit den Brückenschwestern, die für die häusliche Betreuung schwerkranker Tumorpatientinnen zuständig sind, besteht eine enge Kooperation.

Die meisten Anfragen beim ambulanten Hospizdienst zur Begleitung Sterbender zu Hause kommen vom Krankenhaussozialdienst, von Ärzten, den Brückenschwestern, gesetzlichen Betreuern und den MitarbeiterInnen von „Leben im Alter". Eine hauptamtliche Fachkraft vom Hospiz macht dann einen Hausbesuch und fragt nach den gewünschten Begleitterminen. Nachtwache wird sporadisch angeboten, wenn die Nachtruhe der Angehörigen nicht gewährleistet ist. Eine Begleitung kann erst in den letzten Stunden erfolgen oder ein Jahr lang dauern. Sie endet nicht mit dem Tod. Angehörige werden nicht allein gelassen.

Das Hospiz kooperiert eng mit den Brückenschwestern. Sie wurden in Stuttgart als Modellprojekt des Sozialministeriums in den Jahren zwischen 1991 und 1994 eingerichtet, mit dem Ziel, die Situation von KrebspatientInnen im Endstadium zu verbessern. In dieser Zeit zeigte sich, dass es durch diese Arbeit vielen PatientInnen ermöglicht wurde, zu Hause zu sterben statt im Krankenhaus. Im Jahr 1994 ging das Projekt in die Regelfinanzierung der Krankenkasse über. Anstellungsträger wurde der Onkologische Schwerpunkt Stuttgart.

Die Brückenschwestern lernen die PatientInnen und deren Familien meist schon im Krankenhaus kennen. Nach der Entlassung begleiten sie Patient und Familie bis zum Sterben oder bis zu einer unvermeidlichen Wiedereinweisung ins Krankenhaus oder einer Aufnahme ins Hospiz. Sie beraten bei

Problemen medizinisch-pflegerischer, finanzieller und psychosozialer Art, die bei einer häuslichen Pflege auftreten können. Sie unterstützen Ärzte bei der Schmerztherapie, erfassen die Medikamente der PatientInnen und geben Morphium, wo dies nötig ist.

Die Arbeit der Sitzwachengruppen, die zahlreich im Stadtgebiet vertreten sind, ist in der Palette der Angebote besonders hervorzuheben. Es beteiligen sich ehrenamtlich meist Menschen mit Verlusterfahrungen, die sie auf diese Weise zu bewältigen suchen. Sie sind teils bei den Menschen zu Hause teils in Pflegeheimen vor Ort tätig.

Ein Mitarbeiter einer Sitzwachengruppe schilderte mir die eigenen Erfahrungen mit seiner Mutter, die er zu Hause beim Sterben begleitet hat: „Eine wesentliche Erfahrung war, mitzuerleben, wie sich das Leben auf die Grundbedürfnisse wie Essen, Pflege, Ausscheidungen und auf das Bedürfnis nach Nähe reduziert. Vor allem das Bedürfnis nach Nähe war sehr bedeutsam. Dabei sind eine ruhige Sprache und der Körperkontakt wichtig. Ich halte es für eine anspruchsvolle Aufgabe, den Grundbedürfnissen wie Essen, Waschen und Pflegen adäquat nachzukommen. Sehr wichtig war mir die Möglichkeit des Abschiednehmens. So war es von großer Bedeutung, meiner Mutter noch die letzten wichtigen Begegnungen mit Freunden, Verwandten und Nachbarn zu ermöglichen. Nach ihrem Tod habe ich mich gefragt: Was bleibe ich ihr schuldig? Mit dem, was zurück und übrig bleibt, muss ich in meiner Trauer fertig werden."

Trost spendet meiner Erfahrung nach auch Johann Heinrich Pestalozzi mit seiner Vorstellung von Leben und Tod. Er beschreibt das Leben als weiten Bogen am Himmel, der zwei glänzende Punkte verbindet, nämlich Geburt und Tod. Er hält sie für die beiden Höhepunkte im Leben eines Menschen. Manchmal erzähle ich den trauernden Hinterbliebenen von dieser Vorstellung und es beruhigt sie.

5. Das Sachgebiet „Leben im Alter"

5.1 Von den IAV-Stellen zum Bürgerservice „Leben im Alter"

Stuttgart verfügt über ein sehr differenziertes, gut ausgebautes und qualifiziertes System der Altenarbeit, das ständig weiterentwickelt wurde. Sozialverwaltung und Sozialplanung haben es immer gut verstanden, auf Veränderungen, welche die Lebensbedingungen älterer Menschen betreffen, mit erfolgreichen fachlichen Konzepten zu reagieren. Viele dieser Konzepte haben wesentlich mit dazu beigetragen, die Grundversorgung für die Bevölkerung im Rahmen kommunaler Daseinsvorsorge zu stabilisieren und zu sichern. Stuttgart ist eine Kommune mit beispielhaften Projekten im Bereich der Sozialen Altenarbeit.

Im Jahr 1991 wurden in Baden-Württemberg im Rahmen der Neuordnung der ambulanten Hilfen (vgl. Ministerium für Arbeit Gesundheit und Sozialordnung 1991) die sogenannten „Informations-, Anlauf- und Vermittlungsstellen (IAV-Stellen) als neues Element im Hilfesystem eingeführt. Von Beginn an sah das Sozialministerium eine fachliche Begleitung der Einführung vor. Hiermit waren über die ersten beiden Jahre Gerda Holz, Institut für Sozialarbeit und Sozialpädagogik (ISS) Frankfurt, und Prof. Wolf. R. Wendt, Berufsakademie Stuttgart, sowie Werner Göpfert-Divivier beauftragt.

Zur Weiterentwicklung der ambulanten Dienste wurden die Stellen vom Land finanziell gefördert. Mit der Einführung der Pflegeversicherung wurde der Pflege- und Versorgungsmarkt zunehmend unübersichtlicher, weshalb eine neutrale Anlaufstelle für Ratsuchende dringend notwendig wurde. Die IAV-Stellen sind Anlaufstellen für alte Menschen und ihre Angehörigen, die einen Beratungs- und Vermittlungsbedarf haben. Zusätzlich leisten sie Koordinierungs- und Vernetzungsaufgaben, die über die Einzelfallarbeit hinausgehen. Eine besondere Verantwortung besteht für den kleinräumigen Hilfeverbund ambulanter und stationärer Dienste.

Arbeitsgrundlage aller IAV-Stellen in Baden-Württemberg waren das „Geriatriekonzept-Grundsätze und Zielvorstellungen zur Verbesserung und Versorgung alter, kranker Menschen" des Ministeriums für Arbeit, Gesundheit und Sozialordnung Baden-Württemberg und die „Neuordnung der ambulanten Hilfen". Erste Priorität hatte die Geriatrische Rehabilitation, das heißt, Rehabilitation vor Pflege und Rückgewinnung der Selbständigkeit auch bei alten Menschen. Zweite Priorität hatte die Einrichtung von IAV-Stellen und die Schaffung eines örtlichen Hilfeverbundes (Arbeitsgemeinschaft), um den interdisziplinären Dialog zu gewährleisten.

In Stuttgart startete bereits im Jahr 1989 ein Modellprojekt zur Stärkung der Diakonie- und Sozialstationen und des Allgemeinen Sozialdienstes. Wegen der Aufgabenidentität der Stuttgarter Variante und der Konzeption des Landes konnten die gewonnenen Erfahrungen in die Stuttgarter IAV-Arbeit eingebracht werden. Die Einstellung der Fördermittel des Landes nach fünf Jahren bedeutete für viele Stellen im Land das Ende. Die Stuttgarter IAV-Stellen hatten sich bereits so etabliert, dass man auf sie nicht mehr verzichten wollte, und die Finanzierung von der Stadt Stuttgart übernommen wurde. Bei dieser Gelegenheit wurde auch der Name der Stellen geändert. Der Name des Sachgebiets, angesiedelt beim Sozialamt Stuttgart, lautet heute Bürgerservice „Leben im Alter" (LiA). Soziale Altenarbeit konnte in Stuttgart ohne Unterbrechung weiterlaufen.

In Baden-Württemberg wurden insgesamt 215 Stellen eingerichtet, die der jeweiligen Arbeitsgemeinschaft im Versorgungsgebiet (ca. 25.000 Einwohner) zugeordnet wurden und deren Geschäftsführung sie übernahmen. Mitglieder der Arbeitsgemeinschaft sind bis heute sämtliche Anbieter ambulanter Hilfen und stationärer Einrichtungen des Gesundheitswesens und der Altenhilfe, sowie die Heil- und Heilhilfsberufe im jeweiligen Einzugsbereich. Nach einer Erhebung des Seniorenbüros Freiburg aus dem Jahr 2003 gibt es in den Regierungsbezirken Stuttgart (64), Tübingen (21), Freiburg (18) und Karlsruhe (43) insgesamt also noch 146 IAV-Stellen. Die Stellen konnten nur deshalb so erfolgreich arbeiten, weil es ausreichend qualifizierte und tragfähige Strukturen der Zusammenarbeit gab und bis heute gibt.

Um solche Strukturen aufzubauen und weiterzuentwickeln, sind – neben den erforderlichen Einzelkontakten zu den ambulanten und stationären Diensten – Arbeitsgemeinschaften ein geeignetes Mittel, um gemeinsame Belange und Bedarfsfragen zu erörtern. Die in allen Stadtteilen gegründeten Arbeitsgemeinschaften sind die Kernstücke einer präventionsorientierten Sozialen Altenarbeit. Hier treffen sich regelmäßig die im Sozialraum tätigen ambulanten, teilstationären und stationären Leistungsanbieter, um sich auszutauschen. Eine andere Aufgabe der MitarbeiterInnen ist es, den Informationstransfer zur Sozialplanung herzustellen, wenn zum Beispiel vor Ort Veränderungen eintreten, die eine Planungsänderung oder Neuplanung erforderlich machen.

Abbildung 1: Vernetzung der Berufsgruppen miteinander und untereinander

5.2 Aufbauarbeit

Soziale Altenarbeit/Altenhilfe war in Stuttgart schon immer eingebettet in die allgemeine, kommunale Daseinsfürsorge für alle BürgerInnen. Auch Angebote der Daseinsfürsorge unterliegen dem gesellschaftlichen Wandel. Das frühere Altenhilfesystem war geprägt von einer Defizitorientierung und war einseitig auf Hilfe und Unterstützung ausgerichtet. Das hat wesentlich zu einem negativen Altersbild beigetragen. In einer Art Gegenbewegung präsentieren sich heute die „Neuen Alten" als aktive Gestalter der nachberuflichen Phase.

Neben diesen markterfahrenen Kunden und Auftraggebern von Dienstleistungen gibt es die Gruppe alter Menschen, die einen Hilfe- und Unterstützungsbedarf nötig haben. Manchmal sind es allein lebende und allein stehende Menschen ohne ein tragfähiges soziales Netzwerk oder die schwachen, kranken und zu kurz gekommenen Menschen, die schon immer in ihrem Lebenslauf Hilfe und Begleitung brauchten. Mittlerweile hat sich ein differenzierteres Altersbild durchgesetzt. Alter ist nicht gleich Alter.

Im Altenhilfeplan der Stadt Stuttgart aus dem Jahr 1999 ist ausführlich nachzulesen, wie sich LiA entwickelt hat. Die MitarbeiterInnen haben den Dienst Schritt für Schritt gemeinsam mit dem Koordinator aufgebaut und weiterentwickelt, der bei einem Stuttgarter Pilotprojekt bereits Erfahrungen gesammelt hatte. LiA vereinigt Angebote der Prävention mit Leistungen direkter Unterstützung und langfristiger Begleitung von Betroffenen und deren Angehörigen in der Lebenswelt der Menschen.

Zu ihren Hauptaufgaben gehören die Information zu bestehenden Hilfeangeboten und die Beratung Älterer und ihren Angehörigen über die gesamte Bandbreite der Angebote zu Themenbereichen des Alterns und der Versorgung im Alter. Die Abklärung und Einschätzung des Hilfebedarfs im Einzelfall gehören ebenso dazu wie die aktive Vermittlung zu den Leistungsanbietern der offenen, ambulanten, teilstationären und stationären Altenhilfe im Einzugsbereich, die Feststellung von Versorgungslücken und das Initiieren neuer Hilfeangebote. Außerdem beobachten sie die Bedarfsentwicklung, kooperieren eng mit den Leistungsanbietern und leisten Beiträge zur Qualitätssicherung.

Grundsatz in der Beratung, Begleitung, Hilfe und Unterstützung ist, den BürgerInnen ein selbstbestimmtes Leben in ihrer gewohnten Umgebung auch bei Hilfebedürftigkeit zu ermöglichen. Unter Einbeziehung ihrer Eigenkräfte, vorhandener Ressourcen und weiterer Möglichkeiten wird ein „Hilfenetz nach Maß" geknüpft. Eine umfassende Information über bestehende Angebote erleichtert den Betroffenen und ihren Angehörigen die gezielte Auswahl. Die Betroffenen stehen im Mittelpunkt und werden immer einbezogen. Gespräche mit Angehörigen und Anbietern werden nicht über ihren Kopf hinweg geführt und ihnen auch nichts aufgedrängt, das ihnen fremd wäre, sondern an ihren Wünschen, Vorstellungen und Gegebenheiten angeknüpft.

Aufgaben im Bereich der Einzelfallkoordination stehen im Vordergrund. Dazu gehören Hausbesuche zur Abklärung des Bedarfs, eine sozialrechtliche Beratung sowie das Abklären von Finanzierungsmöglichkeiten. Wichtig ist die Vernetzung der Angebote und Dienste untereinander und zu den Betroffenen. Sobald von LiA vermittelte Dienste tätig werden, findet eine enge Kooperation mit den Leistungserbringern statt. Dies hat sich als günstig erwiesen, da auftauchende Schwierigkeiten auf kurzem Weg angesprochen und meist gelöst werden können. Ebenso wichtig sind die Koordination der eingesetzten Dienste und die gemeinsame Suche nach verschütteten Ressourcen in der Lebenswelt.

5.3 Stadtteilorientierung, Vernetzung

Stadtteilorientierung meint die Einbettung der Sozialen Altenarbeit in die vor Ort gegebenen Strukturen und die Nutzung der im Stadtteil vorhandenen Ressourcen. Mit zunehmendem Alter erhöht sich die Verbundenheit der BewohnerInnen mit der vertrauten Lebenswelt. Manche der hier lebenden Menschen sind miteinander bekannt; man weiß, wer einem wohl gesonnen ist, und wer nicht; wen man ansprechen kann und bei wem es nicht ratsam ist. Eingebettet in die soziale Infrastruktur eines Stadtteils und bekannt bei den hier lebenden Menschen agieren die MitarbeiterInnen von „Leben im Alter" in den gegebenen Lebensverhältnissen der Betroffenen. Sie berücksichtigen deren Lebenslage, das heißt, die materiellen, gesundheitlichen, seelischen, geistigen und sozialen Gegebenheiten und beziehen in den Hilfeprozess neben den professionellen Diensten auch Nachbarschaften und freiwillige HelferInnen mit ein.

Die 14 Stadtteilbüros mit insgesamt 29 MitarbeiterInnen sind regionale Anlauf- und Beratungsstellen in den Stadtbezirken und stehen allen älteren Menschen und ihren Angehörigen für alle Fragen des Alters, besonders zur Unterstützung, Versorgung und Pflege im Alter offen. An diese Stellen können sich alle wenden, die Fragen im Zusammenhang mit dem Alter oder dem Älterwerden haben. Das können Fragen zum Kultur- und Freizeitbereich sein, zum bürgerschaftlichen Engagement, zum Wohnen im Alter bis hin zur Pflegeversicherung und zu konkreten Versorgungs- und Pflegeleistungen sowie deren Finanzierung.

Die MitarbeiterInnen sind hoch qualifiziert und nehmen auch weiterhin an Qualifizierungsmaßnahmen teil. Supervision ist in diesem Rahmen selbstverständlich. Sie nehmen an Stadtteilrunden und Arbeitskreisen teil, die sie zum Teil selbst gegründet haben, die sie mitgestalten und teilweise vorbereiten. Das Wissen und der Sachverstand dieser Gremien, in denen auch BürgerInnen mitarbeiten, sind für die Arbeit vor Ort und für die Planungsarbeit wichtig.

Des Weiteren regen die MitarbeiterInnen Gespräche mit KooperationspartnerInnen an, machen zur Abklärung des Hilfebedarfs manchmal gemeinsame Hausbesuche mit den Leistungsanbietern, geben Informationen weiter und halten Vorträge über relevante Altersthemen. Sie geben Anstöße, initiieren, stützen und koordinieren Projekte, Initiativen und Gruppen zu Themen wie Vereinsamung, Demenzerkrankungen, Sucht, ältere Migrantinnen und Migranten; führen Alt und Jung zusammen, gründen Besuchskreise auf ehrenamtlicher Basis und vieles andere mehr.

Ein wesentlicher Bestandteil der Arbeit ist das Erkennen und Thematisieren von Bedarfslagenveränderungen, also das Aufzeigen von Bedarfslücken und ihre Weiterleitung an die Sozialplanung. Anfragen zu verschiedenen Themen zur Situation im Stadtteil werden mit Unterstützung durch die MitarbeiterInnen teils gemeinsam mit der Sozialplanung bearbeitet, zum Beispiel, die Einrichtung von Wohngemeinschaften für Ältere, oder die Schaffung eines Spezialdienstes für Demenzkranke.

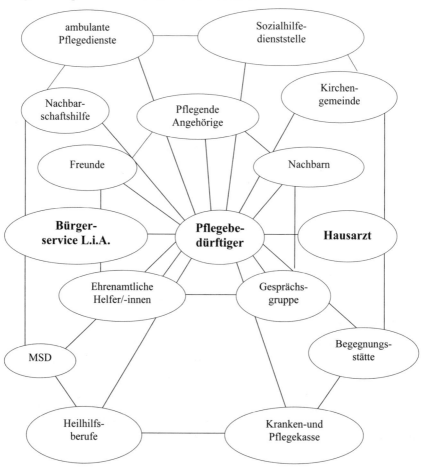

Abbildung 2: Formelles und informelles Netzwerk eines
pflegebedürftigen alten Menschen zu Hause

In der Sozialen Altenarbeit wächst der Bedarf an MitarbeiterInnen, die vernetzt denken, handeln und sich auf verschiedenen Ebenen bewegen können. Zum einen geht es um die Zusammenarbeit mit dem informellen Netzwerk der Betroffenen, also mit Angehörigen, Freunden und Nachbarn, zum anderen handelt es sich um die Zusammenarbeit mit dem formellen Netzwerk, also mit Institutionen, um Gremienarbeit und die Zusammenarbeit mit anderen Fachkräften und bürgerschaftlich Engagierten. Ein wichtiges Ziel zum Nutzen der alten Menschen ist es, die Kooperation zwischen sämtlichen Anbietern im Stadtteil zu fördern und die Berufsgruppen miteinander und untereinander zu vernetzen. Das Forum dafür bietet die „Arbeitsgemeinschaft Leben im Alter", die dezentral in allen Stadtteilen eingerichtet wurde und zu deren Sitzungen regelmäßig von den MitarbeiterInnen teils zum Austausch und teils zur Fortbildung eingeladen wird.

5.4 Grundlagen der Arbeit

Nach dem Sozialgesetzbuch (SGB) Zwölftes Buch (XII) vom 9. Dezember 2004 wird alten Menschen nach § 71 Altenhilfe wie folgt gewährt. „Die Altenhilfe soll dazu beitragen, Schwierigkeiten, die durch das Alter entstehen, zu verhüten, zu überwinden oder zu mildern und alten Menschen die Möglichkeit zu erhalten, am Leben in der Gemeinschaft teilzunehmen." Als Leistungen der Altenhilfe werden insbesondere genannt:

1. Leistungen zu einer Betätigung und zum gesellschaftlichen Engagement, wenn sie vom alten Menschen gewünscht wird,

2. Leistungen bei der Beschaffung und zur Erhaltung einer Wohnung, die den Bedürfnissen des alten Menschen entspricht,

3. Beratung und Unterstützung in allen Fragen der Aufnahme in eine Einrichtung, die der Betreuung alter Menschen dient, insbesondere bei der Beschaffung eines geeigneten Heimplatzes,

4. Beratung und Unterstützung in allen Fragen der Inanspruchnahme altersgerechter Dienste,

5. Leistungen zum Besuch von Veranstaltungen oder Einrichtungen, die der Geselligkeit, der Unterhaltung, der Bildung oder den kulturellen Bedürfnissen alter Menschen dienen,

6. Leistungen, die alten Menschen die Verbindung mit nahe stehenden Personen ermöglichen.

Leistungen sollen auch erbracht werden, wenn sie der Vorbereitung auf das Alter dienen. Außerdem sollen sie auch ohne Rücksicht auf vorhandenes Einkommen oder Vermögen geleistet werden, soweit im Einzelfall Beratung und Unterstützung erforderlich sind.

Hilfeleistungen wurden in früheren Zeiten informell durch familiale Netzwerke oder die Nachbarschaft erbracht. Heute gibt es die institutionalisierten Formen von Beratung, Unterstützung und Hilfe. Der Dienst „Leben im Alter" ist ein Unterstützungsinstrument für alte Menschen. Sie bestimmen selbst, was sie möchten und was sie nicht möchten. Soziale Altenarbeit hat das zu akzeptieren. Die sozialen Beziehungen zwischen dem alten Menschen und der Sozialarbeiterin sind auf der Grundlage von Freiwilligkeit und Gleichberechtigung aufgebaut. Kontrollierende Aufgaben gibt es nicht. Im Vordergrund sozialpädagogischen Handelns müssen die Anerkennung der Lebenspraxis des Hilfesuchenden und ein Verstehen seiner spezifischen Lebenssituation stehen, damit eine vertrauensvolle Beziehung entstehen kann.

In der Arbeit versuchen wir, eine Kultur des Älterwerdens zu entwickeln, die Voraussetzung für ein zufrieden stellendes Altern sein kann. Eine wirksame Unterstützung alter Menschen ist nur dann gegeben, wenn wir in Vernetzungskategorien denken und handeln. In diesem Zusammenhang sind die Initiierung und der Aufbau präventionsorientierter Angebotsstrukturen wichtig. Die Erfassung der sozialen Infrastruktur ist für das Vorgehen im Hilfe- und Unterstützungsprozess grundlegend. Präventionsorientierte Soziale Altenarbeit verstehen wir als Hilfe zur Selbsthilfe und bieten Themen und Vorträge an, die für die Gestaltung des Alters wichtig sind.

Der Dienst „Leben im Alter" ist ein Element der kommunalen Daseinsfürsorge der Stadt Stuttgart für seine EinwohnerInnen. Sein Beratungsangebot wird einerseits gespeist aus dem, was der ambulante und stationäre Versorgungs-, Bildungs-, Freizeit- und Beschäftigungsbereich bietet, andererseits erfolgt die Beratung mit Standards, die ethische Qualitäten wie Empathie und Wertschätzung im Umgang mit älteren Menschen beinhalten.

Folgende *Standards* haben wir gemeinsam mit den KollegInnen im Laufe der letzten Jahre erarbeitet (Stand: März 2006):

1. Wir sehen in der Lebenslage Alter einen normalen, natürlichen Lebensabschnitt und verstehen, dass Einsamkeit und Alleinsein Teile des Älterwerdens sind.

2. Unser Angebot im Stadtteil ist niederschwellig und zuverlässig erreichbar. Wir nehmen alle Anfragen an, niemand soll durch das Netz fallen.

3. Wir versuchen, den alten Menschen in der Vielfalt seiner Lebensbezüge und Lebensgewohnheiten wahrzunehmen und beziehen seine individuelle Biografie mit ein.

4. Lebensweltorientierte, ganzheitliche Sicht: Betroffener, Angehörige, soziales Umfeld.

5. Wir vertreten die Interessen alter Menschen, wo dies nötig ist, und unterstützen, dass sie in Würde leben können.

6. Wir fördern und respektieren ein selbstbestimmtes, autonomes Leben im Alter auch bei körperlicher oder geistiger Einschränkung.

7. Wir achten das Bedürfnis des älteren Menschen, sein Verständnis von Lebensqualität selbst zu definieren.

8. Wir beachten bei Bedarfsfeststellungen grundsätzlich Genderaspekte.

9. Wir regen Projekte mit Mehrgenerationenaspekten an und unterstützen entsprechende Entwicklungen.

10. Wir unterstützen eine Kultur, die das Sterben als natürlichen Teil des Lebens begreift und bringen dies in unserer Beratung zur Sprache.

Die Standards bilden einen Bezugsrahmen, der die Art und Weise des Vorgehens beeinflusst, indem er allgemeine Ansatzpunkte für professionelles Handeln liefert, aber keineswegs die Kreativität der MitabeiterInnen einschränkt. Die Entwicklung von Projekten mit Mehrgenerationenaspekten halten wir für wichtig und unterstützen diese Projekte. Wir verstehen unseren Dienst als Katalysator für soziale Netze. Wir bieten alten Menschen veränderte Blickwinkel an und unterstützen Haltungen und Handlungen, die zu mehr Akzeptanz und Toleranz gegenüber Anderssein führen können.

6. Forschungsprozess und Methodik

6.1 Untersuchungsfeld, Material und Forschungsprozess

Ich mache sozialpädagogisches Handeln im Alltag alter Menschen zum Gegenstand meiner Forschung, nachdem Forschungsarbeiten, die sich mit der Lebensrealität alter Menschen befassen, weitgehend fehlen. Neben die Fragestellungen und Methoden der traditionellen Altersforschung müssen zunehmend alltagsorientierte Arbeits- und Forschungsstrategien treten, die nach Hans Thiersch „(…) auf narrativ individualisierende Darstellung, auf Kooperation im Feld mit den Betroffenen, auf Verwandlung der Lebensbedingungen der Betroffenen zielen" (Thiersch 1988, S. 57).

Die Studie basiert auf den Erfahrungen, die ich als Mitarbeiterin bei dem Dienst „Leben im Alter" beim Sozialamt Stuttgart gewonnen habe. Die Stuttgarter Konzeption beruht auf einer organisatorischen, fachlichen und inhaltlichen Weiterentwicklung über einen Zeitraum von nunmehr fast elf Jahren. Die Zuständigkeit erstreckt sich auf Menschen ab 63 Jahren. Ziel der Arbeit ist es, die Eigenkräfte der älteren Menschen und die ihrer Angehörigen so zu stützen und zu fördern, dass die alten Menschen möglichst lange zu Hause im Alltag ihrer gewohnten Lebenswelt bleiben können.

Meine Fragestellung entwickelte sich aus den vorhandenen Aufzeichnungen von mehreren Begleitungen alter Menschen, die ich zunächst zur Verbesserung meiner eigenen Praxis angelegt habe. Meine Beobachtungen, Erlebnisse und Erkenntnisse stelle ich in einer möglichst anschaulichen und subtilen Weise in Form von Geschichten dar. Nach meinen Erfahrungen sind Geschichten nämlich gut geeignet, „(…) am dichtesten an die tatsächliche lebensweltliche Erfahrung heranzuführen und die hier auftretenden Handlungs- und Orientierungsprobleme sowie deren Lösungsversuche widerzuspiegeln (…)" (Matthes 1984, S. 285).

Mittels ethnografischer Fallstudien ist es Sozialer Altenarbeit durchaus möglich, die Lebenswelt alter Menschen zu erschließen, um aus der genauen Kenntnis ihrer Vorstellungs- und Verhaltenstraditionen, im Sinne von Herlth zur „Veranschaulichung und Erhellung" ihrer Lebenswirklichkeit beizutragen. Mögliche Ziele dieses Unternehmens wären, zu fundierten

Aussagen im Hinblick auf eine gezielte Verbesserung gesellschaftlicher Rahmenbedingungen für alte Menschen zu gelangen.

Erkenntnisse gewinne ich mittels der Perspektive der Forscherin durch die Analyse beziehungsweise durch die Reflexion des in sieben Geschichten dargestellten Geschehens. Ich analysiere die Alltagswelt der alten Menschen, den „(…) Zusammenhang also von Handlungsinteressen, Selbstverständlichkeiten, Selbstinterpretationen, Relevanzstrukturen, Widersprüchen, Konflikten und Hoffnungen (…)" (Thiersch 1978, S. 99) sowie mein eigenes pädagogisches Handeln. Dabei tritt eine Verallgemeinerung von Sachverhalten gegenüber individuellen Aussagen weitgehend in den Hintergrund. Im Vergleich der sieben Einzelfallstudien werden innerhalb dieses Bezugsrahmens geltende Aussagen möglich. Die Untersuchung steht nach dem oben Ausgeführten in der Tradition phänomenologischer, ethnografischer und hermeneutischer Sozialforschung.

Bei einem derartigen Forschungsvorhaben ist das von Rene König aufgeworfene Fremdheitspostulat hilfreich. Ebenso wie der Ethnologe solle der Sozialforscher davon ausgehen, dass „(…) selbst in seiner eigenen Welt ihm alles fremd sein könnte" (König 1984, S. 25). Die an den Bedürfnissen der alten Menschen ausgerichtete Soziale Altenarbeit orientiert sich an den Sichtweisen der Betroffenen, ihren Möglichkeiten und an der Bedeutung, die sie selbst ihrer eigenen Situation beimessen. Der „natürlich eingestellte Blick auf die Erlebnisse" (Husserl 1992, S. 117, 118) ist neben der phantasievollen Deutung des Geschehens unter Einbeziehung der Deutung des alten Menschen das wichtigste Forschungsinstrument, um Bedeutungszuschreibungen zu vermeiden.

Die lebensweltorientierte Arbeitsweise erfordert einerseits, in der jeweiligen Situation spontan das Richtige zu tun, andererseits auf geplantes, zielorientiertes Handeln nicht zu verzichten. Praxisforschung untersucht dieses Handeln, indem durch eine den Prozess begleitende Reflexion der nächste Handlungsschritt überlegt wird. „Dieser Reflexionsprozess stellt ein Denken im Handeln dar" (Klatetzki 1994, S. 67). Die Untersuchung erfolgt rekonstruktiv.

Handlungswissen, Erfahrungswissen, Alltagswissen und Wissenschaftswissen sind nicht gleichzusetzen. Je mehr jemand weiß und kann, umso mehr kann er auch wahrnehmen und aufgreifen. Können und Wissen bewahren davor, sich im Alltag zu verstricken, denn „(…) im Handeln lernt man die Kunst, erlangt man den Takt, Fertigkeit, Gewandtheit, Geschicklichkeit. Aber selbst im Handeln lernt die Kunst nur der, welcher vorher im Denken die Wissenschaft gelernt, sie sich zueigen gemacht, sich durch sie gestimmt (…) hatte" (Herbart 1957, S. 149).

6.2 Ethnographisches Arbeiten

Zur Erfassung und Beschreibung des Begleit- und Unterstützungsprozesses der alten Menschen halte ich mich an einen deutenden, aus der Ethnologie stammenden Ansatz, den Clifford Geertz, ein führender Vertreter der amerikanischen Ethnologie, als ‚dichte Beschreibung' begrifflich genau fasst. Im Unterschied zur ‚dünnen Beschreibung' werden Sachverhalte nicht nur beschrieben, sondern auch aus den Beobachtungen Schlüsse gezogen und Bedeutungsstrukturen herausgearbeitet. Entscheidend sei „die besondere geistige Anstrengung, die hinter allem steht, das komplizierte, intellektuelle Wagnis der ‚dichten Beschreibung'. Es werden keine allgemeinen Aussagen angestrebt, die sich auf verschiedene Fälle beziehen, sondern nur Generalisierungen im Rahmen eines Einzelfalls" (Geertz 1983, S. 37).

Ethnographische Fallstudien ermöglichen es Sozialer Altenarbeit, die Lebenswelt der Betroffenen aus mikroskopischer Sicht zu erschließen, um aus der genauen Kenntnis ihrer Hoffnungen, Ängste und Verhaltenweisen zur Veranschaulichung ihrer subjektiven Wirklichkeit beizutragen. Der Ethnograph hat es „(...) mit einer Vielfalt komplexer, oft übereinander gelagerter oder ineinander verwobener Vorstellungsstrukturen zu tun (...)", und seine Arbeit gleicht dem Versuch, „(...) ein Manuskript zu lesen (im Sinne von – ‚eine Lesart entwickeln'), das fremdartig, verblasst, unvollständig, voll von Widersprüchen, fragwürdigen Verbesserungen und tendenziösen Kommentaren ist, aber nicht in konventionellen Lautzeichen, sondern in vergänglichen Beispielen geformten Verhaltens geschrieben ist" (ebd., S. 15).

‚Geformtes Verhalten' wird hier als symbolisches Handeln betrachtet, nach dessen Bedeutung zu fragen ist. Nämlich, was durch dieses Handeln ausgedrückt wird. Indem ich die Perspektive der Handelnden einnehme, umso vertrauter wird mir ihr Denken und Tun, umso besser kann ich sie im Kontext ihrer Alltäglichkeit verstehen. Ein Nichtverstehen ist dann „(...) ein Mangel an Vertrautheit mit der Vorstellungswelt, innerhalb derer ihre Handlungen Zeichen sind" (ebd., S. 20). Die Fähigkeit des Ethnographen, das heißt die Qualität seiner Interpretation des sozialen Geschehens, zeigt sich darin, „(...) inwieweit er zu erhellen vermag, was sich an derartigen Orten ereignet (...)" (ebd., S. 24).

Eine gute Interpretation „(...) versetzt uns mitten hinein in das, was interpretiert wird" (ebd., S. 26) und sie sucht herauszufinden, worum es beim Ablauf von Handlungen eigentlich geht, und warum es gerade so und nicht anders abläuft. Dabei konstruiert der Ethnograph die Zusammenhänge aber nicht, sondern er entdeckt sie. Ethnologische Interpretation ist „(...) der Versuch, den Bogen eines sozialen Diskurses nachzuzeichnen, ihn in einer nachvollziehbaren Form festzuhalten (...)" (ebd., S. 28). Indem der Ethnograph den sozialen Diskurs niederschreibt, „(...) macht er aus einem flüchtigen Ereignis, das nur im Moment seines Stattfindens existiert, einen Bericht, der in der Niederschrift des Geschehenen existiert und wieder herangezogen werden kann" (ebd.). Die ethnographische Beschreibung deutet den Ablauf des sozialen Diskurses und hält ihn in einer nachvollziehbaren Form für die Gegenwart fest. Sie ist Beschreibung und Interpretation zugleich.

Die theoretische Analyse einer ethnographischen Beschreibung besteht darin, „(…) Vermutungen über Bedeutungen anzustellen, diese Vermutungen zu bewerten und aus den besseren Vermutungen erklärende Schlüsse zu ziehen (…)" (ebd., S. 30). Kennzeichen dieser Art von Beschreibungen ist, dass sie mikroskopisch sind und als solche zu keinen allgemeinen Einsichten und Erkenntnissen verhelfen. Da die Theorie „(…) von den unmittelbaren Momenten der dichten Beschreibung nicht zu trennen ist, bleibt ihre Möglichkeit, sich nach einer inneren Logik zu formen, ziemlich beschränkt. Die Allgemeinheit, die sie möglicherweise erreicht, verdankt sich der Genauigkeit ihrer Einzelbeschreibungen, nicht dem Höhenflug ihrer Abstraktionen" (ebd., S. 35). Untersuchungen bauen immer auf anderen Untersuchungen auf, die jeweils mit besseren Kenntnissen und Begriffen ausgerüstet „(…) noch einmal tiefer in die gleichen Dinge eintauchen (…)" (ebd., S. 36). Aus diesem Grund bietet sich auch „(…) der Essay (…) als das natürliche Genre für die Präsentation kultureller Interpretationen und der ihnen zugrunde liegenden Theorien (…)" (ebd.) an.

Die Hauptaufgabe der Theoriebildung in der Ethnologie besteht nicht darin, „(…) abstrakte Regelmäßigkeiten festzuschreiben, sondern darin, dichte Beschreibung zu ermöglichen. Es werden keine allgemeinen Aussagen angestrebt, sondern nur Generalisierungen im Einzelfall. Die Theorie sagt nicht voraus, sondern interpretiert das bereits vorliegende Material. Der theoretische Begriffsrahmen muss in der Lage sein, haltbare Interpretationen auch beim Auftauchen neuer sozialer Phänomene bereitzustellen. „Theoretische Ideen entstehen nicht in einer jeden Studie neu (…)", sondern sie werden von anderen verwandten Untersuchungen übernommen und „(…) auf neue Interpretationsprobleme angewendet" (ebd.).

6.3 Der alltagsorientierte Ansatz in der Sozialen Altenarbeit

Alltagsorientierung als Arbeitsaspekt ist in der Sozialen Altenarbeit besonders hilfreich. Hans Thiersch beschreibt den Alltag als pseudokonkret und wahr zugleich, als ein „(…) Gemengelage von borniert-routinisiertem Alltag und gelingenderem Alltag" (Thiersch 1986, S. 50). Bei der Organisation des Alltags kommt es zu Festlegungen wie Rollenübernahme und Zeit- und Raumstrukturierung sowie zu Verfestigungen wie Routinehandlungen und Verhaltens- und Rollenmuster. In einer sich ständig ändernden Welt muss aber auch, den jeweiligen Erfordernissen entsprechend, die Alltagsorganisation geändert werden.

Manchmal ist der alte Mensch dazu nicht in der Lage, weil er durch „(…) Gewohnheiten, Erregungen, Ängste und Vorurteile (…) gefesselt" ist. Was also zunächst hilfreich war, erweist sich nun als Störfaktor: „(…). In der Alltagspragmatik nötigen die Handlungszwänge den Menschen: Er wird – zur Sorge gezwungen – unfrei, Opfer seiner Aufgaben und Routinen" (ebd., S. 34). Auch wenn die Bewertung von Ordnung oder die Strukturierung von Zeit im Lebensalltag nicht mehr tragen, täuscht trotzdem das Vertraute und Gewohnte eine Sicherheit vor. Die gesellschaftlichen Bedingungen erscheinen konstitutiv für den „borniert-routinisierten" Alltag unserer fortgeschrittenen Industriegesellschaft.

Nach Thiersch muss dieser „borniert-routinisierte" Alltag, der auf Täuschung beruht, destruiert werden. Alltagsorientierte Soziale Altenarbeit unterstützt die AdressatInnen, um durch Nutzung institutioneller und professioneller Ressourcen zu einem „gelingenderen Alltag" zu finden. Dazu sind „(...) Provokation, Unterstützung, Veränderung im Alltag ebenso wie in den gesellschaftlichen Bedingungen unverzichtbar" (ebd., S. 42). Das bedeutet, den AdressatInnen muss die Loslösung von Vertrautem und Gewohntem durch Provokation und Kritik ermöglicht und eine Veränderung unzweckmäßiger gesellschaftlicher Bedingungen angestrebt werden. Destruktion darf sich aber nicht beziehen „(…) auf die für Alltäglichkeit konstitutiven Momente von Entlastung und Sicherung in der pragmatischen Erledigung von Aufgaben" (ebd., S. 37). Das Vorgegebene aufnehmend, können durch die Beseitigung von Hemmnissen und die Förderung von Stärken Kompetenzen entfaltet werden:

„Pädagogisches Handeln als Alltagshandeln ist Handeln in der Dialektik der Alltäglichkeit, es hat die Aufgabe, in den gegebenen, authentischen Erfahrungen angelegte, verdeckte und verschüttete Lebensmöglichkeiten freizusetzen, es muss die Chance in der Alltäglichkeit, wie sie in ihrer Unmittelbarkeit des Erfahrens und Handelns liegen, stützen und durchsetzen gegen die die Alltäglichkeit immer auch bestimmenden Gefahren von Routine, Verengung und Anpassung" (Thiersch 1978, S. 11).

Zur Destruktion des borniert-routinisierten Alltags greift Soziale Altenarbeit die Erfahrungen, Vorstellungen und Hoffnungen der alten Menschen auf, sieht sie „(…) im Eigensinn der gegebenen Lebenslagen (…), agiert in Solidarität mit den Vorhaben und Möglichkeiten, wie sie sich im Alltag der Betroffenen zeigen (…)" (Thiersch 1986, S. 43). Die Gefahr ist groß, dass „(…) eine Kolonialisierung im Dienst sozialpädagogischer Normvorstellungen (…)" (ebd., S. 49) erfolgt. Destruktion muss also immer einhergehen mit der „(…) detektivischen Kunst, die Wahrheitsmomente im Alltag – die Momente des gelingenden Lebens ebenso wie die der uneingeschränkten Sehnsucht – zu entdecken, bewusst und wach zu halten, zu stärken und zu mehren" (ebd., S. 39).

Der „gelingendere Alltag" bedarf der Sicherung und Stärkung. Aus ihm erwächst ein Geborgenheitsgefühl, welches die Sicherheit gewährleistet, Konflikte zu überstehen und nach neuen Lebensmöglichkeiten zu suchen, denn in ihm „(...) lebe ich in der Sicherheit des vertrauten Raums, der überschaubaren Zeit und der selbstverständlichen, sozialen Traditionen" (ebd., S. 38). Es gilt, humane Formen des Zusammenlebens zu finden, in denen man Konflikte überstehen kann. Sich auf den Alltag einzulassen, bedeutet, „(...) den Zusammenhang politischer, materieller, instrumenteller und sozialer Nöte und Aufgaben zu sehen (...)" (ebd., S. 45) und individuelle Schuldzuschreibung zu vermeiden.

Durch die Strukturierung der Komplexität von Alltagsschwierigkeiten werden Zusammenhänge transparent und durchschaubar: „Nicht alles wird gleichzeitig angegangen. Schwierigkeiten werden geordnet; Dringliches und weniger Dringliches gegeneinander abgehoben. Gegebener Alltag kann – mit den Ressourcen des Vergleichens und Wissens ebenso wie mit denen der Effektivitätskontrolle – konfrontiert werden mit weiterführenden Lösungsmöglichkeiten" (ebd., S. 48). Sich auf den Alltag einzulassen, bedeutet aber auch, sich der in der Alltagsorientierung liegenden Gefahr bewusst zu sein, dass Alltagswissen oft nur beschränkt ist, „(...) auf Erfahrungen im überschaubaren räumlichen, zeitlichen und sozialen Bezug des eigenen Arbeitsfeldes und auf die dort sich stellenden Aufgaben" (Thiersch 1986, S. 51). Diese Einengung ist durch die theoretisch-abstrakte Rekonstruktion der eigenen Arbeit zu vermeiden, denn durch die Reflexion des Geschehenen verbinden sich Praxis und Wissenschaft, um „(...) theoretische Grundlagen zu klären und methodisch gesicherte Ergebnisse zu überprüfen" (ebd.).

Zweiter Teil:
Sieben Geschichten

7. Der Rahmen für Soziale Altenarbeit

Die vorliegende Studie beruht auf meinen Erfahrungen, die ich als Mitarbeiterin am Sozialamt der Landeshauptstadt Stuttgart beim Bürgerservice „Leben im Alter", also in der Sozialen Altenarbeit, gewonnen habe. Die Stuttgarter Konzeption basiert auf einer organisatorischen, fachlichen und inhaltlichen Weiterentwicklung von mittlerweile elf Jahren. In der Regel handelt es sich um eine längerfristige Begleitung und Unterstützung älterer Menschen ab 63 Jahren. Ziel ist es, die Eigenkräfte des alten Menschen so zu stärken, dass er möglichst lange in seiner gewohnten und vertrauten Umgebung bleiben kann. Dies setzt eine ganzheitliche, an der Lebenswelt und den Ressourcen des alten Menschen orientierte Arbeitsweise voraus unter besonderer Berücksichtigung der Angebote seiner Lebenswelt. Zur Analyse der Geschehnisse dient der systemorientierte Ansatz, der durch eine lebensweltorientierte, ganzheitliche Perspektive ergänzt wird.

Die Büros der 29 MitarbeiterInnen befinden sich jeweils dezentral in den einzelnen Stadtteilen, für die sie zuständig sind. Monatlich finden in der Zentrale des Sozialamtes Dienstbesprechungen mit der Leitung statt. Hier erfahren und besprechen wir wichtige Neuerungen, wie Termine von Veranstaltungen und Gesetzesänderungen. In den Sitzungen pflegen wir den so wichtigen Austausch mit den KollegInnen. Außerdem gibt es die Möglichkeit, an unterschiedlichen Arbeitskreisen teilzunehmen, die je nach Notwendigkeit flexibel für wenige oder alle MitarbeiterInnen rasch etabliert werden können.

In der „Begleitgruppe Ethik", die monatlich stattfindet, hinterfragen wir zum Beispiel unsere teils sensible Unterstützungsarbeit im Hinblick auf unser Tun oder Lassen. Alte Menschen verstecken oft, was sie nicht aushalten: Ängste vor Verarmung, Einsamkeitsgefühle, Angst vor körperlichen und geistigen Gebrechen, vor Pflegebedürftigkeit, beim Sterben allein zu sein. Für die MitarbeiterInnen ist es nicht immer einfach, die Ängste mitzutragen.

8. Konkretisierungen

Die Geschichten sind das Kernstück vorliegender Arbeit. Sie liefern die Details sozialpädagogischen Handelns, die bei den Betroffenen positive Veränderungen ausgelöst haben. Die Fragestellung entwickelte sich aus dem vorhandenen, schriftlichen Material über die Begleitung und Unterstützung alter Menschen. Die Beobachtung des alltäglichen Geschehens in ihrer Häuslichkeit und die Beschreibung der Geschehnisse lässt sich sinnvoll und effektiv mit sozialpädagogischem Handeln verknüpfen, sodass Ansatzpunkte für Interventionen erkennbar werden. Dabei findet ein „Denken im Handeln" statt, das die Wirksamkeit von Interventionen ständig überprüft.

Zu Beginn meiner Tätigkeit informiere ich mich über die Beschaffenheit des jeweiligen Wohngebietes, nämlich über seine kulturgeschichtliche Entwicklung, die Bevölkerungsstruktur, die Art der Bebauung, den Grünflächenanteil und die soziale Infrastruktur. Deren Erfassung und der Kontakt zu Institutionen im Wohnumfeld sind für Soziale Altenarbeit grundlegend. In der Beschreibung des Geschehens beziehe ich mich auf die Schwierigkeiten, die im ambulanten Bereich auftauchen können. Der stationäre Bereich ist nicht erfasst.

Ausgehend von den allgemeinen Überlegungen bedarf es einiger Konkretisierungen über das Darstellungsschema und die Strukturierung der sieben Geschichten. In der Beschreibung des Geschehens orientiere ich mich an den Krankheitsbildern, die im Alter häufig sind. Dazu gehören vorrangig Suchterkrankungen, Demenz, Vermüllung, Depression und Schlaganfall. Diese Krankheiten, die mit dem Alter oft einhergehen, prägen das Leben der Betroffenen in besonderer Weise. Deshalb ist jeder Geschichte ein Krankheitsbild vorangestellt.

Ein anderer bemerkenswerter Faktor liegt in der Tatsache, dass die heute alten Menschen, also die Jahrgänge zwischen 1926 bis 1945 als Kinder und Jugendliche Angst, Hunger, Flucht, Verfolgung und abwesende Väter erlebt haben. Wie ich festgestellt habe, sind aber nur wenige alte Menschen bereit und in der Lage, sich zu diesen einschneidenden und teils traumatischen Erlebnissen zu äußern. Hier geht es nicht mehr um Beratung, sondern um ein Dasein und Aushalten.

In der Sozialen Altenarbeit geht es vor allem darum, wie bei all dem Ungewöhnlichen und teils Schrecklichem Normalität im Alltag wieder hergestellt werden kann. Das Nachlassen der Körperfunktionen, der langsame Verfall, wenn zum Beispiel Kot und Urin nicht mehr gehalten werden können, steigert bei den Betroffenen die Angst vor dem Verlust ihrer Fähigkeiten, den Alltag selbst gestalten und bewältigen zu können.

Es geht um Gefühle, um Kränkungen, aber auch um Freude und Glücklichsein trotz aller Einschränkungen und Leiden. Um den alten Menschen in seinen Verhältnissen stabilisieren zu können, ist eine Art Wünschelrutentalent hilfreich. Es geht um das Finden von Hilfen möglichst im häuslichen Umfeld. Eines habe ich in der Sozialen Altenarbeit gelernt: Älterwerden ist eine Kunst, die beherrscht werden muss und es ist gut, sich darauf vorzubereiten und einzustellen. Altern ist jedenfalls nichts für Feiglinge.

Das einheitliche Darstellungsschema ergab sich auf natürliche Weise. Es entspricht dem zeitlichen Ablauf im Begleit- und Unterstützungsprozess. Zum Kennenlernen der Lebenswelt informiere ich mich jeweils über die Beschaffenheit des Stadtteils, in dem der alte Mensch wohnt. Es folgt die Erfassung des Alltagsgeschehens mit der Abklärung vorhandener Ressourcen und Potenziale, sowie die Einschätzung der Fertigkeiten und Fähigkeiten, die der alte Mensch besitzt.

Ich beschreibe meine Wahrnehmungen der vorhandenen Schwierigkeiten, die Interventionen und die Bedeutung, die ich den Ereignissen beimesse. Ich versuche, den alten Menschen in seinem Eigensinn zu begreifen und seine Besonderheiten, Marotten und noch vorhandenen Stärken zu sehen. In der Beschreibung des Geschehens bin ich ganz auf den alten Menschen und seine Lebenswelt eingestellt, mit all den Möglichkeiten, die sie ihm bietet oder nicht bietet.

Aus dem Gesamtgeschehen greife ich einzelne Arbeitsfelder auf, mit denen es während der Arbeit Berührungspunkte gab, wie zum Beispiel, ,Das gemeinsame Ordnen' oder ,Empfindlichkeiten und Abwehr'. Mit der Beschreibung der Förderung und Begleitung im Alltag der alten Menschen wird die Art und Weise der sozialpädagogischen Einflussnahme und der teils behütenden Begleitung deutlich. Die Beschreibung der Veränderungen und Stabilisierungen sowie die Zusammenfassung der Ergebnisse leiten den Schlussteil ein, aus dem der veränderte Zustand des alten Menschen hervorgeht.

9. Das Elend des Herrn Hauser

9.1 Die Lebenswelt des Herrn Hauser

Das Wohngebiet

Herrn Hausers ist geprägt von einem noch dörflichen Charakter. Der Anteil der ausländischen Mitbürger ist mit fast 40 Prozent relativ hoch, wobei die Türken, die Italiener und die Griechen den Hauptanteil stellen. Sie sind gut im Stadtteil integriert. Mehrere Vereine kümmern sich um ein gutes Miteinander zwischen Inländern und Ausländern und zwischen Alt und Jung. Distanz und Nähe befinden sich in einem ausgewogenen Verhältnis. Hier leben sehr begüterte, aber auch sehr arme Menschen, wie zum Beispiel Herr Hauser.

Die Zahl der alten Menschen ist hoch und nimmt weiterhin zu. Das Wohngebiet zeichnet sich durch eine verkehrsberuhigte und mit zahlreichen Geschäften ausgestattete Ortsmitte aus. Hier treffen sich die BewohnerInnen automatisch zum Gespräch und dem Austausch von Neuigkeiten, wenn sie zum Einkaufen gehen. Es ist ein Marktplatz wie in früheren Zeiten. Bis vor wenigen Jahren konnte sich Herr Hauser hier noch präsent zeigen und sich mit Freunden treffen. Jetzt ist es ihm nicht mehr möglich, weil er wegen einer körperlichen Behinderung an das Haus gefesselt ist.

Die kleineren Häuser im Zentrum werden meist von den mittlerweile alt gewordenen Eigentümern allein bewohnt. Die jungen Familien sind weggezogen in Gegenden, die nicht so stark mit Schadstoffen belastet sind. Drei- bis vierstöckige ehemals prächtige Häuser aus der Gründerzeit und hohe Alleebäume säumen die Einkaufsstraße. Einige der Häuser sind bereits saniert worden.

Lebensmittelpunkt für viele der älteren deutschen BewohnerInnen aus der Mittel- bis Oberschicht ist die Altenbegegnungsstätte mit ihren vielfältigen Veranstaltungen und Angeboten. Leider passt Herr Hauser nicht zu dem Personenkreis, weshalb auch kein Kontakt hergestellt werden konnte. Herr Hauser lebt seit etwa dreißig Jahren in einem der schäbigen, teils baufälligen Häuser, die noch nicht renoviert wurden. Hier werde ich ihn über mehrere Jahre begleiten und versuchen, positive Veränderungen seiner Lebenslage zu erreichen.

Das Elend von Herrn Hauser

hängt mit seiner Suchterkrankung zusammen.

Auch oder gerade im Alter sind Suchterkrankungen verstärkt möglich. Mit der Bezeichnung Sucht oder Abhängigkeitserkrankung sind nach Helmut Hildebrandt „verschiedene Formen des Angewiesenseins auf bestimmte Substanzen oder Verhaltensweisen gemeint, um sich positive Empfindungen zu verschaffen oder negative zu vermeiden" (Hildebrandt 1898, S. 3). Sucht im Alter bleibt meist längere Zeit im Verborgenen. Ein häufiger Substanzgebrauch besteht durch Alkohol, Barbiturate, Benzo-Diazepine sowie opiathaltige Schmerzmittel. Aufgrund veränderter physiologischer, altersbedingter Prozesse treten klinische Symptome für Suchtverhalten schon früher auf.

Grundsätzlich sind eine saubere Anamnese der gesamten Suchtkarriere sowie die Abklärung weiterer Hilfen und Unterstützungsangebote für eine erfolgreiche Therapie unerlässlich. Bei Alkohol in niedrigen Trinkmengen und einer geringen Trinkdauer können bereits Folgeschäden auftreten. Es sollte stets die Frage gestellt werden, was das Suchtmittel mit dem Betroffenen macht, das heißt, das Positive ist in einer therapeutischen Sitzung zu erfragen, damit ein „Ersatz" dafür erarbeitet werden kann.

Wichtig ist zunächst die Motivationsarbeit. Es ist Sache des Arztes zu erfassen, weshalb der Klient Alkohol nimmt, welche Probleme vorliegen und wie hierbei Abhilfe geschaffen werden kann. Ein aufklärendes und konfrontierendes ärztliches Gespräch im Sinne eines Motivationsgesprächs zur Veränderung des Verhaltens ist nötig. Die Erfolgsrate bei älteren Abhängigen ist durch geeignete Motivationsmaßnahmen höher, als in der Gruppe der Abhängigen unter sechzig Jahren.

Bei älteren Menschen ist es wichtig, Entlastung im Alltag zu schaffen, damit ein Suchtmittel nicht mehr benötigt wird. Ein erhöhtes Suchtrisiko tritt bei Alleinlebenden auf. Äußere Kennzeichen von Verwahrlosung im Erscheinungsbild und in der Wohnung treten auf. Suchtkonsum verändert die Persönlichkeit. Termine werden nicht mehr wahrgenommen und soziale Kontakte brechen immer mehr weg.

Aus eigener Anschauung habe ich bemerkt, manche alten Menschen sind in der Lage, die mit dem Älterwerden einhergehenden finanziellen Einbußen und die körperlichen, geistigen und seelischen Beeinträchtigungen als gegeben hinzunehmen, anderen gelingt das nicht. Es schmerzt, wenn die Kinder aus dem Haus gehen, der Körper sichtbar und spürbar verfällt, der Ehepartner stirbt, Kontakte verloren gehen, Anerkennung fehlt und der eigene Tod näher rückt.

In ihrer Not greifen manche alte Menschen dann zu Suchtmitteln wie Alkohol und Tabletten, die ihnen kurzfristig Erleichterung bringen, aber langfristig eine große Gefahr darstellen, weil die Toleranz des alten Körpers gegenüber solchen Mitteln abnimmt. Schon geringe Mengen, die von einem jungen Körper noch anstandslos toleriert werden, können im Alter durch veränderte Organfunktionen Abhängigkeiten mit den typischen Folgen verursachen.

Alkohol belastet den Organismus und mindert die körperliche und geistige Leistungsfähigkeit. Außerdem wirkt Alkohol im Alter intensiver auf die Nervenzellen und Nervenleitungen als in jüngeren Jahren. In der Folge kann es zu Empfindungsstörungen vor allem in den Beinen, zu Muskelschwäche, zu Gedächtnisstörungen und zu Orientierungs- und Sprachstörungen kommen. Bedauerlicherweise gibt es alt gewordene Alkoholiker, die teilweise irreparable körperliche und psychische Schäden davongetragen haben, die sie zu Krüppeln machen. Ohne fachliche Hilfe ist es kaum möglich, aus dem Teufelskreis der körperlichen und seelischen Abhängigkeit herauszufinden. Sucht im Alter darf kein Tabuthema mehr sein. Hinter jeder Sucht, so sagen die Fachleute, steckt eine Suche nach dem Verlorenen. Zentrales Thema für ältere suchtkranke Menschen wäre demnach die Verarbeitung von Verlusterlebnissen und die Überwindung von Einsamkeits- und Isolationstendenzen. Eine Therapiefähigkeit durch entsprechende psychologische Beratungsstellen sei auch im Alter noch gegeben.

Es ist es wichtig, Entlastung im Alltag zu schaffen, damit Suchtmittel nicht mehr benötigt werden. Ebenso hilfreich können Gesprächsgruppen speziell für alte Menschen sein, in denen ein offener und ehrlicher Umgang mit der Sucht am ehesten zur Bewältigung der vorhandenen Schwierigkeiten führt. Insbesondere sollte versucht werden, gemeinsam mit dem alten Menschen ein Netzwerk aufzubauen und mit anderen Diensten zusammenzuarbeiten. Präventionsarbeit durch die Förderung von Sozialkontakten im Stadtteil durch aktive Einbindung in das soziale Geschehen, insbesondere bei Einsamkeit, wäre für den betroffenen Personenkreis sehr hilfreich. Leider ist Herr Hauser entweder nicht bereit oder nicht in der Lage, sein Suchtverhalten selbst zu ändern.

Informationen über Herrn Hauser

und seine Verhältnisse erhalte ich auf Grund einer Anfrage seitens seiner türkischen Wohnungsnachbarin, Frau Demir. Sie besucht mich in meinem Büro und erzählt mir von einem Hausmitbewohner: „Bei uns im Haus wohnt ein älterer Mann, Herr Hauser, der allein nicht mehr so gut zurecht kommt. Bitte kommen Sie unbedingt bald einmal vorbei. Er ist Mitte der Sechzig, kann nicht mehr gehen und ist auf den Rollstuhl angewiesen." Sie bietet mir an, gemeinsam mit ihr den Besuch bei ihm zu machen.

Es ist deutlich zu spüren, dass sie sich um ihn sorgt. „Im Haus wohnen noch zwei andere ausländische Familien. Wir haben ein gutes nachbarschaftliches Verhältnis und helfen ihm alle, wenn wir können", meint sie. Wie ich weiter erfahre, wohnen Herr Hauser und Familie Demir bereits seit dreißig Jahren in dem Haus. Es sind freundschaftliche Beziehungen gewachsen, die jetzt offenbar zum Tragen kommen. Nach einer kurzen Pause meint sie: „Ich kümmere mich seit Jahren um den Haushalt Herrn Hausers. Meine Tochter erwartet aber ein Kind. Deshalb werde ich in Zukunft nicht mehr soviel Zeit für ihn haben." Sie spricht sehr freundlich über Herrn Hauser: „Für meine beiden Töchter ist Herr Hauser noch heute, wo sie schon erwachsen sind, vertraut wie ein Großvater." Frau Demir befindet sich offenbar in dem Dilemma einerseits helfen zu wollen und andererseits aber keine Zeit dafür zu haben. Sie bittet mich um die Abklärung des weiteren Vorgehens gemeinsam mit Herrn Hauser in seiner Wohnung. Wir vereinbaren einen Besuchstermin für den nächsten Tag gegen zehn Uhr morgens.

Der erste Besuch

dient mir einerseits dazu, Herrn Hauser kennen zu lernen, und andererseits zur Abklärung, wieweit er tatsächlich hilfebedürftig ist. An einem eiskalten, ungemütlichen Dezembertag klingele ich zur vereinbarten Zeit bei Frau Demir. Sie führt mich in die Wohnung von Herrn Hauser. Wohnung ist wohl zuviel gesagt. Es ist eine kleine Dachkammer im dritten Stock des Vierfamilienhauses mit schrägen Wänden ohne Toilette und ohne Wasseranschluss in einem ziemlich verwahrlosten Zustand. Gemessen an der Kälte draußen ist es im Zimmer angenehm warm. Der Gestank aber ist umwerfend. Ich muss mich zusammen nehmen, meine Mimik zu beherrschen und keine Kehrtwendung zu machen.

Von der Decke herab hängen Spinnweben, an denen sich schwarzer Staub mit kristallinen Strukturen angesiedelt hat. Die senfgelbe Tapete ist voll mit schwarzem Schimmel, verschmutzt und teilweise abgerissen. Das frühere Muster ist nicht mehr zu erkennen. Eine kleine Kochnische mit Herdplatte ist mit schmutzigem Geschirr voll gestellt und die Wand hinter der Herdplatte ist voller Flecken und ölig verschmiert. Der Fußbodenbelag ist dort, wo er sichtbar ist, durchgescheuert und teilweise mit Lappen bedeckt. Beim darüber Laufen merke ich, wie klebrig der Boden ist. Es ist einfach ekelhaft. Bis auf einen Pfad von der Tür zum Tisch ist der größte Teil des Bodens mit Bierkisten, Schachteln und allerlei Krimskrams zugestellt.

Herrn Hauser entdecke ich erst Sekunden später. Er sitzt auf seinem schmuddeligen Bett in einer Ecke des Zimmers. Auf dem schmierigen Leintuch befindet sich eine Schicht weißer Staub. Erst als ich genauer hinschaue, sehe ich, dass es Hautschuppen sind. An sein Bett gelehnt steht ein uralter zusammenklappbarer Rollstuhl. Auf seinem Hemd und der Bettwäsche befinden sich Rückstände von Erbrochenem. Zusätzlich zum Geruch des Erbrochenen kommt noch der starke Geruch nach Alkohol. Wie kann man sich nur so gehen lassen? Seine grauen Haare sind zerzaust und die Augen gerötet. Vermutlich haben wir ihn eben erst geweckt.

Vor Ekel bin ich nicht imstande, ihm die Hand zu geben. „Entschuldigen Sie bitte, dass ich so hereinplatze. Frau Demir hat mich gebeten, mit ihr einen Besuch bei Ihnen zu machen, da sie wegen Ihnen in Sorge ist". Er starrt mich einfach nur an und spricht kein Wort. Nach einer Weile meint er: „Ich wusste von Frau Demir, dass Sie kommen. Ich habe verschlafen". Ohne Zweifel hat er bemerkt, was ich von seinem häuslichen Ambiente halte. Herr Hauser schaut mich finster an, mustert mich ein wenig verlegen und fragt dann aggressiv: „Was wollen Sie von mir? Ich brauche nichts. Sie können schon wieder gehen." Als ich keine Anstalten mache, fortzugehen, verabschiedet sich Frau Demir und kehrt in ihre Wohnung zurück. Sie hat den Kontakt hergestellt und überlässt mir das Weitere. Da stehe ich nun in der stinkigen Kammer vor einem verschmutzten Menschen, der mich böse anschaut.

Ohne ein Wort zu sprechen, bleibe ich stehen, wo ich bin. Schließlich hat Herr Hauser hier das Hausrecht. Es steht auch kein Stuhl da, auf den ich mich setzen könnte. Es ist eine merkwürdige Situation, in der ich mich befinde. Um die für mich und vermutlich auch für ihn etwas peinliche Situation zu überbrücken, bücke ich mich etwas und schaue durch ein kleines Dachfenster auf schneebedeckte Bäume. Vor dem Fenster hängt ein Vogelhäuschen mit einer Sitzstange. Offenbar hat Herr Hauser die Vögel, hauptsächlich Spatzen, eben gefüttert, als wir kamen. Es schwirren nämlich immer mehr herbei. Selbst als ich ein wenig näher trete, fliegen sie nicht davon. Fast scheint es, als wären die Vögel an ihn gewöhnt.

Der Gesichtausdruck von Herrn Hauser ist etwas freundlicher geworden, als er mein Interesse für die Vögel merkt. „Zu Hause habe ich zwei Erlenzeisige, ich mag Vögel sehr gern", bemerke ich beiläufig. Vielleicht helfen mir die Vögel, einen Zugang zu ihm zu finden. Langsam wird seine Miene entspannter. Auf seinem Bett thronend mustert er mich kritisch und betont schon etwas versöhnlicher: „Wissen Sie", so fängt er an, „ich brauche wirklich nichts. Frau Demir kauft mir ein, sie bringt mir Wasser zum Waschen und zum Kochen, putzt das Zimmer, macht meine Kehrwoche, bringt mir die Post und holt mein Geld von der Bank ab. Kochen tue ich aber selbst."

Letzteres festzustellen war ihm sehr wichtig. Ich wundere mich etwas, dass das Zimmer trotz angeblicher Reinigung durch Frau Demir so schmutzig ist, sage aber nichts. Eines aber wird mir klar, Ekel hin Ekel her, diesem Mann muss geholfen werden. Zur Sicherheit gebe ich Herrn Hauser die Telefonnummer des Stadtteilbüros bevor ich wieder gehe und bitte ihn: „Melden Sie sich bei mir, wenn sie doch Unterstützung brauchen."

Er selbst hat kein Telefon, aber Familie Demir besitzt ein Handy, das er benutzen darf. Er brummt etwas für mich Unverständliches, hat aber offenbar meinen Besuch nicht übel genommen, worüber ich sehr erleichtert bin. Als ich Frau Demir kurze Zeit später zufällig in einem der zahlreichen Geschäfte am Marktplatz treffe, spricht sie mich an und meint: „Ich werde Herrn Hauser in Zukunft nicht mehr so viel helfen können wie früher, da meine Tochter ein Kind erwartet." Zwei Wochen später meldet sich Herr Hauser tatsächlich telefonisch bei mir im Büro und bittet um einen Besuch bei sich zu Hause.

Als ich bei meinem nächsten Besuch an seine Zimmertüre klopfe und eintrete, bin ich angenehm überrascht. Er hat mich schon erwartet und vermutlich mit Frau Demir sogar etwas Ordnung gemacht. Außerdem stinkt es weniger nach Alkohol. Ein Stuhl steht für mich bereit, der beim letzten Besuch nicht dastand. Herr Hauser sitzt nicht auf dem Bett, sondern im Rollstuhl. Außerdem ist er fertig angezogen, auch wenn das Hemd verschlissen und die Hose löchrig ist. „Da sind Sie ja endlich. Ich habe schon auf sie gewartet!", meint er ein wenig vorwurfsvoll. Herr Hauser scheint ziemlich groß zu sein. Beim Sitzen im Bett oder im Rollstuhl kann ich es nicht so richtig erkennen. Er ist nicht mehr so gehemmt wie beim ersten Besuch, sondern unterhält sich mit mir in lebhafter Weise. Ich denke, er bemüht sich, einen guten Eindruck zu machen. Vielleicht ist ihm mein Besuch etwas wert und er hat gemerkt, dass mich seine Unsauberkeit stört. Es hat sich aber auch bei mir etwas verändert. Beim heutigen Besuch bin ich nämlich in der Lage, ihm die Hand zur Begrüßung zu geben.

Ich stelle mir die Frage, wo beziehungsweise womit ich bei ihm anfangen soll, um eine möglichst maximale Wirkung zu entfalten. Am besten ist, ich setze Prioritäten. Im Gespräch mit ihm wird mir schnell klar, was ihm wirklich fehlt. Dadurch, dass er ohne fremde Hilfe nicht ins Freie kommt, sind offenbar viele freundschaftliche Beziehungen weg gebrochen. Die Unordnung in der Wohnung ist mir auch verständlich. Warum aufräumen, wenn ohnedies niemand kommt. Nötig wäre also, die Einbindung in eine Gruppe oder die Teilnahme an Veranstaltungen zu forcieren. Aber so, wie er aussieht und riecht, ist niemandem ein näheres Beisammensein zuzumuten. Also muss ich mit der Öffnung seiner geschlossenen Welt in den Stadtteil beginnen.

Da die Tür zu seinem Zimmer meist offen steht und ich nicht einfach so hereinplatzen will, machen wir ein Erkennungsmerkmal miteinander aus. Er soll rechtzeitig mitbekommen, wer da die Treppen hochkommt. Den Schritt der Nachbarn erkennt er. Wir haben ausgemacht, wenn ich die Treppen hochsteige, zu sagen: „Hallo, ich bin es, Frau Woog!" Er brummt dann etwas Unverständliches und ruft: „Ja, kommen Sie." Dann klopfe ich an die offen stehende Tür und warte auf sein „Herein". An dieses Ritual halte ich mich, weil es zumindest für mich in der allgemeinen Unordnung Ordnung herstellt.

9.2 Die Erfassung des Alltagsgeschehens

Meine erste Einschätzung

Seine Verhältnisse und die Alltagsgestaltung positiv verändern zu können, ist eher negativ, und ich bin auf schwierige Verhältnisse eingestellt. Ich muss abklären, wieweit Herr Hauser überhaupt imstande ist, etwas zu verändern. Wenn ich da bin, trinkt er nie Alkohol. Manchmal ist er aber etwas zu fröhlich. Dann schätze ich, hat er schon vorher zu viel konsumiert. Trotzdem, unser gemeinsam vereinbartes Ziel ist es, seine Verhältnisse mit oder ohne Alkohol so zu stabilisieren, dass er in seinem Zimmer bleiben kann, wie er es gerne möchte, und nicht in eine Einrichtung muss, wie es sich sein junger Hausarzt vorstellt.

Einige Zeit später besuche ich Herrn Hauser erneut, nachdem ich vorher bei ihm angefragt habe, ob es ihm recht sei. Das Fenster ist geöffnet und diesmal stinkt es nicht im Zimmer. Vor ihm liegt die Bildzeitung, in der er eben gelesen hat. Wie er mir erzählt, besorgt sie ihm Frau Demir beim Einkaufen zusammen mit den anderen Sachen. Er ist über einen Artikel in der Zeitung sehr aufgebracht. Wütend liest er mir die Überschrift vor: „Sozialhilfeempfänger lebt in Florida". Dann beginnt er zu schimpfen: „Für meine Rente habe ich schwer gearbeitet. Ich kann mir das nicht leisten!" Er ist richtig neidisch und braucht einige Zeit, bis er sich wieder beruhigt hat. Als ich ihm sage, dass mir dieser Umstand auch nicht gefällt, ist er zufrieden. Aus seiner Sicht gesehen, verstehe ich seine Aufregung.

Der Fernseher ist sein Draht zur Außenwelt. Manchmal diskutieren wir über aktuelle politische Themen. In politischen Belangen weiß er gut Bescheid. Meist besser als ich. Langsam versuche ich, ihm gegenüber in sehr achtsamer Weise eine Haltung einzunehmen, die für ihn förderlich und angenehm ist. Ich betrachte Herrn Hauser als einen Menschen, der im Leben einfach Pech gehabt hat und im wahrsten Sinn des Wortes wieder auf die Beine kommen will. Mein Auftreten ist ihm gegenüber immer gleich bleibend respektvoll, auch wenn ich mit seinen Äußerungen und Handlungen oft nicht einverstanden bin.

In der Wohnung bin ich der Alltäglichkeit ausgeliefert und befinde mich in einer ständigen Balance zwischen Grenzziehung und Gemeinsamkeit. Manchmal ist es nicht leicht, Gleichmut zu bewahren. Während eines Gesprächs merke ich plötzlich, wie Herr Hauser am Bettrand sitzend an seinem Gesäß rumfummelt und wie beiläufig sagt: „Ich muss jetzt eine Rolle machen." Ganz verstanden habe ich seine Äußerung zunächst nicht, aber die Tat folgt sogleich. Er erledigt tatsächlich zum ersten Mal in meiner Anwesenheit sein großes Geschäft – vermutlich in eine Art Windel – und zwar so blitzartig, dass ich ohne seine Ankündigung gar nichts bemerkt hätte. Dann legt er das Ergebnis in einen Eimer. Zu riechen ist nichts.

Ich fühle mich unbehaglich, versuche aber, mir nichts anmerken zu lassen; wundere mich jedoch, dass er sich vor mir diese Blöße gibt. Das in meinen Augen Grenzen verletzende Verhalten ohne ausweichen zu können, schafft mich, und ich merke, wie Ekel in mir hochsteigt. Zu meinem Vorteil deute ich sein Verhalten als Vertrauensbeweis, auf den ich aber gerne verzichtet hätte. Zur Bildung von Vertrauen wäre jetzt ein Konfrontationskurs weniger gut geeignet, obwohl ich mich ziemlich zurückhalten muss. Ich warte ab, werte nicht und verhalte mich neutral. Ab nun besuche ich Herrn Hauser regelmäßig in monatlichen Abständen. Langsam wächst Vertrauen und, wie ich hoffe, auch eine gute Beziehung, weil die Arbeit dadurch für uns beide leichter wird. Seine unfrohe Miene hat er aber immer noch.

Seine Familienverhältnisse

erzählt mir Herr Hauser erst Wochen später, als ich ihn danach frage: „Ich habe schwer auf Baustellen geschafft. Leider hat das Unternehmen viele von uns entlassen. Auch mir blieb das nicht erspart. Ohne Arbeit habe ich mich richtig mies gefühlt". Nach einer Weile spricht er weiter: „Mein Vater war ein Taugenichts. Er ist ein Trinker gewesen und hat meiner Mutter sehr viel Kummer bereitet und sie sogar geschlagen." Von seiner Mutter spricht er mit Liebe und großem Respekt: „Sie hat viel gearbeitet und ist jung verstorben." Außer seiner Erinnerung hat er kein Andenken mehr an sie. Nicht einmal eine Fotografie. „Zu meinen fünf Brüdern besteht kein Kontakt mehr, und ich will auch keinen. Außerdem weiß ich nicht, ob sie noch leben", meint er mit Nachdruck. Er selbst ist der älteste der Brüder und als einziger von ihnen Junggeselle.

In einer ruhigen Stunde gibt mir Herr Hauser ein wenig Einblick in sein Innenleben und zeigt mir Fotos von früher. Er war ein stattlicher, kräftiger Mann mit einem gutmütigen Lächeln. Auf dem Bild sitzt er mit den damals noch kleinen Kindern der Familie Demir auf einem schönen Sofa in seinem damals noch aufgeräumten Zimmer. Es ist eine bürgerliche Welt, die für ihn verloren ist. Langsam verstehe ich, wie ihm zu Mute sein muss. In diese Welt wird er vermutlich nie wieder zurückfinden.

Ein Gespräch mit dem Hausarzt

erlaubt mir Herr Hauser sofort. Ich möchte mit dem Arzt wegen gesundheitlicher Fragen Kontakt aufnehmen. Der Arzt bestätigt mir, dass sein körperlicher Zustand und die Empfindungsstörungen mit seiner Alkoholabhängigkeit zusammenhängen: „Herr Hauser leidet an einer Polyneuropathie verbunden mit Muskelschwund und er ist seit sechs Jahren an den Rollstuhl gefesselt. Medizinisch gesehen ist ein weiterer körperlicher Abbau nicht mehr aufzuhalten, außerdem ist er auch nicht mehr therapiefähig."

Nach diesem Gespräch wird mir klar, dass jede Einmischung meinerseits, ihn vom Trinken und Rauchen abzuhalten, vergeblich wäre. Also schneide ich dieses Thema auch nicht an. Mit seiner Sucht hat er sich selbst zum Krüppel gemacht. Als mir Herr Hauser erklärt: „Ich rauche täglich 25 Zigaretten und trinke mindestens drei Flaschen Bier", weiß ich, woran ich bin. Wird die Zukunft kürzer, wird das Hier und Jetzt immer wichtiger. Ich habe Mühe, den jungen Hausarzt davon zu überzeugen, dass die Aufnahme in eine Einrichtung für den offenbar freiheitsliebenden Herrn Hauser die wohl schlechteste aller Möglichkeiten wäre.

Durch die regelmäßigen monatlichen Besuche bei Herrn Hauser über nunmehr fast ein Jahr bin ich mittlerweile zu einem festen Bestandteil seiner Lebenswelt geworden. In letzter Zeit höre ich ihn manchmal fröhlich in seinem Zimmer pfeifen, wenn ich die Treppen hochsteige. Ich denke, er findet langsam aus seiner gedrückten Stimmung wieder zu sich selbst. Vielleicht befindet er sich auch in einer Art Wachstumsprozess und er hat etwas begriffen, das ihm weiterhelfen wird, seine alte Haut abzustreifen.

Beim Kochen

schaue ich Herrn Hauser manchmal zu. Er kocht sehr gerne. Dabei kann er im Rollstuhl sitzen und die notwendigen Handgriffe selbst machen. Auf einer kleinen Herdplatte bereitet er sein Mittagessen vor. Ich freue mich über den guten Duft und bewundere seine Kochkünste. „Ich finde das ganz toll, wie sie sich selbst Ihr Mittagessen kochen. Die meisten Leute in ihrer Situation bestellen sich Essen auf Rädern." Darüber lächelt er nur. Mit dem Kochen habe ich etwas gefunden, das ihm wirklich Freude macht. Außerdem haben wir einen ergiebigen Gesprächsstoff. Ich frage ihn nach seinen Kochrezepten und er erkundigt sich nach den meinen.

Am liebsten hat er Fleischknochen, die er abnagen kann. „Die Fleischsuppe verwende ich für einen Gemüseeintopf", meint er, „wollen Sie kosten?" Obwohl ich wegen der Sauberkeit Bedenken habe, darf ich es nicht ablehnen. Ich muss diesen Test bestehen, um sein Vertrauen nicht zu verlieren. Meine Anerkennung ist ihm wichtig, also probiere ich einen Löffel voll Fleischbrühe: „Hm, das schmeckt gut! Was haben sie an Gewürzen rein gegeben?" „Etwas Thymian und Salbei" meint er, „das schmeckt mir am besten."

Das Kochen gibt mir die Gelegenheit, ihn wegen seiner Kochkünste zu loben. Und Anerkennung braucht Herr Hauser. Stolz zeigt er mir seinen Vorrat an getrocknetem Gemüse. Karotten, Kohlrabi, Lauch und Petersilie hat er in winzige kleine Stückchen geschnitten, auf einem Tuch ausgebreitet und luftgetrocknet. Er schüttelt das Tuch, auf dem sie liegen, greift mit den Fingern genussvoll hinein und lässt die feinen Stückchen durch die Finger rieseln. „Wenn es durch und durch trocken ist, fülle ich es in eine Dose. Da drin hält es sich wochenlang", erklärt er mir. Unsere Gespräche zum Thema Kochen sind ihm wichtig geworden.

9.3 Förderung und Begleitung im Alltag

Das gemeinsame Ordnen

vor allem seiner finanziellen Angelegenheiten wird nun eine vorrangige Aufgabe. Einen Monat später besuche ich Herrn Hauser auf seine Bitte hin erneut. Er regt sich furchtbar auf: „Mein Fernseher ist kaputt gegangen. Ich musste mir einen neuen kaufen! Das Geld hat mir Herr Demir geliehen und ich kann es nicht zurückzahlen. Außerdem brauche ich Bettwäsche, alles ist löchrig. Unterwäsche und Socken habe ich auch keine mehr." Sein Gesicht ist vor Aufregung krebsrot geworden. Er spielt das nicht. Er ist sehr ernst geworden. Ich merke, er hat existentielle Sorgen und Ängste.

Weiter geht die Schimpftirade: „Schauen Sie sich meine Beine an. Ich habe von Pullovern die Ärmel abschneiden müssen, um Socken zu haben". Er zeigt mir, wie er mit dem Fuß in den abgeschnittenen Ärmel schlüpft, den Ärmel umschlägt und mit einer Schnur um die Wade festbindet. Sein Ideenreichtum ist beachtenswert. Bei der Gelegenheit sehe ich auch, wie deformiert seine Füße sind und eher wie rote Klumpen an ihm herabhängen. Die Zehennägel sind klauenförmig etwa drei Zentimeter nach unten eingerollt und verwachsen.

In Schuhe passen diese Füße nicht mehr. Er merkt mein Entsetzen und beruhigt mich mit den Worten: „Wissen Sie, wenn die große Zehe noch schlimmer wird, hacke ich sie einfach ab." Sehr beruhigt bin ich dadurch aber nicht: „Ich traue Ihnen das absolut zu, aber helfen wird es nicht. Was sagt denn der Arzt zu Ihren Beinen?" Da schüttelt er ernst und bedächtig seinen Kopf und meint: „Es sind Raucherbeine. Ansonsten weiß der auch nichts". Damit ist für ihn das Thema erledigt. Mit seiner Alkohol- und Nikotinsucht hat er sich selbst zum Krüppel gemacht.

Mit dem Kommentar des Arztes kann ich mich nicht abfinden und nehme mir vor, mich verstärkt in ärztliche Dinge einzumischen. Ich kenne einen Podologen, der sich mit medizinischer Fußpflege auskennt und werde ihn um Rat fragen. Er ist bereit, sich die Füße von Herrn Hauser nicht nur anzuschauen, sondern behandelt sie sogleich. Anschließend erwirkt er eine Verordnung für Lymphdrainage.

Als ich Herrn Hauser einen Monat später erneut besuche, ist alles erledigt. Er zeigt mir sofort stolz seine Füße. Die Beine sehen jetzt nicht mehr wie Klumpen aus. Die blauroten Schwellungen haben sich zurückgebildet. Er hat richtig zierliche Füße bekommen. „Gehen kann ich aber nicht. Die Gelenke sind versteift. Da bewegt sich nichts mehr. Aber kurz auftreten, das geht", meint er etwas traurig. Ich werde mich jedenfalls erkundigen, ob und wie versteifte Gelenke wieder beweglich gemacht werden können. Offenbar hat die Hilfe des Podologen eine Wende im Verhalten Herrn Hausers bewirkt. Es passiert nämlich etwas Seltsames, worüber ich sehr überrascht bin. Bisher präsentierte sich Herr Hauser als leicht betrunkener Spaßvogel mit Galgenhumor, der sich nicht unterkriegen lässt. Als wir wieder einmal zusammensitzen, meint er mit leiser Stimme: „Während der Behandlung habe ich mich so geschämt für den Schmutz und die Unordnung im Zimmer."

Eine ganze Weile sitzen wir stumm beieinander. Ich bin von seiner Bemerkung berührt, weiß aber nicht so recht, wie ich sie deuten soll. Offenbar hat er etwas verstanden, das bisher im Gegensatz zu seiner Lebensphilosophie stand. Warum sollte er aufräumen, wenn niemanden die Unordnung stört? Durch seine isolierte Lebensweise gab es wohl kein Korrektiv, das ihn zum Umdenken veranlasst hat. Manches tut man eben nicht, wenn andere Leute dabei sind. Ich schätze, er hat etwas begriffen, das ihm helfen wird, vielleicht doch noch in ein bürgerliches Leben zurückzufinden.

Herr Hauser lebt hart an der Grenze zur Armut. In dieser Lebenslage helfen keine guten Worte, sondern Taten. Das heißt, es müssen Geldmittel beschafft werden. Also stelle ich für ihn einen Antrag auf die Gewährung einer Stiftungsgabe. Einige Zeit später erhält er eine Stiftungsgabe, mit der er den Fernseher bezahlen und außerdem noch Bettwäsche, Unterwäsche und Socken kaufen kann. Für ihn war es wie Weihnachten, da er mit dieser Gabe überhaupt nicht gerechnet hatte. Ich freue mich mit ihm.

Aber es gibt da noch etwas anderes, das ihm unangenehm ist. Er ist nämlich nicht in der Lage, Frau Demir für ihre Reinigungsarbeiten angemessen zu entschädigen: „Frau Demir räumt seit Jahren bei mir auf und kauft mir Lebensmittel ein, besorgt meine Wäsche, bezieht mein Bett, übernimmt meine Kehrwoche und holt die Post aus dem Briefkasten. Außerdem bringt sie mir heißes Wasser zum Waschen und Wasser zum Kochen. Den Klosetteimer entleert sie und schmutziges Wasser ebenso. Aber ich kann ihr dafür nichts bezahlen", beklagt er sich. Deshalb unterstütze ich Herrn Hauser bei diversen Anträgen an die Sozialhilfestelle, welche die Kosten unter bestimmten Bedingungen vielleicht übernimmt.

Er folgt meinem Rat, ein Konto bei der Bank auf Guthabenbasis einzurichten, damit er keine Schulden mehr machen kann. Eine der erfreulichsten Folgen unserer gemeinsamen Aktivitäten ist, dass Frau Demir zukünftig einen Geldbetrag von der Sozialhilfestelle für die von ihr geleistete hauswirtschaftliche Versorgung erhält. Herrn Hauser ist es sehr wichtig, nicht als Schmarotzer zu gelten. Der Antrag bei der Pflegekasse auf Einstufung in der Pflegeversicherung wird leider abgelehnt. Das Ordnen seiner finanziellen Verhältnisse bedeutet für ihn eine Verbesserung seiner Lebensqualität, worüber ich sehr froh bin.

Mit der äußeren Ordnung verändert sich sein inneres Wesen. Er unterlässt die groben Scherze, die mich in Verlegenheit bringen könnten. Als ich einmal in einer ruhigen Stunde Herrn Hauser doch noch einmal auf einen möglichen Wohnungswechsel anspreche, mache ich ein Fass auf, das besser zugeblieben wäre. Er reagiert total entsetzt: „Ich gehe in keine andere Wohnung, da müssen Sie mich schon raus tragen", ereifert er sich. Schnell mache ich einen Rückzieher: „Das war ja nur so eine Idee von mir, damit sie es schöner als hier haben. Vergessen Sie es." Genau genommen kann ich mir Herrn Hauser ohnedies nicht als Bewohner in einer Einrichtung Betreuten Seniorenwohnens vorstellen.

Der Aufbau sozialer Beziehungen

im Stadtteil ist für Herrn Hauser nicht einfach. Ich bin froh, dass er in Familie Demir feste und sichere Bezugspersonen hat. Ein Freund aus früheren Tagen bringt ihm als Geschenk regelmäßig zwei Kästen Bier im Monat. Von anderen Kontaktpersonen hat er mir noch nicht erzählt. Lange denke ich darüber nach, wie Herr Hauser im Stadtteil stärker einzubinden wäre. Die BesucherInnen der Altenbegegnungsstätte stammen eher aus der Mittelschicht, er würde sich dort nicht wohl fühlen. Eine andere niederschwellige Möglichkeit der Anbindung finde ich nicht, weder in den Vereinen noch bei den Kirchengemeinden. Zu meiner eigenen Beruhigung denke ich erst einmal, Herr Hauser ist, war und bleibt ein Einzelkämpfer, und die wollen nicht unbedingt vergemeinschaftet werden. Aber ich bin weiterhin auf der Suche.

Wie allein er sich fühlt, merke ich kurz nach Weihnachten, als ich bei ihm vorbeischaue. Ich merke sofort, dass ihn etwas bedrückt. Schon platzt es aus ihm heraus: „Niemand war zu Weihnachten bei mir! Auch Sie nicht, das war wirklich nicht schön. Ich habe auf Sie gewartet!" Auf diesen Vorwurf reagiere ich ganz menschlich und nicht professionell: „Sie glauben doch nicht im Ernst, ich feiere hier bei Ihnen Weihnachten und lasse meine Familie allein? Außerdem hatte ich zwei Wochen Urlaub und den unterbreche ich nicht wegen Ihnen." Professionell oder nicht professionell, ich konnte mich einfach nicht zurückhalten. Im Stillen denke ich mir, ob ich beim Ausbalancieren von Nähe und Distanz etwas falsch gemacht habe. Jedenfalls ist mir nicht wohl in meiner Haut.

Herr Hauser fordert mich heraus. Vielleicht hat ihn mein bisher eher freundliches Verhalten auf eine falsche Fährte gelenkt. Allerdings weiß ich auch, dass er es faustdick hinter den Ohren hat und mich möglicherweise nur provozieren wollte. Sein Verhalten empfinde ich teils als offene teils als versteckte Schlitzohrigkeit und diese Fähigkeit beherrscht er vollkommen. Nach einer Weile des Schweigens fängt Herr Hauser wieder mit den mir bereits wohlbekannten Betteleien an: „Ich habe kein Geld mehr. Meine Kleidung ist schäbig. Ich kann mir nichts kaufen." Auf dieses Gesprächsthema lasse ich mich nicht mehr ein.

Nachdem ich für ihn schon mehrmals Spendengelder für Kleidung und Bettwäsche beantragt habe, meint er wohl, das ginge weiter so. In Zukunft werde ich ihn nur mit Naturalien unterstützen, nachdem ich bei ihm noch nie ein neues Kleidungsstück gesehen habe. Mit seiner klagenden Weise versucht er offensichtlich, mich umzustimmen. Herr Hauser ist nicht arm. Er hat eine gute Rente. Sein Geld investiert er vorrangig in Bier und Zigaretten. Stolz präsentiert er mir eine Schachtel, die an die zweihundert Kippen enthält und meint: „Die Kippen hier habe ich alle zu Weihnachten geraucht." Dann schaut er mich erwartungsvoll an. Ich gehe darauf nicht weiter ein, es bestärkt mich aber darin, seine Alkohol- und Nikotinsucht nicht mittels Spendengeldern zu unterstützen. Mir ist klar geworden, warum ihm seine Rente zum Leben nicht ausreicht.

In letzter Zeit ist Herr Hauser munterer und mutiger geworden. Er möchte raus auf die Straße und wieder mobil sein. Seine Antriebskräfte sind gewachsen. Er will nicht mehr ständig nur im Zimmer sein und überlegt, wie er aus dem dritten Stock auf die Straße hinunter kommt. Herr Hauser bespricht sich mit den Hausbewohnern. Die Nachbarn tragen ihm den Rollstuhl über die Treppen auf die Straße hinunter. Ich bin überrascht, als ich sehe, wie er sich rückwärts an die Treppe setzt und Treppe um Treppe am Hosenboden hinunter rutscht. „Schauen Sie, das geht ganz einfach. In den Armen habe ich Kraft genug. Ich kann mich auch gut nach oben stemmen. Wenn niemand im Haus zum Helfen da ist, nehme ich eine feste Schnur und seile den Rollstuhl allein über die Treppe ab."

Seit er mit dem Rollstuhl mobil sein kann, ist das Schnuppern von Freiheit für Herrn Hauser ein großes Erlebnis. „Sogar beim Einsteigen in die Straßenbahn helfen mir die Leute", erzählt er voll Stolz. Einmal war er mit einem Kumpel am Flohmarkt in der Innenstadt ohne Schuhe nur mit Socken, weil seine Füße in keine Schuhe passen. Herr Hauser berichtet mir gerne ausführlich über seine Erlebnisse. Immer, wenn ich gehen will, hört er nicht auf zu erzählen. Es wäre schön, wenn er jemanden hätte, dem er stundenlang seine Erlebnisse erzählen kann. Ein ehrenamtlicher Besuchskreis wäre hier genau das Richtige, da ich mir selbst die Zeit leider nicht nehmen kann. Bisher ist mir der Aufbau eines ehrenamtlichen Besuchskreises in diesem Stadtteil leider noch nicht gelungen.

Die Begleitung und Unterstützung Herrn Hausers bleibt spannend. Eines Tages erhalte ich einen Anruf vom Gesundheitsamt, ob mir ein Herr Hauser bekannt sei. Er habe in der Nähe eines Einkaufmarkts der Polizei gegenüber falsche Aussagen zu seiner Person gemacht. Auf die Frage, woher er komme und wie er heiße, meinte er: „Ich komme vom Planeten Mars und ich heiße Mars." Diese Art von Komik brachte einige Behörden in Bewegung.

Von der Polizei zum Amt für öffentliche Ordnung, von dort zum Gesundheitsamt und letztendlich zu mir. Ich konnte seinen Scherz aufklären und ihm eine Anzeige wegen Erregung öffentlichen Ärgernisses und eine Einlieferung in die Psychiatrie ersparen.

Er war sicher betrunken, als er Lebensmittel aus dem Einkaufsmarkt entwendete, die ihm von der Polizei später wieder abgenommen und in die Regale zurückgelegt wurden. Er scheint mir ein Meister im Entwickeln von Sorglosigkeit zu sein, wenn er etwas getrunken hat. Für ihn gilt vermutlich, wer nichts gewinnen kann, kann auch nichts verlieren. Die Freiheit macht ihn übermütig und er scherzt mit den Leuten, ob es nun passend ist oder nicht. Mir gegenüber behauptet er: „An der Sache ist nichts dran. Sie haben mir die Lebensmittel abgenommen, die ich eingekauft habe." Es wundert mich etwas, weil er sich darüber nicht aufregt. Das verleitet mich zu der Annahme, er habe die Sachen doch gestohlen. Für ihn unangenehme Folgen entstanden nicht. Leider verstärkt sich mit der Freiheit auch sein Alkohol- und Zigarettenkonsum.

In der Folgezeit gibt es immer wieder Dinge zu regeln. Ich unterstütze Herrn Hauser zum Beispiel beim Ausfüllen diverser Anträge, die jährlich neu gestellt werden müssen, wie zum Beispiel die Befreiung von der Zuzahlung für Medikamente für chronisch Kranke. Mittlerweile stelle ich für ihn eine Art Sicherheitsfaktor dar. Gibt es Schwierigkeiten, bin ich für ihn und andere Stellen Ansprechpartnerin. Mit der bisher geleisteten, längerfristigen und teilweise intensiven Begleitung über etwa drei Jahre kann er nur noch schwer durch das Sicherheitsnetz fallen. Er weiß, wohin er sich wenden muss, wenn er in Schwierigkeiten gerät.

9.4 Veränderungen, Stabilisierungen, Ergebnisse

Veränderungen

bahnen sich langsam an. Die Antriebskräfte Herrn Hausers sind gewachsen. Außerdem hat er es sich in seinem Elend zusehends gemütlicher gemacht. Er scheint mir irgendwie selbstbewusster, ausgeglichener und zufriedener geworden zu sein und strahlt Lebensfreude und eine ruhige Gelassenheit aus. Von irgendwoher beschaffte er sich weiße Farbe und hat die Fenster gestrichen. Sein neuestes Projekt heißt „Blumenkästen bauen". Die alten Kästen sind morsch geworden.

Aus einer Holzwerkstatt besorgt er sich passende Holzabfälle, die nichts kosten. Mit seinem handwerklichen Geschick sind die Kästen schnell fertig. Er zeigt mir die von ihm selbst eingepflanzten Geranien, die üppig wuchern. „Die Geranien sind total schön. Wieso wuchern sie bei Ihnen so kräftig? Meine Fensterkästen sind längst nicht so schön", beneide ich ihn. „Das ist ganz einfach: Düngen und viel gießen. Sie sind nicht die Erste, die meine Fensterkästen bewundert", sagt er stolz.

Der Sinn für Schönheit scheint bei ihm recht ausgeprägt zu sein. Zur Verschönerung seines Raums fertigte er aus Kupferdraht mit viel Geschick und Geduld ein Mobile an, das jetzt an der Decke hängt und den Raum schmückt. Herr Hauser hat sehr geschickte Finger und zeigt mir genau, wie er es gemacht hat. Ich bin voll der Bewunderung. Er freut sich über meine Anteilnahme und mein Interesse an seinen künstlerischen Betätigungen. Zurzeit arbeitet er an einem winzigen Holzboot, das in eine kleine Flasche soll. Unvorsichtiger Weise hat mir Frau Demir bereits verraten, dass es ein Geschenk für mich werden soll.

Tatsächlich, bei meinem nächsten Besuch stehen auf einem mit Kunstblumen geschmückten Regal eine große und zwei kleine Flaschen, in denen sich jeweils ein Segelboot befindet. Sogar kleine Männchen sind zu erkennen. Ich darf mir eine Flasche aussuchen. Ich wähle die kleinste Flasche, da sie mir wegen ihrer Kleinheit als die wertvollste erscheint. Herr Hauser beobachtet mich genau, ob ich mich freue.

Dann erklärt er mir, wie ich den Wert des Geschenkes zur Geltung bringen kann: „Die Flasche muss mit schönen Dingen umrahmt werden, so wie ich es gemacht habe. Schauen Sie, ein kleiner Spiegel lässt die Flasche als doppelt erscheinen und die Kunstblumen schmücken das Ganze." Für ihn ist das Bauen kleiner Schiffe in Glasflaschen zu einer vergnüglichen Tätigkeit geworden. Immer wieder findet er neue phantasievolle Zusammenstellungen, die er stolz auf Regalen präsentiert. Seine Leidenschaft schöne Dinge herzustellen, lässt mich immer wieder neu über seine Kunstfertigkeit staunen. Gerade in seinen Verhältnissen scheint mir Anerkennung ein gutes Mittel zu sein, Eigenkräfte zu mobilisieren, um ihn in seinem doch ziemlich mühsamen Leben etwas aufzuheitern.

Freude bereitet ihm auch die Pflege von zwei Kanarienvögeln, die er mit Hingabe versorgt und sich mit ihnen unterhält. Nachbarn haben ihn gebeten, die Vögel während ihres Urlaubs in Pflege zu nehmen. Da ich weiß, wie sehr er Vögel mag, habe ich ihm einen schönen großformatigen Vogelkalender mitgebracht. Beim nächsten Besuch erzählt er mir stolz: „Ich habe für ein Enkelkind von Frau Demir aus dem Vogelkalender eine gebundene Mappe gemacht. Das Mädchen hat sich sehr gefreut und die Mappe gleich in die Schule mitgenommen, um sie der Lehrerin zu zeigen." Dabei strahlt er über das ganze Gesicht. Solche Ereignisse wirken aufbauend, worüber ich mich freue. Fast möchte ich meinen, Herr Hauser wartet neuerdings auf meine monatlichen Besuche. Als ich einmal erst nach einer längeren Pause wieder komme, meint er: „Ich dachte schon, sie kommen gar nicht mehr."

Seine nach wie vor eher isolierte Lebensweise halte ich für schlecht. Abgesehen von seinen ebenso wie er vom Alkohol abhängigen ‚Freunden' hat er keine Kontakte. Bisher ist es mir nicht gelungen, ihn im Stadtteil zu integrieren. Als ich darüber nachdenke, wie ich Herrn Hauser in das soziale Leben einbinden könnte, fallen mir die Vögel ein, die er von Nachbarn während der Ferienzeit in Pflege genommen hat. Diese Schwierigkeit wird bei Urlaubern, die Vögel haben, öfter auftauchen: Wohin mit den Vögeln im Urlaub?

Bei meinem nächsten Besuch werde ich ihn fragen, ob er auch Vögel anderer Leute in der Urlaubszeit in seine Obhut nehmen möchte. Durch diese Tätigkeit wäre er nicht mehr isoliert. Er lernte andere Leute kennen und wäre als „Vogelopa" im Stadtteil bekannt und man würde ihn anerkennen. Ich könnte die Werbung in der Begegnungsstätte für dieses Vorhaben übernehmen. Bei meinem nächsten Besuch werde ich Herrn Hauser von meiner Idee erzählen.

Das Wichtigste aber ist, Herr Hauser wird mutiger und sicherer. Erschien er zuvor eher gehemmt, unfrei und gedrückt, ist er zunehmend freier und lockerer geworden, was ich auch an seinem Pfeifen festmache, das ich höre, wenn ich die Treppen hoch komme. Wegen der bisher durchaus positiven Entwicklung seiner Verhältnisse werde ich die Abstände zwischen den einzelnen Besuchen verlängern und ihn nur noch alle drei Monate besuchen. Sollte zwischenzeitlich eine Unterstützung notwendig werden, kann er sich über Familie Demir bei mir melden.

Neulich erlebte ich eine große Überraschung. Auf der Straße, nur wenige Meter von meinem Büro entfernt, mitten am Marktplatz thront Herr Hauser in seinem Rollstuhl sitzend, lässt sich die Sonne ins Gesicht scheinen und unterhält sich mit Leuten. Er trägt saubere Kleidung, ist frisiert und von der Sonne gebräunt. Im ersten Moment denke ich, er bettelt die Leute an. „Ich sehe Sie zum ersten Mal auf der Straße", freue ich mich. Als ich auf ihn zugehe, lacht er über meine ungläubige Miene. Er schaut mich mit leicht auf die Seite gelegtem Kopf treuherzig an und meint, ich solle etwas näher kommen. Dann sagt er leise: „Wenn ich etwas jünger wäre, würde ich Sie sofort heiraten". Über diese Äußerung bin ich überrascht. Bisher war unser Verhältnis von Nähe und Distanz ausgewogen. Zum ersten Mal provoziert er mich in dieser Weise. Mir fällt spontan nichts anderes ein, als ihm zu antworten: „Da kommen Sie etwas zu spät, mein Mann war schneller!"

Bei unserer nächsten Begegnung treffe ich Herrn Hauser auf der Straße vor meiner Dienststelle im Rollstuhl sitzend. Im Haus befindet sich ein Aufzug, den er mit dem Rollstuhl benutzen kann. Da sich die Beratungsstelle im zweiten Stock befindet, ist gerade für körperlich behinderte Menschen wie Herrn Hauser die Schwellenfreiheit wichtig. Ich lade ihn ein, sich die Räume anzusehen. Mein Kollege hilft dabei, da der Rollstuhl etwas zu breit ist. Als erstes zeige ich Herrn Hauser, wo ich die nur zehn Zentimeter kleine Flasche mit dem innen befindlichen Segelboot aufgestellt habe, die er mir als Gegenleistung für meine Hilfe und Unterstützung geschenkt hat. Er hält den Platz für geeignet und auch das Ambiente darum herum.

Herr Hauser hat sich zu einem Lebenskämpfer entwickelt, der trotz widriger Lebensumstände seinen Humor behalten hat. Jetzt scheint mir die Zeit gekommen zu sein, um mich langsam zurückzuziehen und die Häufigkeit meiner Besuche nochmals zu reduzieren. Ich werde ihn auch weiterhin im Auge behalten und für ihn Ansprechpartnerin sein, wenn er einmal nicht mehr weiter weiß. Jedenfalls kann er mich zukünftig in meinem Stadtteilbüro ohne Schwierigkeiten mit dem Rollstuhl erreichen. Herr Hauser hat durch die Förderung von Sozialkontakten und durch die Einbindung in das soziale Geschehen im Stadtteil zumindest vorläufig zu einem entlastenden, etwas gelingenderen Alltag gefunden.

Die Destruktion seines borniert-routinisierten Alltags war bisher erfolgreich. Befriedigende Außenkontakte sind Herrn Hauser möglich geworden und alte Freundschaften konnten neu geknüpft werden. Mit der neu entstandenen Lebensfreude sind auch seine Kompetenzen gewachsen. Es bleibt abzuwarten, ob er den notwendigen Ablösungsprozess schaffen wird. Leider hat er ihn nicht geschafft.

Als ich Herrn Hauser nach einigen Wochen wieder besuche, bin ich fassungslos, wie verschmutzt sein Zimmer seit meinem letzten Besuch erneut geworden ist. Es sieht bei ihm so schlimm aus wie zu Beginn meiner Tätigkeit. Schwaden von Zigarettenrauch vernebeln das Zimmer, außerdem ist er betrunken. Als ich ihn frage, wie viel Zigaretten er täglich raucht, meint er etwas lallend: „So an die 30 Stück werden es schon sein." Drei Kisten Bier stehen direkt neben dem Bett. Er braucht nur zuzulangen. Ich erschrecke etwas, da ich ihn noch nie betrunken gesehen habe. Eine Verbesserung seiner Alkohol- und Nikotinabhängigkeit ist in meinen Augen sicher nicht mehr zu erreichen.

Da sein Zimmer wieder ziemlich verschmutzt ist, biete ich ihm nochmals an, den Dienst ,Helfen und Räumen' anzufragen, ob die MitarbeiterInnen bereit wären, mit ihm zusammen das Zimmer von Müll zu befreien. Bei meiner letzten Anfrage, hat er dieses Angebot abgelehnt. „Sie brauchen keine Sorge zu haben. Die MitarbeiterInnen sind standfeste, geschulte Leute. Vielleicht erneuern sie sogar den verschlissenen, schmutzigen Bodenbelag. Auch die Wände streichen sie vielleicht. Sie können sich also nur verbessern." Soviel ich auch rede, er weist mein Angebot zum zweiten Mal glattweg ab. „Ich fühle mich hier wohl. Wenn jemand aufräumt, dann bin ich das." Herr Hauser beklagt sich völlig zu Recht. Ich übe Druck auf ihn aus, und das gefällt ihm nicht.

Um ehrlich zu sein, trotz aller Professionalität habe ich Gefühle der Ohnmacht und bin von dieser Entwicklung ziemlich enttäuscht. Ich habe eingesehen, dass sich Herr Hauser nicht anders verhalten kann. Vielleicht will er mich auch provozieren, aber auf diese Spielchen lasse ich mich nicht ein. Natürlich werde ich ihn auch weiterhin in entsprechenden Abständen besuchen und bei diversen Anträgen unterstützen. Ich werde mir auch Gedanken über passende Möglichkeiten der Intervention machen. Aber eine grundlegende Veränderung seiner Lebenslage werde ich nicht mehr erreichen können. Vermutlich wird es für mich bei den künftigen Besuchen vermehrt um ein Dasein und Aushalten gehen. Ich bin sicher, eine behütende Begleitung wird bis zu seinem Tod nötig sein, wenn man ihn nicht seinem Schicksal überlassen will.

Das Fehlen von niedrigschwelligen, speziell zugehenden Hilfeangeboten für die Behandlung und Betreuung älterer, suchtkranker Menschen mit kognitiven Einschränkungen zeigt sich in seiner Situation überdeutlich. Herr Hauser ist keinesfalls bereit, eine Beratungs- und Behandlungsstelle für Suchtkranke freiwillig aufzusuchen oder sich einer Selbsthilfegruppe anzuschließen. Zwang halte ich für verkehrt, das habe ich bereits gemerkt, also spreche ich das Thema auch nicht mehr an. Eine auf alte Menschen zugehende, auf Sucht spezialisierte Beratungsstelle, die Motivationsarbeit betreibt und so wie ich Hausbesuche anbietet, gibt es leider nicht. Mir selbst fehlen die notwendigen Kenntnisse, um ihm als Süchtigen helfen zu können. Irgendwie hat er sich selbst aufgegeben und daran konnte auch ich nichts ändern.

Jede weitere Motivation ist zwecklos. Vielleicht ist er vom unmäßigen Alkohol- und Nikotingenuss schon so schwer geschädigt, dass er seine Vorteile nicht mehr erkennen kann. Vor zwei Jahren hat er sich noch völlig anders verhalten. Jetzt bettelt er nur noch um Geld, um seine Sucht befriedigen zu können. Nachdem er in der Vergangenheit immer wieder einmal Spendengelder für einen Kühlschrank, für Kleidung und Bettwäsche bekommen hat, ist dieser Topf für ihn jetzt zu. Ich bin sicher, das Geld wäre bei ihm in seinem momentanen Zustand nicht gut angelegt. Er würde es nur für das Trinken und Rauchen ausgeben.

Über meinen nächsten Besuch an einem kalten, nassen Tag im Februar freut sich Herr Hauser sehr. Er ist gut gelaunt, ohne Alkohol getrunken zu haben und schaut mich fröhlich und vergnügt an. Vielleicht hatte er schon Sorge, dass ich wegbleibe, weil er sich bei meinem letzten Besuch etwas daneben benommen hatte. Das Zimmer ist schmutzig wie immer und auch er selbst hätte eine Dusche nötig. Seine Kleidung, mit der er auch schläft, ist fleckig, die weißen Socken sind kohlschwarz. Mich wundert es etwas, da ihm die Nachbarin angeblich die Wäsche reinigt und auch dafür bezahlt wird. Merkwürdiger Weise stört mich der Schmutz heute nicht. Ich habe mich offenbar auf die nicht veränderbaren Verhältnisse eingestellt und mich an sie gewöhnt.

Als ich komme, ist Herr Hauser gerade dabei, die kleinen Segelboote zusammenzusetzen, die in die kleinen Fläschchen sollen. Er lächelt und ist vergnügt. Irgendwie befindet er sich in einer Aufbruchstimmung, die ich auch zugleich nutze. Früher hatte er schöne Blumenkästen vor seinem Fenster, die jetzt fehlen. „Wo haben Sie denn die Blumenkästen? Werden Sie nichts mehr einpflanzen?", frage ich ihn. „Die sind morsch geworden, da musste ich sie wegschmeißen. Für neue Kästen fehlt mir das Geld", meint er traurig. „Außerdem will ich die Fenster putzen und neu streichen. Die Farbe muss ich noch besorgen." „Wie viel Geld würden Sie denn brauchen?"

Nach einigem Nachdenken sagt er: „Mit fünfzig Euro würde ich inklusive der Pflanzen gut hinkommen." Diesen Betrag könnte ich gut aus einem Spendentopf organisieren, also ermuntere ich ihn: „Ich werde sehen, dass ich das Geld beschaffen kann." Dann fragt er mich noch nach Lindenholz. Er braucht es zum Schnitzen der kleinen Boote. Auch darum werde ich mich kümmern. Ich denke, ich muss diese Aufbruchstimmung nutzen, damit er wieder Erfolgserlebnisse bekommt. „Wissen Sie", sagt er, „den Blumenkasten haben die Leute auf der Straße immer bewundert. Es war der schönste weit und breit".

10. Die fremde Welt der Frau Müller

10.1 Die Lebenswelt Frau Müllers

Das Wohngebiet

strahlt eine gutbürgerliche, leicht spießige Atmosphäre aus. In den ein- bis zweistöckigen Häusern wohnen die meist begüterten EigentümerInnen, der Rest der Wohnungen ist vermietet. Die Vorgärten sind vorbildlich gepflegt und die BewohnerInnen erwarten das auch. Viele BewohnerInnen kennen einander, sind hilfsbereit, grüßen sich auf der Straße und kommen miteinander ins Gespräch. Wer diese Art Nähe nicht mag, ist dort nicht gut aufgehoben. Sie werden Opfer der geschwätzigen Nachbarn. Die Erwachsenen im Quartier verhalten sich freundlich zu den Kindern. Es herrscht eine angenehme, gut nachbarschaftliche Atmosphäre. Sobald jemand in der Nachbarschaft krank oder pflegebedürftig wird, achten die Nachbarn auf ihn. Wenn zum Beispiel bis zu einer bestimmten Uhrzeit der Rollladen nicht hochgezogen ist, wird nachgeschaut, ob alles in Ordnung ist. Eine soziale Kontrolle im positiven Sinn ist gegeben.

Das Zentrum für ältere Menschen ist die katholische Kirchengemeinde, sie leistet eine gute Seniorenarbeit. Viele der älteren BewohnerInnen singen im Kirchenchor mit, basteln für den Weihnachtsmarkt, unternehmen zusammen Ausflüge und pflegen ihre guten Beziehungen. Wer in diesem Stadtteil nicht geboren, aufgewachsen, zur Schule gegangen ist und geheiratet hat, bleibt außen vor. Hier werde ich die nächsten drei Jahre eine an Demenz erkrankte Frau unterstützen und begleiten.

Die fremde Welt

von Frau Müller zu verstehen, ist nicht einfach. Wer an Demenz erkrankte Menschen stützen und begleiten will, dem muss klar sein, dass sie um ihre Erkrankung wissen und unter hohem Leidensdruck stehen. Depressionen sind deshalb oft ein erster Hinweis auf die Alzheimer Erkrankung.

Demenzielle Erkrankungen sind nach Forschungsarbeiten des Robert Koch Instituts aus dem Jahre 2005 gekennzeichnet durch fortschreitenden Gedächtnisverlust und Abbau kognitiver Fähigkeiten. Die Alzheimer Demenz ist die häufigste hirnorganische Erkrankung. „Etwa zwei Drittel aller Demenzerkrankungen entfallen auf die Alzheimerkrankheit, 15–20 Prozent auf vaskuläre Demenzen, der Rest auf Mischformen und andere seltene Demenzerkrankungen" (Weyerer, S. 2005, S. 35). Die Häufigkeit demenzieller Erkrankungen steigt mit zunehmendem Alter stark an. Bezogen auf die 65-Jährigen und Älteren sind in Deutschland etwa eine Million Menschen von einer mittelschweren oder schweren Demenz betroffen und nicht mehr zur selbstständigen Lebensführung in der Lage. Rund 700.000 Menschen davon leiden an Alzheimer. Jährlich gibt es etwa 200.000 Neuerkrankungen. Etwa 60 Prozent leben in Privathaushalten. An zweiter Stelle steht die Multiinfarktdemenz. Sie ist eine Gefäßerkrankung und internistisch aufzuhalten. Stoffwechselstörungen, ein Gehirntumor und Tabletten können demenzielle Syndrome hervorrufen. Nur 10 Prozent aller Demenzen sind reversibel. Die Abklärung der Ursachen einer Demenzerkrankung mittels einer Differentialdiagnostik ist für eine gezielte Medikation unumgänglich.

Die Alzheimer Demenz kann verlangsamt werden, wenn der Stressfaktor gemindert wird. Eine Neigung zur Erkrankung besteht bei Personen mit Konflikt vermeidendem, untergeordnetem Verhalten, weil dies vermutlich zu Stress führt, wie in der Klinik für Psychiatrie und Psychotherapie in Stuttgart festgestellt wurde. Etwa 60 Prozent der Demenzkranken leben in Privathaushalten. Vor allem die zusätzlich zu den kognitiven Störungen auftretenden Verhaltensprobleme erhöhen die Belastungen der pflegenden Angehörigen sehr, was meist zu einer Unterbringung in einem Pflegeheim führt. Etwa ein Drittel der BewohnerInnen eines Pflegeheims leidet an einer Demenz. Diese Erkrankung „gehört zu den teuersten Krankheitsgruppen im Alter. In Deutschland wurden für die Alzheimer Demenz pro Patient und Jahr durchschnittlich Kosten von 43.767 Euro ermittelt, wobei 67,9 Prozent auf die Familie entfallen, 29,6 Prozent auf die gesetzliche Pflegeversicherung und 2,5 Prozent auf die gesetzliche Krankenversicherung" (ebd.).

Denkleistungsstörungen äußern sich nicht nur im Bereich des Denkens sondern auch in den Bereichen des Handelns und Fühlens. Es kommt zu Störungen im Kurzzeitgedächtnis (Stichwort: Vergesslichkeit), in der Fähigkeit komplex denken zu können (Stichwort: Kochen) und in der Orientierung in Bezug auf Räume (Stichwort: Findet nicht nach Hause). Störungen im emotionalen Bereich äußern sich in depressiven Verstimmungen, Aggressivität, Reizbarkeit, Wahnvorstellungen und Ängsten. Änderungen des Verhaltens beziehungsweise Störungen im Bereich des Handelns äußern sich in Antriebsschwäche, wie Apathie, motorischer Unruhe oder Enthemmung. Im fortschreitenden Krankheitsverlauf kommt es zum Verlust sozialer Kompetenz, das heißt, zum Verlust von Wissen, Fähigkeiten und Fertigkeiten mit anderen Menschen angemessen umzugehen. Es liegt bei uns Nichtverwirrten, ihm entgegen zu kommen, damit das Zusammenleben gelingt.

Die Fähigkeit zur Bewältigung des Alltags geht zunehmend verloren. Hier liegt ein echtes Dilemma vor. Demenzkranke brauchen einerseits Unterstützung und Betreuung im Alltag, wollen aber andererseits ihre Gewohnheiten und Routinen zu Hause beibehalten, kommen jedoch allein nicht zurecht. Deshalb ist eine gute ambulante Versorgung zur Ergänzung sehr wichtig. Von einer Verlegung in ein Pflegeheim ist abzuraten, da der dabei entstehende Stress den Krankheitsverlauf verschlimmert und zusätzlich beschleunigt. Die ambulante Versorgung in der vertrauten Wohnung ist für die Betroffenen viel besser. Vieles spricht dafür, nach anderen Wohnmöglichkeiten als Pflegeheimen zu suchen, die in ihrer Anonymität gerade für Demenzkranke meist undurchschaubar sind. Viel besser zum Leben und Wohnen geeignet sind kleine Wohngemeinschaften mit dementen und nicht dementen Menschen. Hier liegen bereits positive Erfahrungen vor.

Im Dezember 2004 wurde das Angebot zur Diagnostik und Behandlung für demenziell erkrankte Menschen und ihre Angehörigen in Stuttgart erweitert. In der Klinik für Geriatrische Rehabilitation am Robert-Bosch-Krankenhaus hat eine Memory Ambulanz eröffnet. Das wurde ermöglicht durch ein Projekt zur integrierten Versorgung. Die Kooperationspartner sind die AOK Baden-Württemberg, das Furtbach-Krankenhaus und eine Reihe von Hausärzten. Zielgruppe der Memory Ambulanz sind ältere Menschen mit kognitiven Beeinträchtigungen. Ein Baustein des Angebotes ist die Früh- und Differentialdiagnostik von Demenzen. Für den Erstkontakt wird ein Besuch in häuslicher Umgebung angeboten. Dieses Angebot ist gerade bei vermutlich an Demenz erkrankten alten Menschen überaus vorteilhaft, weil dadurch Stress vermieden wird. An einem weiteren Termin beschäftigt sich ein Team aus Ärzten verschiedener Fachrichtungen (Neurologie, Psychiatrie, Innere Medizin und Geriatrie), Psychologen und Sozialarbeitern umfassend mit dem Betroffenen und seinen Angehörigen.

Auf die diagnostische Abklärung folgt eine eingehende Beratung der Familie. Gegebenenfalls wird eine medikamentöse Behandlung und wohnortnahe Weiterbetreuung empfohlen. Bei Bedarf steht dem Patienten und seinen Angehörigen in der Geriatrischen Rehabilitation ein zeitlich befristetes, tagesklinisches Angebot zur Verfügung. An zehn Tagen über zehn Wochen werden den Betroffenen Gruppen- oder Einzeltherapien angeboten. Diese umfassen kognitive Aktivierung und Biografiearbeit sowie Ergo- und Bewegungstherapie. Die Angehörigen können an denselben Tagen in ein Gruppenprogramm von etwa neunzig Minuten eingebunden werden. So können die Angehörigen auf den Krankheitsverlauf, den Umgang damit und die Nutzung von Entlastungsangeboten vorbereitet werden.

Die „Integrierte Versorgung" ist eines der am häufigsten gebrauchten Schlagworte in der aktuellen Debatte im Gesundheitswesen. Dabei geht es um die Überwindung von Sektorengrenzen und die Kooperation zwischen dem ambulanten und stationären Bereich. Charakteristisch für ein Projekt der Integrierten Versorgung ist die enge Zusammenarbeit mit dem Hausarzt. Jedem Patienten kann dadurch eine abgestimmte, individuelle und durchgängige Betreuung geboten werden – sowohl beim Hausarzt, als auch in der spezialisierten Facheinrichtung in der Klinik. Für Frau Müller kam dieses hervorragende Angebot leider um drei Jahre zu spät.

Neueste Forschungsergebnisse (veröffentlicht im Januar 2006) am Institut für Neuropathologie des Universitätsklinikums Münster beweisen, dass regelmäßige sportliche Aktivitäten Herz und Hirn auf Trapp halten. Um in Alter fit zu bleiben, ist neben physischer auch mentale Aktivität, also eine Art Gehirnjogging, gefordert. Nach Ausführungen von Kathy Keyvani konnte nachgewiesen werden, dass bei körperlicher und geistiger Aktivität die „Zahl und Ausdehnung der bei Alzheimer-Krankheit charakteristischen Eiweißablagerungen (Plaques) im Gehirn deutlich geringer sind. Gleichzeitig zeigen Verhaltensstudien signifikant bessere Gedächtnisleistungen". Weitere Forschungsarbeiten sind nötig, um in einer ferneren Zukunft gezielt pharmakologisch intervenieren zu können.

Informationen über Frau Müller

und ihre Verhältnisse erhalte ich von Herrn Bauer, einem Bekannten des Ehepaares Müller. Ich kenne Herrn Bauer aus Beratungsgesprächen. Er war schon öfter wegen anderer Sachen bei mir gewesen. Es ist ein ungemütlicher, nasskalter Tag im Februar, als Herr Bauer in mein Büro kommt und mich um einen Besuch bei Frau Müller bittet: „Ihr Mann ist vor drei Wochen an einem plötzlichen Herztod gestorben. Seine Frau hat seinen Tod nicht realisiert und ist etwas verwirrt. Sie braucht Beistand." Weiters erzählt er mir, Frau Müller sei immer etwas unselbstständig gewesen. Der Ehemann habe sie umsorgt und alles Wichtige erledigt. „Als er starb, saßen beide im Wohnzimmer beim Fernsehen." Der herbeigerufene Hausarzt konnte nur noch den Tod feststellen. Der Tote wurde dann gleich weggebracht. Der Hausarzt hat Frau Müller wenig später ins Krankenhaus eingewiesen, weil sie einen Schock erlitten hatte. Sie ist aber schon wieder zu Hause."

Herr Bauer ist selbst sehr mitgenommen, als er mir das Geschehene erklärt: „Sie hat noch eine Schwester, zu der aber kein guter Kontakt besteht. Die ist nur an ihrem Geld interessiert. Wissen Sie, als der Mann beerdigt wurde, war Frau Müller noch im Krankenhaus. Bei der Beerdigung war sie gar nicht dabei. Eine Mitarbeiterin des Friedhofsamtes hat sich um die Beerdigungsformalitäten gekümmert." Ich kann mir gut vorstellen, wie der Ehefrau zumute gewesen sein muss. Unter diesen Umständen hätte vermutlich auch ich einen Schock erlitten. Als ich den Bekannten des Ehepaares bitte, mit mir zusammen einen Besuch bei Frau Müller zu machen, um mir als „Türöffner" zu dienen, winkt er ab: „Ich möchte mich da nicht hineinziehen lassen. Ich habe meine eigenen Probleme." Dann verlässt er das Büro.

Viel Unterstützung hat Frau Müller von diesem Bekannten wohl nicht zu erwarten. Ich finde sein Verhalten ziemlich herzlos. Am nächsten Tag rufe ich gleich bei Frau Müller an und frage sie, ob sie mit einem Besuch von mir einverstanden wäre. Ihre Stimme klingt klar und kräftig als Sie mir antwortet: „Ich muss erst die Wohnung auf Vordermann bringen. Wenn ich damit fertig bin, rufe ich Sie an." Ich gebe ihr meine Telefonnummer und die Adresse meines Büros. „Ich weiß, das ist neben dem Einkaufsmarkt. Dort kaufe ich immer ein. Ich besuche sie einmal."

Einige Tage später ruft mich der Hauseigentümer an, ein Herr Schlegel, den ich bisher noch nicht kenne. Seine Stimme ist laut. Er ist offenbar sehr aufgebracht und fängt gleich an, loszuschimpfen: „Frau Müller hat schon wieder den Wohnungsschlüssel verloren. Jetzt müssen alle Schlösser nochmals ausgetauscht werden. Wissen Sie, was das kostet? Die kann nicht hier wohnen bleiben! Sie gehört ins Pflegeheim. Außerdem hat sie die Polizei angerufen, dass ihr die Wohnungstüre aufgesperrt wird." Ich erfahre zwar nicht, was er von mir will, schließe aber aus seinen aufgeregten Äußerungen, dass Frau Müller von Herrn Schlegel ebenso wenig Unterstützung wie von Herrn Bauer zu erwarten hat. Ich warte ab, bis sich Frau Müller bei mir meldet. Eine Woche später ruft sie bei mir an, und bittet mich um einen Besuch.

Die ersten Besuche

dienen Frau Müller und mir, einen Zugang zueinander zu finden. Sie wohnt im Erdgeschoss in einem der netten Mehrfamilienhäuser mit gut gepflegtem Vorgarten. Als ich klingle, schaut Frau Müller aus dem Fenster und vergewissert sich, wer da kommt. Als ich ihr sage, wer ich bin, öffnet sie mir sofort die Haustür, deutet mit dem Zeigefinger zum ersten Stock hinauf und legt ihn dann auf den Mund. Sie bedeutet mir, still zu sein: „Der Vermieter soll nicht wissen, dass Sie da sind." Ob sie Angst vor ihm hat?

Frau Müller ist eine große und kräftige Frau mit einem gutmütigen Gesichtsausdruck und mir auf Anhieb sympathisch. Ich denke, wir werden gut miteinander auskommen. Sie schaut mich kritisch, aber nicht unfreundlich an: „Kommen sie rein", sagt sie und zieht mich in die Wohnung. Leise schließt sie die Wohnungstüre und wiederholt nochmals: „Der Herr Schlegel, unser Vermieter, soll nicht mitbekommen, dass Sie da sind. In letzter Zeit ist er nicht besonders freundlich zu mir. Und nur deshalb, weil ich die Wohnungsschlüssel verloren habe."

In der Wohnung ist es gegenüber draußen angenehm warm und gemütlich. Frau Müller bittet mich, im Wohnzimmer Platz zu nehmen. Es ist ein heller Raum mit hohen Bücherregalen, einem schönen alten Schreibtisch und einer bequemen Sitzgruppe. Als ich sitze, fragt mich Frau Müller: „Möchten Sie auch ein Glas Mineralwasser? Ich habe Durst." Gerne nehme ich ein Glas. Dann setzt sie sich. Sie mustert mich und bemerkt dann fragend: „Sie sind nicht von hier, oder?" Offenbar hat sie mein leicht österreichisch gefärbtes Hochdeutsch zu dieser Annahme gebracht. Es stellt sich heraus, dass sie Österreich mag: „Mit meinem Mann war ich schon oft in Österreich. Wir fahren meistens in die Steiermark. Dort haben wir ein festes Quartier. Einmal haben wir einen Tag in Graz verbracht."

Wir haben eine gemeinsame Vorliebe und das ist gut so. Vielleicht habe ich für zukünftige Kontakte ein harmloses Gesprächsthema gefunden. Als ich den alten Schreibtisch bewundere, meint sie: „Da sitzt immer mein Mann." Nach einer Weile wird Frau Müller still und auch ich spreche nicht mehr. Da bricht es plötzlich mit Vehemenz aus ihr heraus: „Warum hat er mir das angetan? Da, da ist er hingefallen. Da hat er gelegen. Ich habe sofort den

Arzt gerufen. Aber da war er schon tot." Statt zu weinen, schimpft sie. Sie macht ihrem toten Ehemann Vorwürfe, dass er sie verlassen hat. Ihre Gefühlssprünge sind verständlich, wenn auch etwas ungewöhnlich. Ohne etwas zu sprechen, bleiben wir noch einige Minuten beieinander sitzen. Frau Müller beruhigt sich langsam. Sie bittet mich, am nächsten Tag gegen zehn Uhr wieder zu ihr zu kommen, da noch Einiges zu erledigen wäre, wobei sie eine Unterstützung gut gebrauchen könnte.

Die Begleitung zum Hausarzt

halte ich für vordringlich. Deshalb spreche ich Frau Müller auf ihren Krankenhausaufenthalt an. „Sie haben mir Tabletten mitgegeben, aber die nehme ich nicht mehr." Als ich sie frage, ob sie schon beim Hausarzt war, verneint sie. „Ich denke, sie sollten schnellstens zum Hausarzt. Ich begleite sie gerne dorthin, wenn sie sich allein zu schwach fühlen." Als sie weder ja noch nein sagt, schlage ich vor: „Wir können auch gleich hingehen. Die Zeit kann ich mir nehmen."

Nach einer Weile des Nachdenkens ist sie einverstanden: „Ich muss sowieso mal an die frische Luft." In der Arztpraxis müssen wir nicht warten. Sie kommt gleich dran. Alle sind sehr freundlich zu ihr. Der Arzt verschreibt ihr Tabletten, deren Einnahme von einem Pflegedienst morgens und abends überwacht werden soll. In ihrem Beisein sagt mir der Arzt, Frau Müller sei sehr vergesslich und solle deshalb zu einer Differentialdiagnostik ins Krankenhaus. Damit deutet er mir an, Frau Müller könnte demenziell erkrankt sein. Während des Heimwegs ist Frau Müller zunächst ganz still. Dann beginnt sie für mich völlig unerwartet, auf der Straße von ihren nächtlichen Angstzuständen zu erzählen: „Ich sehe und höre Dinge, die nicht vorhanden sind. Das macht mir Angst. Dann mache ich auch nachts das Fenster auf und schreie um Hilfe." Sie spricht sehr leise und ist in sich zusammengesunken. Ich hake mich bei ihr unter, und stütze sie auf diese Weise. Leise spricht sie weiter: „Wenn ich bei der Polizei anrufe, kommen die Männer und helfen mir. Ich kenne einige schon gut. Sie sind sehr nett und bleiben da, bis ich mich beruhigt habe."

Diese Struktur einer bürgerfreundlichen Polizei gefällt mir ausnehmend gut und für Frau Müller resultierten bisher keine unangenehmen Folgen daraus. Man kennt sich sozusagen. Um Frau Müller wegen ihres nächtlichen Zustandes zu beruhigen, erzähle ich ihr von den möglichen Ursachen nächtlicher Halluzinationen, verschweige aber, dass auch eine demenzielle Erkrankung dahinter stecken könnte. Sie hat vorerst schon genug zu tragen. „Mir haben das auch schon andere alte Menschen erzählt. Wenn nachts der Blutdruck sinkt, kann es zu solchen Zuständen kommen. Auch Medikamente können die Ursache sein." Damit ist sie erst einmal zufrieden. Als ich mich von Frau Müller verabschiede, vereinbaren wir vorerst tägliche Hausbesuche. Meine Aufgabe ist es nun, gemeinsam mit Frau Müller herauszufinden, welche Form von Hilfe und Unterstützung sie braucht, um in Zukunft gut über die Runden zu kommen.

In der Zwischenzeit hat der Hausarzt bereits einen Pflegedienst mit der Überwachung der Medikamenteneinnahme beauftragt. Außerdem will er sich um einen Termin zur Differentialdiagnostik im Krankenhaus bemühen. Nachdem außer der ungeliebten Schwester, die selbst gebrechlich ist, keine Angehörigen mehr da sind, die sie ins Krankenhaus begleiten können, werde ich die Begleitung übernehmen.

Langsam fasst Frau Müller Vertrauen zu mir. Bald wird deutlich, dass sie mit der Alltagsgestaltung und der Regelung ihrer geschäftlichen Angelegenheiten allein nicht zurechtkommt. Sie ist fassungslos, weil ihr der Vermieter kündigen will, obwohl sie bereits seit über vierzig Jahren im Haus lebt. „Ich habe schon öfter den Haus- und Wohnungsschlüssel verloren, was jedes Mal für Unruhe im Haus sorgte", erzählt sie mir. Offenbar ist es dem Ehemann bis zu seinem Tod gelungen, seine Frau zu behüten. In Absprache mit Frau Müller nehme ich mir vor, den Vermieter bei Gelegenheit daraufhin anzusprechen. Als ich ihm einmal im Hausflur begegne, sage ich ihm, wer ich bin. Er zeigt sich sehr erleichtert, dass ich mich um Frau Müller kümmere. Falls ihm etwas auffällt, will er sich mit mir in Verbindung setzen. So habe ich aus der ganzen Angelegenheit etwas Stress herausgenommen.

10.2 Die Erfassung des Alltagsgeschehens

Meine erste Einschätzung

der Situation von Frau Müller ist, dass sie schleunigst Hilfe braucht. Die akute Krisensituation, in der sich Frau Müller befindet, ist nicht zu übersehen. Es gibt niemanden mehr, der sich für sie „rundherum" verantwortlich fühlt, also werde ich zunächst einmal einspringen. Seit Tagen hat sie sich von Zwieback ernährt und kaum etwas getrunken. Mit ihrem Einverständnis sorge ich dafür, dass ein hauswirtschaftlicher Dienst sofort die Arbeit übernimmt und Lebensmittel eingekauft werden. Ich bestelle Essen auf Rädern, damit sie ein fertiges, warmes Mittagessen erhält und habe ein Auge darauf, dass alles ordnungsgemäß abläuft. „Die Wohnung will ich aber selbst putzen", meint sie nachdrücklich. Wieweit Frau Müller dazu noch imstande ist, zeigt sich kurze Zeit später. Als ich ihr einen Müllbeutel in die Hand drücke, mit der Bitte ihn auszuleeren, geht sie zwar in Richtung der Mülleimer, wirft den Müll aber nicht in den Eimer, sondern kehrt wieder um und fragt mich: „Was soll ich damit machen?" Innerhalb von Sekunden hat sie den Auftrag vergessen.

Die Schwierigkeiten mit dem Wohnungsschlüssel lösen wir gemeinsam: „Wie wäre es denn, wenn sie sich den Schlüssel einfach um den Hals hängen?", frage ich Frau Müller, „wir brauchen dazu nur noch eine Schnur." Da kramt sie in einer Küchenschublade und zieht Schnürsenkel hervor. Wir sind beide Feuer und Flamme. Dem Vermieter werden wir es schon zeigen. Die angedrohte Kündigung der Wohnung darf er ruhig vergessen. Angst vor einer Kündigung muss sie nicht mehr haben. Wir prüfen, wie lang die Schnur sein muss, fädeln den Schlüssel ein, und dann hängt sie sich selbst die Schnur um den Hals.

Immer wieder greift sie mit den Fingern zum Schlüssel und sieht dabei ganz glücklich aus. „Sie müssen den Schlüssel Tag und Nacht um den Hals lassen", sage ich ihr nachdrücklich. „Auch beim Schlafen und Duschen." Und so geschieht es auch. Bis zu ihrem Umzug in ein Pflegeheim, hat sie den Schlüssel nie abgelegt, außer wir haben die Schnur gemeinsam erneuert. Frau Müller erscheint mir sehr überfordert. Sie ist seelisch und geistig ziemlich durcheinander und merkt das auch selbst. In der Folge wird für mich das Aufspüren von Situationen wichtig, die ihr Stress machen, um sie davor abzuschirmen. So oft ich bei ihr in der Nähe bin, gehe ich auf einen Sprung zu ihr und schaue, ob alles in Ordnung ist.

Der Kontakt zur Betreuungsbehörde

muss schnellstens hergestellt werden. Deshalb erzähle ich Frau Müller von der Betreuungsbehörde und ihren Aufgaben. Ich schildere ihr die Tätigkeiten eines gesetzlichen Betreuers, der vom Notariat für sie bestellt werden könnte: „Er würde Geschäfte übernehmen, die früher ihr Mann für sie erledigt hat. Soll ich dort einmal nach jemandem fragen, der sie beraten könnte?" Ganz pragmatisch ohne langes „Wenn und Aber" ist sie mit einer Beratung bei sich zu Hause einverstanden: „Ich bin ganz durcheinander und kann mich nicht mehr richtig konzentrieren. Machen Sie, was das Beste für mich ist." Als ich gleich anschließend von ihrem Telefon aus mit einer Mitarbeiterin der Betreuungsbehörde spreche, sitzt Frau Müller neben mir und hört zu. Ich schreibe ihr den vereinbarten Termin auf ein großes Blatt und hefte es an die Wand neben dem Telefon. Meine Telefonnummer schreibe ich mit einem dicken Filzstift auf ein anderes Blatt und hänge es dazu. So hat sie die Nummer gleich parat, wenn sie mich anrufen möchte.

Beim nächsten Besuch begleitet mich eine Mitarbeiterin der Betreuungsbehörde. Frau Müller kann sich zunächst nicht mehr an den Termin erinnern und fragt: „Wer sind Sie? Kommen Sie wegen mir?" „Ich komme von der Betreuungsbehörde und möchte Sie beraten. Vielleicht brauchen Sie Hilfe und Unterstützung in finanziellen und rechtlichen Belangen." Frau Müller hat gut verstanden, worum es geht: „Seit dem Tod meines Mannes bin ich ganz durcheinander. Mir wäre es recht, wenn sich jemand anderer als meine Schwester um diese Sachen kümmert. Mein Mann hat immer alles gemacht."

Mit dem Vorschlag, in unserem Beisein selbst einen Brief an das Notariat zu schreiben, mit dem Ersuchen, einen gesetzlichen Betreuer für sie zu bestellen, ist sie einverstanden. Der Hausarzt legt noch ein ärztliches Attest bei und die Mitarbeiterin der Betreuungsbehörde übernimmt die Weiterleitung des Briefes an den zuständigen Notar. Ich bin erleichtert. Bisher ist alles gut gelaufen. Frau Müller wird einen gesetzlichen Betreuer erhalten, der sie in allen Belangen wie Vermögen, Gesundheit und der Aufenthaltsbestimmung rechtlich vertreten und die nötigen Hilfen organisieren wird. Bis zur Bestellung eines gesetzlichen Betreuers kann es allerdings noch einige Zeit dauern. Bis dahin werde ich Frau Müller weiterhin begleiten, emotional zu stützen versuchen und notwendige Hilfen organisieren.

Die Aufnahme ins Krankenhaus

zur Abklärung der Diagnose rückt näher. Der Hausarzt teilt mir den Termin für die Aufnahme in die Klinik mit. Gemeinsam packen wir einen kleinen Koffer mit Wäsche, Nachthemden und was sie sonst noch braucht. Ich bestelle ein Taxi, das uns beide bis zum Eingang der Klinik fährt. Ein Aufzug bringt uns in den dritten Stock, wo Frau Müller von einer freundlichen Ärztin in Empfang genommen wird. Ich darf mit hereinkommen. Die Ärztin bittet mich, ihr kurz den Zustand zu beschreiben, in dem sich Frau Müller befindet. Aufgefallen ist mir der schlurfende Gang, der sich in den letzten Tagen noch verschärft hat. Außerdem erzähle ich ihr von den nächtlichen Halluzinationen und von dem Schock, den sie beim Verlust des Ehemannes erlitten hat. Zuletzt bittet sie mich um die Telefonnummer meiner Dienststelle, um mit mir Kontakt aufnehmen zu können. Dann verabschiede ich mich von Frau Müller und verspreche ihr, sie in den nächsten Tagen zu besuchen.

Am nächsten Morgen ruft mich die Schwester von Frau Müller an: „Ich war im Krankenhaus. Dort geben sie mir keine Auskunft. Wird der Haushalt nun aufgelöst?" Als ich ihr mitteile: „Frau Müller ist nur kurz im Krankenhaus und kommt bald wieder nach Hause", ist sie etwas überrascht. Dann beginnt sie, über die angeblich unzweckmäßige Kleidung zu schimpfen, die wir eingepackt haben. Als ich sie bitte, etwas zweckmäßigere Kleidung zu besorgen, macht sie einen Rückzieher. Ich weiß nicht recht, was ich von dem Benehmen der Schwester halten soll. Bisher habe ich jedenfalls keinen guten Eindruck von ihr bekommen und eine große Hilfe hat Frau Müller nicht in ihr.

Als ich Frau Müller zwei Tage später im Krankenhaus besuche, ist sie sehr zugänglich. Sie zeigt mir gleich ihr Zimmer und stellt mich ihrer Zimmergenossin vor. Dann spricht sie von den armen Kranken, die hier herumlaufen: „Eine Patientin zieht ständig ihren Mantel an und aus. Eine andere Frau geht dauernd in fremde Zimmer und legt sich in fremde Betten." Frau Müller ist über dieses Verhalten bestürzt. Sie hat ein Auge auf die Patientin und führt sie in meiner Anwesenheit freundlich aber bestimmt in deren eigenes Zimmer zurück. „Ich kümmere mich um die Frau. Ich glaube, die sind alle viel kränker als ich." Frau Müller hat das Herz am rechten Fleck. Das wird mir ganz deutlich.

Wenig später bittet mich die Ärztin zu einer Art Therapeutenkonferenz. Vom leitenden Oberarzt erfahre ich die Diagnose: „Frau Müller leidet an einem hirnorganischen Psychosyndrom und an einer Depression nach dem Tod ihres Mannes. Ich möchte sie noch eine Woche dabehalten und weitere Untersuchungen durchführen." Dieser Befund verheißt nichts Gutes. Er deutet auf eine demenzielle Erkrankung hin. Wie sich später herausstellt, leidet Frau Müller an einer beginnenden Alzheimer Demenz, deren Verlauf durch die Einnahme von Tabletten verlangsamt werden kann. Nach einer Woche meldet sich der Krankenhaussozialdienst bei mir: „Frau Müller wird in zwei Tagen entlassen. Es wird häusliche Krankenpflege verordnet. Morgens und abends wird jemand nach ihr schauen und die Einnahme der verordneten Medikamente überwachen. Den Pflegedienst haben wir schon verständigt."

Am Tag der Entlassung aus dem Krankenhaus ist es bitterkalt. Drei Wochen war Frau Müller in der Klinik. Ich hole sie morgens um 9 Uhr mit dem Taxi vom Krankenhaus ab und bringe sie nach Hause. Die Heizung ist weitergelaufen, sodass es angenehm warm in ihrer Wohnung ist. Die hauswirtschaftliche Helferin vom Pflegedienst hat in Absprache mit Frau Müller Lebensmittel eingekauft und die Wohnung gesäubert. Frau Müller stellt Teewasser auf und bittet mich, noch eine Tasse mit ihr zu trinken. Wir genießen das heiße Getränk. Sie hat sich gut erholt und scheint mir auch sonst ruhig und ausgeglichen zu sein.

Ich hoffe sehr, ihr Zustand möge über eine lange Zeit stabil bleiben. Anders aber als sonst, ist Frau Müller sehr ernst. Irgendetwas hat sie auf dem Herzen und ich erfahre auch gleich, was sie bedrückt: „Bin ich dement?" Da frage ich zurück: „Hat Ihnen der Oberarzt nicht gesagt, was Ihnen fehlt?" Da antwortet sie mir: „Nein, der Oberarzt hat mich nur aufgefordert, die verordneten Medikamente regelmäßig zu nehmen und das werde ich auch machen." Ich stecke in einem Dilemma und frage mich, ob sie schon stark genug ist, die Wahrheit zu hören. Der Arzt hat nichts darüber gesagt, ob sie Erklärungen über ihre Erkrankung verkraften kann, also unterlasse ich es.

Empfindlichkeiten und Abwehr

erschweren den Diensten die Arbeit. Immer wieder beschwert sich Frau Müller bei mir. Wenn ich mit dem Fahrrad im Wohngebiet ohnedies unterwegs bin, halte ich bei ihrem Haus kurz an und schaue, ob alles in Ordnung ist. Heute ist sie sehr aufgeregt: „Gestern hat mich die Schwester vom Pflegedienst zum Baden gezwungen, diese Lesbe! Ich will nicht am Körper berührt werden. Ich kann mich noch gut selbst waschen. Jetzt fehlt mir der Schlüssel und Geld."

Frau Müller ist außer sich. Vielleicht hängt ihre Panikattacke mit einem beschämenden Erlebnis zusammen. Es ist mir unmöglich, sie mit Worten zu beruhigen. Sie unterstellt der Schwester vom Pflegedienst, sie bestohlen zu

haben. Gemeinsam machen wir uns auf die Suche nach dem Verschwunde-
nen. Den Schlüssel finde ich in der Tasche ihres Bademantels. Frau Müller
ist sehr erleichtert und hängt sich den Schlüssel sofort um den Hals. Anschließend informiere ich von ihrem Telefon aus den Pflegedienst, dass
Frau Müller den Schlüssel beim Waschen um den Hals behalten soll.

Aber wo ist das Geld? Ich selbst habe ihr vor einigen Tagen beim Zählen
von 910 Euro geholfen. Das Geld hat sie dann in eine Tasche gesteckt und
im Wäscheschrank unter Hemden versteckt. Sie wollte unbedingt, dass ich
sehe, wohin sie es tut. „Öffnen Sie doch mal den Kleiderschrank. Vielleicht
ist es dort", gebe ich zu bedenken. „Was soll das Geld im Kleiderschrank?"
fragt sie mich erstaunt. Trotzdem öffnet sie den Schrank und schaut mich
fragend an. Da greife ich unter die Hemden und ziehe das Geldtäschchen
hervor: „Es ist alles Geld drin, nichts wurde gestohlen." Frau Müller hat
vergessen, wo sie das Geld versteckt hat.

Ein anderes Mal läuft es nicht so glatt. Frau Müller meint, sie habe 2000
Euro unter die Matratze gelegt. Das Geld sei aber nicht mehr dort. Ich helfe
ihr beim Hochheben der Matratze, aber es findet sich nichts. Etwas verstecken und nicht wieder finden begleitet uns über eine lange Zeit. Immer
wieder bin ich gefordert, versteckte Dinge kreativ aufzuspüren. Spannend
wird es bei den Schuhen. Immer wieder fehlt ein einzelner Schuh. Es bleibt
mir ein Rätsel, wohin einzelne Schuhe verschwinden können. Trotz aller
Suche haben wir selten den passenden zweiten Schuh gefunden. Ob sie im
Mülleimer gelandet sind?

Beim nächsten Kurzbesuch beschwert sich Frau Müller über das Essen auf
Rädern: „Es war schon eiskalt. Außerdem hat die Frau ein kleines Kind bei
sich gehabt. Überall ist es rumgeflitzt. Das kann ich nicht gebrauchen."
Frau Müller verträgt keine Unruhe mehr um sich. Leider wird sie auch im-
mer vergesslicher und versäumt die Chorproben und die Termine beim
Arzt. Deshalb bitte ich eine Frau aus der Nachbarschaft, die auch im Chor
mitsingt, sie zu den Proben abzuholen. Die Frau bietet ihr auch an, sie zum
Seniorennachmittag zu begleiten. Darüber freut sich Frau Müller sehr. Die
Begleitung zum Arzt übernimmt der Pflegedienst. Nachdem alles scheinbar
gut läuft reduziere ich meine Besuche.

10.3 Förderung und Begleitung im Alltag

Soziale Beziehungen

im Wohngebiet gab es früher zahlreich, als der Ehemann von Frau Müller
noch lebte. Ihr Ehemann war im Stadtteil eine bekannte und beliebte Persönlichkeit. Bei einem der nächsten Besuche erzählt mir Frau Müller, dass
sie wieder im Kirchenchor mitsingt. „Eine Frau aus der Nachbarschaft holt
mich ab, damit ich nicht vergesse." Darüber ist sie sehr, sehr glücklich.
Kirchlicher Beistand wird Frau Müller wichtig. Obwohl sie evangelisch ist,

hält sie das nicht davon ab, Kontakt zum katholischen Pfarrer zu suchen. Sie bittet mich, den Kontakt herzustellen. Der Pfarrer erfüllt ihr diesen Wunsch und besucht sie zu Hause. Später erzählt sie mir von dem Besuch: „Er ist ein Pfundskerle." Der Besuch hat sie froh gestimmt. Sie ist sanft und ruhig. Ihr zuvor aggressives Verhalten ist wie weggeblasen.

Bei der Gelegenheit erzählt sie mir, dass eine Tante von ihr Sängerin war. Als Kind hat sie diese Tante sehr bewundert. Als wir wieder einmal im Wohnzimmer sitzen, fängt sie plötzlich zu singen an. Sie hat einen schönen Mezzosopran und singt alle Strophen des Liedes auswendig. Beim Singen wird ihr Gesicht weich und entspannt. Ihre Gefühle schwingen mit. Manchmal, wenn ich das Lied kenne, singen wir gemeinsam. Später, als die Demenzerkrankung schon weiter fortgeschritten war, konnte sie Vieles nicht mehr, aber immer noch konnte sie die Liedertexte auswendig. Ab nun singen wir fast immer, wenn ich zu Besuch komme.

Die Fähigkeiten zur Alltagsbewältigung und die Einsicht, hilfebedürftig zu sein, scheinen bei Frau Müller langsam verloren zu gehen. Mitte März treffe ich sie vor meiner Dienststelle. Sie hat zwei unterschiedliche Schuhe an. Ihre Hände sind eiskalt. Dann beklagt sie sich: „Ich habe Sie schon gesucht. Stellen Sie sich vor, niemand hilft mir mehr. Ich muss alles allein machen." Zusammen gehen wir in mein Büro. Als ich ihr einen heißen Tee anbiete, nimmt sie ihn gerne an.

Nach und nach stellt sich heraus, dass sie alle Dienste und die freundliche Nachbarin verärgert hat. Sie geht nicht mehr zum Singen und nicht zum Seniorennachmittag. Der Pflegedienst hat seine Tätigkeit eingestellt, weil sie ihn rausgeschmissen hat. Auch die Überwachung der Medikamenteneinnahme lässt sie nicht mehr zu. „Ich will diese Kittelschürzen nicht", meint sie energisch. Selbst an dem Betreuer, den sie so gut angenommen hat, lässt sie kein gutes Haar: „Der ist nur an meinem Geld interessiert", meint sie. Ich bin froh, dass sie wenigstens mich noch nicht ablehnt. Ihr aggressives Verhalten erkläre ich mir mit dem Fortschreiten der Krankheit durch die Verweigerung der Medikamenteneinnahme.

Als ich Frau Müller frage, wie es nun weitergehen soll, schimpft sie: „Das sind alles Lesben! Ich möchte lieber Pfleger." Ihre ungezügelte Ausdrucksweise erschreckt mich immer wieder. Ich denke, das gehört zu ihrem Krankheitsbild. Mit den Pflegern kommt sie gut zurecht. Ab nun ist sie in ihrer Häuslichkeit nur von Männern umgeben und das gefällt ihr. Eine sehr hilfreiche Beziehung besteht zu dem Zivildienstleistenden, den sie sehr mag. Bernd geht mit ihr zum Arzt, begleitet sie zum Einkaufen und bringt ihr die Medikamente. Er hält sie mit seinen Späßen bei Laune.

Mit dem Fortschreiten

ihrer Krankheit verändert sich die Gefühlswelt Frau Müllers immer mehr. Sie weigert sich wieder, ihre Tabletten einzunehmen. Dem Pflegedienst öffnet sie nicht mehr. Dem gesetzlichen Betreuer misstraut sie. Offenbar hat ihre Schwester sie dazu gebracht. Die Schwester von Frau Müller war nämlich mit ihr im Notariat und wollte wissen, was der Betreuer mit dem Geld macht. Außerdem bedrängt sie Frau Müller, keine Tabletten mehr zu nehmen. Davon würde sie nur „blöd". In einem gemeinsamen Gespräch mit Frau Müller und dem Betreuer kann ich einlenken und die Anschuldigungen der Schwester zurückweisen. An der Rechtmäßigkeit des Vorgehens des Betreuers bestehen bei ihr danach keine Zweifel mehr. Frau Müller beginnt, ihre Schwester mit kritischen Augen zu sehen.

Leider folgt sie dem Rat der Schwester, keine Medikamente mehr zu schlucken. Sie merkt selbst, dass mit ihr etwas nicht stimmt und fragt mich: „Habe ich Alzheimer?" Mir fällt die Antwort wiederum schwer und ich bin nicht imstande, ihr die Wahrheit zu sagen: „Das kann ich nicht beantworten. Auf jeden Fall sind sie vergesslicher als früher. Das wird auch so bleiben. Es wäre gut, wenn Sie die Medikamente weiterhin einnehmen." Langsam beruhigen sich die Verhältnisse wieder. Frau Müller wird von der Nachbarin zum Adventsnachmittag abgeholt. Auch den Gottesdienst besuchen sie gemeinsam. Außerdem ist sie im Kirchenchor wieder gut integriert.

Das gemeinsame Ordnen

ihrer Angelegenheiten ist sehr wichtig, um Frau Müller das Gefühl der Sicherheit zu geben. Wir haben eine gute Beziehung zueinander gefunden und Frau Müller hat sich von dem Stress erholt. Heute besucht sie mich erneut in meinem Büro. Bei dem Besuch trägt sie einen Wintermantel, der ihr viel zu groß ist und vermutlich ihrem Mann gehörte. Manchmal zieht sie auch seine Hosen an, die ihr viel zu lang und zu weit sind. „Was soll ich nur mit den Kleidern meines Mannes machen?", fragt sie mich, „den Platz könnte ich gut für meine eigenen Sachen brauchen. Alles ist viel zu eng und voll gestopft." „Eine Möglichkeit wäre, Sie fragen bei einem Wohlfahrtsverband nach, ob sie die Kleider brauchen können. Ich weiß, dass die Arbeiterwohlfahrt sehr gerne Kleiderspenden annimmt." Mit der Arbeiterwohlfahrt ist sie sofort einverstanden: „Ich bin doch selbst Mitglied bei der AWO", meint sie. Ihre Bitte, dort gleich anzurufen, erfülle ich ihr gerne. Ich reiche ihr den Telefonhörer und sie vereinbart einen Termin mit einem Mitarbeiter der Arbeiterwohlfahrt, wann er die Sachen abholen kann.

Als ich Frau Müller einige Tage später wie beiläufig frage, ob sie nicht das zweite Bett im Schlafzimmer abbauen möchte, reagiert sie ganz pragmatisch: „Da haben sie völlig recht. Dann habe ich mehr Platz in dem engen Zimmer." Der Hintergrund meiner Frage war, das verwaiste Bett könnte sie ständig an die Abwesenheit ihres Mannes erinnern. Ich helfe mit, das Bett auseinander zu nehmen, und zusammen tragen wir die einzelnen Teile in den Keller. Bei der Matratze hilft uns wider Erwarten der Hauseigentümer, Herr Schlegel, der eben vorbeikommt. Er ist ausgesprochen freundlich geworden.

Es hat Monate gedauert, bis für Frau Müller ein gesetzlicher Betreuer bestellt wurde. Ihr Zustand hat sich leider verschlechtert. Sie erinnert sich nicht mehr, dass sie selbst einen Betreuer zur Regelung ihrer geschäftlichen Angelegenheiten beantragt hat. Viel lieber möchte sie stattdessen einen Mitarbeiter ihrer Bank zum Essen in ein Lokal einladen, der sie immer freundlich bedient hat. Sie fragt mich als „Freundin" um Rat. Letztlich ist sie doch damit einverstanden, sich den Betreuer einmal anzuschauen. Der Betreuer findet schnell einen guten Kontakt zu ihr. Er nimmt alles mit, was er an Rechnungen, Papieren und Briefen findet. Seit der Betreuer tätig geworden ist, kann ich mich wieder mehr im Hintergrund halten.

Nach einer längeren Pause treffe ich Anfang März Frau Müller im Einkaufsmarkt. Sie erkennt mich sofort und wir freuen uns, einander zu sehen. Den Weg zum Einkaufsmarkt schafft sie gut allein. Ihre Sprechweise ist abgehackter und lauter geworden, als ich es in Erinnerung habe. Zusammen gehen wir in mein Büro. Sie hat noch ein paar Hemden vom Ehemann, die sie der Arbeiterwohlfahrt bringen möchte. Meine Hilfe dort anzurufen, braucht sie nicht, sie will selbst anrufen.

Manchmal besuche ich Frau Müller kurz, um den Kontakt nicht abreißen zu lassen. Ich bin für sie eine wichtige Bezugsperson geworden. Des Öfteren fragt mich auch der Betreuer um Rat und dann besprechen wir die Sache. Ihren Alltag meistert Frau Müller noch gut. Sie akzeptiert auch Hilfen im Haushalt, allerdings nur männlichen Geschlechts. Bis in den Mai hinein ist für sie die Welt in Ordnung.

Danach übernimmt der bisherige hauswirtschaftliche Helfer eine andere Aufgabe und scheidet aus. Als ich es erfahre, mache ich gleich einen Besuch bei ihr. Frau Müller sieht abgemagert aus. Ihre Haare, die sie immer sorgfältig pflegte, stehen störrisch in alle Richtungen. Kurze Zeit später findet sich männlicher Ersatz. Er wird „ihr" Willi. Als Mitarbeiter eines mobilen Dienstes kümmert er sich nicht nur um eine aufgeräumte Häuslichkeit, sondern sorgt sich auch um ihr emotionales Wohlbefinden. Er führt sie ins Restaurant und im Sommer machen sie sogar einen Ausflug mit dem Schiff. Nach solchen Unternehmungen ist Frau Müller sehr ausgeglichen.

Als ich Frau Müller an einem kalten, ungemütlichen Dezembertag auf der Straße treffe, sieht sie wüst aus. Sie trägt zwei unterschiedliche Stiefel, hat einen viel zu dünnen Mantel an und eine lange Hose, die am Boden schleift. Etwas scheint sie zu bedrücken. Mit leiser Stimme sagt sie: „Ich habe sie schon gesucht. Ein Glück, dass Sie da sind. Ich will nicht ins Pflegeheim!" Der Betreuer sei dabei, für sie ein Pflegeheim zu suchen. Ich denke, zu Hause läuft es noch ganz gut und beruhige sie: „Ich halte es für besser, wenn Sie zu Hause bleiben. Ich werde mit dem Betreuer sprechen". Vorläufig gibt es keinen Grund, Frau Müller in ein Pflegeheim einzuweisen. Der Betreuer akzeptiert meinen Vorschlag. Das frühzeitige Verlassen der vertrauten Wohnung würde bei Frau Müller nur weiteren Stress hervorrufen und das sollte man ihr zum jetzigen Zeitpunkt ersparen.

Ich begleite sie nach Hause, auch um zu testen, ob sie allein den Nachhauseweg findet. Sie findet ihn. Als wir bei ihr zu Hause anlangen, steht Willi schon vor der Tür. So lerne auch ich ihn kennen. Er wirkt fröhlich und unbeschwert. Sein freundliches Wesen wird Frau Müller gut tun. Wir sind beide der Meinung, Frau Müller solle zu Hause bleiben, bis es wirklich nicht mehr geht, und das sagen wir ihr auch.

Das Ende meiner Arbeit

kündigt sich langsam an. Im letzten halben Jahr ist alles noch gut gelaufen. Mit den eingeschalteten Diensten war ich immer im Kontakt. Im Juni besuche ich Frau Müller erneut zu Hause. Wir haben uns lange nicht gesehen. Sie hat weiter abgenommen, geht gebückt, aber sie erkennt mich sofort. Sie trägt nur ein Unterhemd und eine Unterhose, obwohl es schon Mittagszeit ist. Ich helfe ihr, eine lange Hose zu suchen. Die Wohnung sieht chaotisch aus. Der Vorhang im Wohnzimmer ist aus der Schiene gesprungen.

Bevor sie sich am Ende den Hals bricht, steige lieber ich auf einen Stuhl und fädele den Vorhang wieder ein. Im Schlafzimmer ist die Tür aus den Angeln gehoben. Mit ihrer Unterstützung gelingt es, sie wieder einzuhängen. Das Bett ist verkotet. Ich helfe ihr beim Wechseln der Bettwäsche. Trotz vorhandener hauswirtschaftlicher Hilfe besteht sie wie früher darauf, die Wohnung selbst zu putzen. Ich denke, jetzt sind die Grenzen des Möglichen erreicht. Ich informiere den Betreuer, dass er sich um die Sache kümmert. Er sagt zu, sofort tätig zu werden.

Als ich nach einer Woche erneut einen Besuch bei Frau Müller mache, treffe ich die gleichen Verhältnisse an. Offenbar ist sie nicht mehr in der Lage, den Stuhlgang zu kontrollieren. Um ihren offensichtlichen Stress zu mindern, benehme ich mich ganz harmlos und selbstverständlich. Da eröffnet mir Frau Müller: „Ich finde meine Tasche mit dem Geld nicht." Also helfe ich ihr, an den bekannten Stellen zu suchen und wir finden es. Um sie zu beruhigen, frage ich sie: „Haben Sie Lust, mit mir ein Lied zu singen?" Trotz des Gestanks in der Wohnung und dem Unrat auf dem Boden beginnen wir, gemeinsam ein Lied zu singen, Strophe um Strophe. Ihr verkrampftes, faltiges Gesicht entspannt sich. Ich werde diesen Anblick nie vergessen.

Nach meiner Intervention ist die Wohnung binnen zweier Tage aufgeräumt und gepflegt. Auch Willi ist wieder da. Frau Müller lässt die Reinigung zu. Solange Willi bei ihr ist, geht nichts mehr schief. An ihrem Geburtstag im August macht Willi mit ihr einen Ausflug. Alles scheint im Lot zu sein. Hilfe und Unterstützung sind durch Dienste gesichert. Ich bleibe weiterhin Ansprechpartnerin vor Ort, sollte etwas schief laufen.

Im November mache ich erneut einen Routinebesuch. Frau Müller erkennt mich sofort und freut sich, dass ich da bin. „Ich muss Ihnen etwas ganz Wichtiges erzählen. Mein Mann ist wieder da. Der Arzt hat ihm auf die Beine geholfen", flüstert sie mir zu. Als ich nichts erwidere, fährt sie fort: „Mein Mann lässt mich nicht im Stich. Er lebt unten im Keller. Vom Keller aus hat er ein Loch in die Wohnung gebohrt. So kann er zu mir kommen." Als mir Frau Müller das erzählt, ist sie nicht aufgeregt, sondern ganz ruhig und feierlich. In ihrer Not hat sie einen Ausweg gefunden. Sie ist nicht mehr allein. Als ich sie frage, ob wir etwas singen sollen, schüttelt sie den Kopf. Sie wirkt ein wenig abwesend und wie in sich selbst geborgen.

Danach geht alles sehr schnell

Der Pflegedienst ruft mich an, sie könnten seit zwei Tagen nicht mehr in die Wohnung und daher auch keine Tabletten geben. Ich verständige Willi, der einen Zweitschlüssel hat, und fahre sofort hin. Es ist 11 Uhr vormittags. Frau Müller liegt im verkoteten Bett. Alles ist verdunkelt. Kotspuren führen durch alle Zimmer. Willi weckt Frau Müller und sie kommt von ihm ge-stützt ins Wohnzimmer gewankt. Vermutlich hat sie seit zwei Tagen weder etwas gegessen noch getrunken. Die Mitarbeiterin vom Pflegedienst, Willi und ich halten sie für gefährdet, da sie unsere Hilfe ablehnt und aggressiv reagiert. Sie ist destabilisiert und befindet sich in einem kritischen Zustand. Die Nervenärztin ist nicht erreichbar. Zur Sicherheit rufen wir beim Polizei-revier an. Zwei Beamte erscheinen Minuten später. Frau Müller kennt bei-de. Sie haben ihr schon früher geholfen. Die Anspannung lässt bei allen Anwesenden merklich nach.

Da die Nervenärztin, die sie in die Klinik einweisen könnte, nicht erreich-bar ist, erklärt sich Willi bereit, nachts in der Wohnung zu bleiben, und frühmorgens die Ärztin zu verständigen. Am nächsten Morgen wird Frau Müller in die Klinik eingeliefert. Ich besuche sie dort und bin erstaunt, wie gut es ihr geht. Sie ist sauber gewaschen und sitzt mit jüngeren Patientinnen an einem Tisch im Aufenthaltsraum. Irgendwie finden wir in kurzer Zeit zu unseren Liedern. Als Frau Müller mit der ersten Strophe beginnt, kommen noch mehr Patientinnen an den Tisch. Am Tisch sitzen Frauen unterschied-licher Nationen. Als Frau Müller mit dem Lied zu Ende ist, fängt eine junge Kroatin zu singen an und danach wieder eine andere Frau. Ich bin sehr froh, mit diesem Bild vor Augen von Frau Müller Abschied nehmen zu können. In welcher Einrichtung sie auch immer landen wird, ich werde versuchen, Kontakt zu halten.

10.4 Veränderungen, Stabilisierungen, Ergebnisse

Veränderungen

zum Schlechteren und ein langsamer aber stetiger Abbauprozess sind bei einer Demenzerkrankung vorgegeben. Ziel der Interventionen bei Frau Müller war, ihre Verhältnisse so zu stabilisieren, dass sie möglichst lange zu Hause in der eigenen Wohnung und in dem ihr vertrauten Lebensraum bleiben konnte. Trotz stetig abnehmender Lebenskompetenz galt es, den Zeitpunkt für die Übersiedlung in ein Pflegeheim solange wie möglich hinauszuschieben. Für Demenzkranke stellt der Wegzug aus ihrer vertrauten Umgebung ein Risiko dar. Oft sind sie nicht in der Lage, sich auf neue Verhältnisse einzustellen und sich neu zu orientieren, um den Wohnungswechsel ohne Schaden überstehen zu können.

Bei Frau Müller sind positive Entwicklungen zu erkennen. Die psychosoziale Begleitung wurde von ihr gut angenommen. Dabei war der Aufbau von Vertrauen ebenso wichtig, wie die Kontrolle des gesamten Hilfeprozesses. Mit der Hilfe und Unterstützung ambulanter Dienste konnten die Fähigkeiten Frau Müllers zur Bewältigung des Alltags lange Zeit aufrechterhalten werden. Ihr Zustand hatte sich so stabilisiert, dass positive Veränderungen zu erkennen waren. Die Reduzierung von Stress trug dazu bei, dass Frau Müller trotz ihrer demenziellen Erkrankung über insgesamt drei Jahre weitgehend selbst bestimmt in ihrer Wohnung leben konnte.

Anbindungs- und Vernetzungsmöglichkeiten ergaben sich wie von selbst durch die freundlichen, sie begleitenden Menschen sowohl aus der Nachbarschaft als auch von den ambulanten Diensten. Dadurch ist die Stabilisierung der Verhältnisse in der eigenen Wohnung möglich gewesen. Später wurde der Zustand Frau Müllers leider so kritisch, dass sie nicht mehr zu Hause bleiben konnte. Frau Müller kam direkt nach ihrem Aufenthalt in der Klinik in eine geschlossene Einrichtung. Ein Jahr später erkundigte ich mich dort telefonisch nach ihr, ob ich sie besuchen könnte. Die Pflegerin sagte mir, Frau Müller bekäme nichts mehr mit und würde mich auch nicht mehr erkennen. Interessieren würde es mich schon, ob sie noch an unsere Lieder denkt. Ich werde es einfach versuchen.

11. Der im Chaos vergnügte Herr Kramer

11.1 Die Lebenswelt Herrn Kramers

Das Wohngebiet

liegt in einem Stadtteil mit hoher Bevölkerungsdichte. Mehrere Siedlungskomplexe mit zum Teil Substandardwohnungen werden von alten Menschen, Erwerbslosen, Sozialhilfeempfängern und Ausländern bewohnt, da die Mieten günstig sind. In diesem Siedlungskomplex habe ich viel zu tun. Die Wohnanlage wurde zu Beginn der Fünfziger Jahre gebaut. Für damalige Verhältnisse galt die Anlage als vorbildlich. Alle Wohnungen sind mit Bad und Gasheizung ausgestattet. Nach heutigen Verhältnissen entsprechen die Wohnungen aber nicht mehr den Ansprüchen und Standards der meisten Menschen, da sie sehr klein sind. Der überwiegende Teil der BewohnerInnen heute ist arm, alt und ausländischer Herkunft. Das Wohngebiet ist zu einem sozialen Brennpunkt geworden, seit ein großer Teil der Wohnungen zu unkündbaren Fürsorgeunterkünften umgewidmet worden ist. In den Fürsorgeunterkünften leben oft Menschen, die ihre Schwierigkeiten selbst nicht mehr bewältigen können. Diese Wohnungen sind der letzte Zufluchtsort vor einem Leben auf der Straße. Hier lebt seit kurzer Zeit Herr Kramer in einer ziemlich vermüllten Wohnung.

Die Vermüllung seiner Wohnung

scheint Herrn Kramer nicht weiter zu belasten, als sei sie selbstverständlich. Die anderen Mieter im Haus stört der scharfe Geruch von faulendem Gemüse allerdings sehr.

Auf den Menschen bezogen meint Verwahrlosung einen Zustand, in dem der Mensch seine Körperhygiene vernachlässigt. Von einer auf den Wohnraum bezogenen Verwahrlosung wird gesprochen, wenn der Zustand einer Wohnung zwar extrem unordentlich und verschmutzt ist, eine Anhäufung von Müll jedoch nicht zu erkennen ist, wobei der Mensch durchaus sauber sein kann. Der Bewohner kann körperlich in einem Zustand der Verwahrlosung sein, muss es aber nicht. Eine Verwahrlosung ist eine prozesshafte Entwicklung; sie ist keine freiwillig gewählte Lebensform, sondern als abweichendes soziales Verhalten immer auf ernst zu nehmende Ursachen zurückzuführen.

Alters- und krankheitsbedingte Funktionsverluste (körperlicher Abbau, hirnorganische Veränderungen, bzw. krisenhafte Ereignisse) können zu psychischen Beeinträchtigungen sowie zu Gefühlen der Hilflosigkeit führen, und Ursachen einer beginnenden Verwahrlosung sein. Im Gegensatz zur Verwahrlosung hat der Psychiater Peter Dettmering im Jahr 1985 den Begriff „Vermüllungssyndrom" als eigenes Krankheitsbild eingeführt. Rund zwei Millionen Menschen in der Bundesrepublik Deutschland seien davon betroffen.

Jeder von Verwahrlosung betroffene Mensch hat seine eigene Geschichte. Es gibt keine Patentrezepte. Ein individuelles Vorgehen ist nötig. Meist wehren die Betroffenen die Hilfe ab und sind nicht bereit, Unterstützung anzunehmen. Die äußere Ordnung muss daher zunächst sekundär bleiben. Ein langsames Herantasten ist notwendig, um Vertrauen zu gewinnen. Erst mit dem Aufbau von Vertrauen können ambulante Hilfen wirksam werden. Die pflegerischen, hauswirtschaftlichen, sozialen und medizinischen Handlungsmöglichkeiten sind je nach Ursache unterschiedlich. Eine enge Kooperation zwischen den beteiligten Diensten erscheint zur ersten Abklärung der Verhältnisse sinnvoll.

Mit dieser Abklärung sollte nicht zugewartet werden, sondern sie sollte sofort erfolgen, sobald Verwahrlosungstendenzen zu erkennen sind, um noch präventive Möglichkeiten nutzen zu können. Der Hausarzt ist für alte Menschen besonders wichtig, da er meist die einzig noch vorhandene Bezugsperson darstellt. Er behandelt nicht nur Grunderkrankungen und zieht Fachärzte hinzu, sondern genießt das Vertrauen der PatientInnen. Über den Hausarzt ist manchmal ein Zugang möglich. Ambulante Hilfen sind angemessen, wenn keine akute Gefahr besteht. Bei Fremd- und Selbstgefährdung werden juristische Schritte wie die Anregung einer gesetzlichen Betreuung oder Maßnahmen nach dem Unterbringungsgesetz mit notfallmäßiger Einweisung in eine psychiatrischen Klinik zur Differentialdiagnostik nötig, wenn die Betroffenen Hilfe abwehren und uneinsichtig sind.

Die Vermüllung einer Wohnung wird von Psychiatern als Krankheitsbild bereits beschrieben. Dettmering unterscheidet zwischen drei Vermüllungsarten: Beim „Systematischen Sammeln" herrscht äußerlich zwar Unordnung, aber innerhalb der Unordnung gibt es vom Sammler hergestellte feine Ordnungsstrukturen. Die Bewohner wissen, wo sich Gegenstände sortiert und oft kategorisiert befinden. In der Wohnung sind erkennbare Pfade angelegt. „Ordnungsstrukturen auch vom Bewohner nicht mehr erkennbar", bedeutet, Gegenstände werden in der ganzen Wohnung unsortiert angehäuft. Bad, Küche und Schlafzimmer sind für den vorgegebenen Zweck nicht mehr nutzbar. Die Wohnung ist von Müll zugedeckt. Der Bewohner ist dem Chaos hilflos ausgeliefert. „Wohnung durch Vermüllung unbewohnbar" heißt, die hygienischen Verhältnisse sind untragbar. Der Mensch muss die Wohnung verlassen, da Fremd- und Selbstgefährdung vorliegen.

Als Ursache der Vermüllung werden Persönlichkeitsdefizite des Bewohners angenommen, zum Beispiel seelische Konflikte oder ein unbewältigtes Trauma. Der Alltag kann nicht mehr allein bewältigt werden und die Vermüllung dient als Kompensation von Verlusten. Manche der davon betroffenen Menschen haben Schwierigkeiten mit der Organisation von räumlichen und zeitlichen Strukturen. Zu Hause angehäufte Materialien werden Teil der eigenen Person, deshalb darf nichts von anderen Menschen weggeworfen werden. Alles muss vor seinen Augen sein, damit er sich erinnert, was zu tun ist. Von Seiten der Psychiatrie wird angenommen, dass das Vermüllungssyndrom auf Grund eines Traumas eintritt und daher behandelbar ist. Behandlungsmöglichkeiten sind durch die kognitive Verhaltenstherapie gegeben, die Einstellungsänderungen bewirkt und in der Folge Verhaltensänderungen ermöglicht.

Informationen über Herrn Kramer

erhalte ich zunächst vom Amt für Wohnungswesen. Ich möge ein freundliches Auge auf Herrn Kramer haben, da er in wenigen Tagen in den Stadtteil übersiedeln wird, für den ich zuständig bin. Herr Kramer ist 83 Jahre alt. Wovon er lebt, ist dem Amt nicht bekannt. Er bezahle alles selbst und will keinesfalls Sozialhilfeempfänger werden, weil er, wie er mir später selbst erzählte, bei einem Gewinn im Lotto alles zurückzahlen müsste. Ab Mitte Januar geht er in die Vesperkirche zum Essen.

Einmal habe er um einen Schrank gebeten, den er aber nicht selbst bezahlen, sondern geschenkt haben wollte, was aber nicht möglich war. Kurze Zeit später erhalte ich einen Polizeibericht, aus dem hervorgeht, Herr Kramer habe sich aus seiner Wohnung ausgesperrt. Der Polizei ist es gelungen, ihm wieder Zutritt zu seiner Wohnung zu verschaffen. Bei der Gelegenheit stellten die Beamten eine totale Vermüllung der Wohnung fest. So erfahre ich, dass Herr Kramer bereits seit Ende November hier im Stadtteil wohnt.

Bei den Polizeibeamten gibt Herr Kramer an, er bewohne die Wohnung erst seit kurzer Zeit. Nach dem Polizeibericht sind unzählige Maden und Fliegen vorhanden, und es kommt der Verdacht des Befalls der Wohnung mit Kakerlaken auf. Herr Kramer bewahrt seine Lebensmittel in Ermangelung eines Kühlschrankes in der Badewanne und auf den Fenstersimsen auf. Der Gestank sei unerträglich. Seine Kleidung befindet sich in unzähligen Pappschachteln. Ein Schrank oder sonstige Möbel sind nicht vorhanden. Weiters sagt Herr Kramer, er habe keinen Strom und kein Gas, weshalb er sich auch keine warmen Mahlzeiten zubereiten kann. Ferner gibt er an, er halte sich tagsüber in der Stadtmitte auf.

Herr Kramer macht den Eindruck, geistig fit zu sein, altersbedingt jedoch benötige er nach Meinung der Polizeibeamten dringend eine soziale Begleitung. Angehörige gibt es keine mehr. Soweit der Polizeibericht. Knapp danach erhalte ich eine Mitteilung vom Amt für öffentliche Ordnung in der gleichen Angelegenheit. Herr Kramer wurde informiert, er könne sich bei Bedarf mit dem sozialen Dienst „Leben im Alter", also mit mir, in Verbindung setzen.

Weitere Informationen über die Verhältnisse Herrn Kramers gibt mir ein Hausbewohner, Herr Berger, der mich in meiner Dienststelle aufsucht. Er erzählt mir von der Armut des Mannes: „Er hat keine warme Kleidung und keine Zudecke. Das Gas wurde wegen Brandgefahr abgestellt." Herr Berger macht sich Sorgen und meint, Herr Kramer sei gefährdet: „Er kann nicht heizen und kommt zu mir, weil ihn friert. Heute Nacht hat er geklopft, weil es ihm in seiner Wohnung zu kalt war. Er wollte bei mir schlafen. Ich habe ihm eine Decke gegeben und ihn wieder runtergeschickt." Diese Schilderung des Nachbarn macht mir Beine. Es hat immerhin vierzehn Grad unter Null.

Der Erstbesuch

bei Herrn Kramer Anfang Dezember wird ein wenig aufregend. Auf mein längeres Klingeln morgens gegen zehn Uhr rührt sich nichts. Ich sorge mich um das Wohlbefinden Herrn Kramers und befürchte nach den Informationen von Herrn Berger Schlimmes. Gemeinsam klopfen wir mit den Fäusten heftig an der Wohnungstür, aber Herr Kramer öffnet nicht. Herr Berger weiß Rat: „Die Wohnung liegt im Hochparterre. Wenn wir durch die Tür nicht hineinkommen, probieren wir, ob wir durch das Fenster etwas sehen." Er besorgt eine hohe Leiter, die gerade bis zum Fenstersims reicht. Erst steigt er hinauf: „Ich sehe nichts. In der Ecke liegt ein Kleiderberg. Halt, das könnte ein Gesicht sein."

Anschließend steige ich hinauf: „Ich sehe kein Gesicht!" Dann klopfe ich ganz stark an das Fenster und rufe seinen Namen, aber nichts rührt sich. Als wir fast aufgeben wollen, um die Feuerwehr zu verständigen, uns die Tür zu öffnen, bewegt sich plötzlich der Kleiderberg, und ein rotes, freundliches

Gesicht guckt darunter hervor. Als uns der ältere Mann die Wohnungstüre öffnet, sind wir sehr erleichtert. Ich spüre, wie kalt es in der Wohnung ist. Sie ist mit Plastikbeuteln voll gestellt, aber noch auf Pfaden begehbar. Meiner Einschätzung nach handelt es sich um die Vermüllungsart „Systematisches Sammeln", aber das ist jetzt im Moment nebensächlich.

Herr Kramer lebt und lächelt uns verschlafen an. Er ist ziemlich klein, hat weißes, schütteres Haar, das nach allen Seiten absteht, und einen weißen Vollbart, der ebenso zerzaust ist. Sein Gesichtsausdruck ist freundlich und ein leises Lächeln umspielt seine Mundwinkel. Herr Berger geht wieder in seine Wohnung zurück, da für ihn nichts mehr zu tun ist.

Ich bleibe noch eine kurze Weile bei Herrn Kramer. In der Wohnung ist es wirklich scheußlich kalt. Obwohl ich winterfest gekleidet bin, friere ich. Herrn Kramer scheint die Kälte nichts auszumachen. Trotzdem, keine Nacht darf Herr Kramer mehr ohne warme Zudecke bleiben. „Ich könnte Ihnen eine Daunendecke und Bettwäsche in einem nahe gelegenen ‚Secondhand-Shop' besorgen, möchten Sie das?" Nach kurzem Zögern nimmt er mein Angebot an. Ein Glück, dass ich für solche Fälle einen Spendentopf habe, den ich für diese Anschaffung nutzen kann. Kurze Zeit später bringe ich ihm das Gewünschte und helfe mit, sein Bett zu richten. Mein Eifer hängt sicher mit der Sorge zusammen, die ich ausgestanden habe, als ich dachte, es könne ihm etwas zugestoßen sein. Normalerweise überziehe ich nämlich bei fremden Leuten keine Betten. Durch meine Soforthilfe weiß ich aber, ihm kann jetzt nichts mehr passieren, und das beruhigt mich. Einige Zeit später bemerke ich, dass er die Daunendecke als Unterlage benutzt und sich wieder wie zuvor mit Lumpen und Kleidungsstücken zudeckt. Warum er das macht, bleibt mir ein Rätsel, ist mir aber letztlich egal, solange er nicht erfriert.

Natürlich juckt es mich in allen Fingern hier einmal gründlich zuzupacken und aufzuräumen. Genau das wäre aber falsch. Unsere eigenen Reinlichkeitsvorstellungen sollten nicht der Maßstab von Entscheidungen sein, wenn keine unmittelbare Gefahr droht. Grundsätzlich gilt, das Selbstbestimmungsrecht eines Menschen zu achten, auch wenn er wie Herr Kramer andere Vorstellungen über Hygiene hat, als wir selbst.

Bei der Gelegenheit vereinbaren wir wöchentliche Hausbesuche und zwar an jedem Donnerstag um 10 Uhr, nachdem er, wie er mir erzählt, täglich gegen 11.30 Uhr seine Wohnung Richtung Innenstadt verlässt. Mit dem Termin ist er einverstanden. Außerdem beschreibe ich ihm, wo sich meine Dienststelle befindet und ermuntere ihn, mich einmal dort zu besuchen. Als ich mich von Herrn Kramer verabschiede, greift er in einen dieser unzähligen Beutel, und reicht mir eine Wurst. „Ich esse keine Wurst, aber einen Apfel nehme ich gerne." Da zieht er aus einem der anderen Beutel einen Apfel hervor und überreicht ihn mir. Damit sind wir quitt. Ihm ist es offenbar wichtig, nicht in meiner Schuld zu stehen.

Die ersten Besuche

bei Herrn Kramer dienen dazu, einen Zugang zueinander zu finden, seine Verhältnisse abzuklären und herauszufinden, ob und in welcher Form er Unterstützung braucht. Als ich ihn frage, ob er noch Familie hat, erzählt er mir von seinem Vater: „Er kam bei einem Arbeitsunfall ums Leben, als ich fünf Jahre alt war. Ich habe keine Erinnerung mehr an ihn, außer, was mir meine Mutter erzählte." Seine Mutter hat ebenso wie er ein hohes Alter erreicht: „Seit dem Tod meines Vaters habe ich mit meiner Mutter in Norddeutschland in einem Haushalt zusammengelebt. Sie ist mit fünfundneunzig Jahren gestorben. Ihr Tod war schlimm für mich, sie hat mich immer gut versorgt. Ich vermisse sie sehr. Angehörige habe ich keine mehr." Als ich ihn nach seinem Beruf frage, antwortet er ausweichend. Ob er je einen hatte? Ich werde nicht so recht schlau aus ihm. Oberflächlich gesehen lächelt er stets freundlich, als wäre er mit sich, Gott und der Welt im Einklang. Irgendwie passen seine innere Haltung und sein äußeres Wesen nicht zusammen.

Beim nächsten Besuch ist Herr Kramer deutlich aufgeschlossener. Von sich aus erzählt er mir weitere Begebenheiten aus seinem Leben. Mein Interesse hat ihn wohl dazu gebracht. Für mich wird es spannend, einen Zeitzeugen erzählen zu hören, was er vor, im und nach dem Zweiten Weltkrieg erfahren und erlebt hat. Wenn ich ein wenig Einblick in seine Lebensgeschichte erhalte, kann ich sicher auch besser verstehen, warum er so wurde, wie er heute ist.

Herr Kramer erzählt fließend mit leiser Stimme und ich höre gespannt zu: „Ich musste schon als kleiner Junge bei Bauern am Feld schaffen. Später durfte ich mit auf den Markt, wo alles Gemüse verkauft wurde. Für meine Arbeit bekam ich ein kleines Taschengeld. In die Schule bin ich kaum gegangen. Als ich dann mit vierzehn Jahren zum Arbeitsdienst eingezogen wurde, habe ich wieder bei Bauern gearbeitet. Einmal habe ich bei einem Hausbau geholfen. Da habe ich viel Nützliches gelernt, das ich später gut gebrauchen konnte. Ich habe auch als Maurer gearbeitet. Weil ich schwindelfrei bin, haben sie mir gerne Arbeit gegeben. In einiger Höhe bin ich auf Balken balanciert, das hat mir nichts ausgemacht. Das habe ich gut gemeistert. Mein Vater war da schon lange tot. Ich lebte allein mit meiner Mutter."

Wenn ich zurückrechne, gehört Herr Kramer zu der Generation, die den zweiten Weltkrieg als Soldaten erlebt haben. Also frage ich ihn: „Waren Sie auch Soldat? Mein Vater war im ersten Weltkrieg als Soldat in Südtirol. Er hat uns Kindern viel vom Krieg erzählt." Da wird sein Gesicht ganz ernst: „Ich war zwanzig Jahre alt, als ich eingezogen wurde und war als Soldat in Stalingrad." Er hat den Kopf gesenkt und spricht nicht mehr. Auch ich bin still. Nur wenige Soldaten haben Stalingrad überlebt. Herr Kramer hat mit einer starken Intensität erzählt. Für ihn muss es ein äußerst traumatisches Erlebnis gewesen sein.

Nach einer Weile gemeinsamen Schweigens spricht er weiter: „Im Gefangenenlager sind täglich Leute gestorben. Es gab fast nichts zum Essen und Trinken." „Und wie haben Sie überlebt?" frage ich ihn. Da antwortet er mir: „Ich war immer klein und schlank und habe nicht soviel gebraucht wie die Großen und habe daher bessere Überlebenschancen gehabt." Eine ganze Weile sitzen wir still beieinander. Die Stille tut auch mir gut. „So war das also", murmele ich leise. Seine intensive Erzählung hat mich noch lange beschäftigt. Ob hier ein Zusammenhang zwischen dem Arbeitslager und dem späteren Horten von Lebensmitteln besteht? Eine Art Grundtrauma, das sein Handeln bis heute beeinflusst? Trotzdem, meiner Meinung nach hat er es faustdick hinter den Ohren.

Auch wenn der äußere Eindruck täuscht, Herr Kramer hat Überlebensstrategien erworben, die ihm hier und heute zu Gute kommen. Mich interessiert natürlich auch, wie Herr Kramer aus Norddeutschland nach Stuttgart gekommen ist. Also erzählt er mir bei einem der nächsten Besuche auch davon: „Das Kriegsende habe ich mit meiner Mutter in Bayern erlebt. Wir haben alles, was wir hatten, in Rucksäcke gepackt und sind losgezogen. Ein großer Lastwagen hat uns mitgenommen.

In Bayern hatten wir nur eine kleine Wohnung, da wollten wir nicht bleiben. Also haben wir mit wenig Gepäck die Reise nach Stuttgart gewagt. Dort haben wir erst bei der Heilsarmee einen Raum zugewiesen bekommen. Später bekamen wir eine kleine Wohnung in einer Kaserne. In den Fünfzigerjahren hat man uns dann in einer Fürsorgeunterkunft untergebracht. Bis zum Tod meiner Mutter haben wir dort zusammen gelebt. Jetzt habe ich niemanden mehr und lebe allein." Wir sitzen am Rand seines Bettes, da sonst zum Sitzen nichts da ist.

Nach dem Ende seiner Geschichte nehme ich erst die von der Polizei bemerkten unzähligen Plastikbeutel wahr, die voll mit teils verdorbenen Lebensmitteln gefüllt sind. Sie bedecken nicht nur das Fenstersims sondern auch den Boden der Wohnung. Es gibt keinen Fleck in der Wohnung, der nicht mit Nahrungsmitteln, Kleidung und anderen Materialien bedeckt ist. Als ich Herrn Kramer wenig später aus Neugierde auf die sorgfältig sortierten Plastikbeutel anspreche, erklärt er mir: „Da drin sind Lebensmittel aus Geschäften. Schauen Sie, hier sind Würste. Alles, wo das Datum abgelaufen ist, bekomme ich geschenkt. Ich muss es in der Wohnung so kalt haben, damit die vielen Maden und Fliegen absterben." Das klingt logisch. Dann zeigt er mir die Maden in den Beuteln. Auch kleine Fliegen krabbeln drin herum. Es fällt mir schwer, unbefangen zu bleiben. Andererseits, wer Hunger hat, dem sind auch die Maden im Essen egal. Ich erinnere mich noch gut an die Erbsensuppe, die wir nach dem Krieg fast täglich gegessen haben. Auch da waren Maden drin, die nach dem Kochen als kleine harte Teilchen zwischen den weichen Erbsen zu spüren waren.

11.2 Die Erfassung des Alltagsgeschehens

Meine erste Einschätzung

der Verhältnisse Herrn Kramers ergibt, dass er im Laufe seines Lebens offenbar gute Überlebensstrategien erworben hat und auf seine Gesundheit achtet. Er raucht nicht, trinkt keinen Alkohol und ist bis auf eine Schwäche der Augen gesund. Es wird es schwierig werden, in seine festgefahrenen Gewohnheiten Bewegung zu bringen. Ich denke, er kann seine Verhältnisse durchaus allein ordnen, habe aber den Eindruck, dass er auf Grund seiner Lebensweise immer wieder bei Leuten anecken wird. Bei meinen nunmehr monatlichen Besuchen gegen zehn Uhr vormittags ist Herr Kramer immer schon komplett angezogen. Sein etwas scharfer Körpergeruch stört mich mittlerweile nicht mehr. Vielleicht ist der Geruch auch schwächer geworden. Wo soll er sich auch waschen, wenn die Wohnung unbeheizt ist und ihm nur kaltes Wasser zur Verfügung steht.

Sein Tagesablauf ist immer gleich. Er verlässt die Wohnung mit einem Rollwägelchen in Richtung Stadtmitte gegen 11 Uhr vormittags. Im Winter, wenn die Vesperkirche geöffnet hat, geht er dorthin zum Essen. Nachmittags ruht er sich zu Hause aus und verlässt die Wohnung wieder gegen sechs Uhr abends. Gegen ein Uhr nachts ist er wieder zu Hause. Diesen Rhythmus behält er das ganze Jahr über bei, ob es heiß oder kalt ist, ob es schneit oder regnet. Ich werde nicht klug aus ihm. Eines will ich aber versuchen: Ihn stärker hier im Stadtteil zu integrieren.

Das Betteln

Herrn Kramers hat mich nie sonderlich interessiert. Mir war lange unklar, was er abends in der Stadt eigentlich macht, bis mir jemand aus meinem Bekanntenkreis von einem ganz lieben Bettler erzählte: „Als wir gestern aus dem Kino kamen, haben wir einen total lieben Bettler gesehen. Wir haben uns mit ihm richtig gut unterhalten. Er steht immer am gleichen Platz in der Nähe des großen Kinos in der Innenstadt." Meine Bekannten haben haarklein das Aussehen von Herrn Kramer beschrieben.

Eine Verwechslung ist gar nicht möglich. Natürlich habe ich aus Datenschutzgründen geschwiegen und nicht eröffnet, dass ich den Bettler von meiner Arbeit her kenne. Aber ich habe mir über die angebliche Armut des Mannes so meine Gedanken gemacht. Jetzt weiß ich auch, warum er nie eine finanzielle Unterstützung bei der Sozialhilfestelle beantragte. Ich habe ihm nämlich eindringlich die Folgen geschildert, wenn jemand zu Unrecht Sozialhilfe bezieht, wenn sein Einkommen, woher auch immer es stammt, zu hoch ist. Seine stetige Rede aber ist: „Ich beantrage keine Sozialhilfe, weil ich sonst im Falle eines Gewinns im Lotto alles zurückzahlen müsste." So ist das also.

Herr Kramer ist ein schlauer Kopf und sicher nicht so hilfebedürftig, wie ich dachte. Um sein Betteln kümmere ich mich nicht und spreche es auch nicht an. Es ist seine Sache, was er tut, wie er leben will und sein Leben gestaltet. Insgeheim mache ich mir natürlich schon Gedanken, warum er sich so verhält. Ob er wie viele alte Menschen Angst vor Verarmung hat? Diese Angst ist durchaus berechtigt.

Die Vesperkirche

schätzt Herr Kramer sehr, als wäre sie ihm ein Stück Heimat geworden: „Wenn man krank ist, kann man dort in die hinteren Räume zu einer Ärztin gehen. Als mir mal schwindelig war, hat sie mir den Blutdruck gemessen und mir Tabletten gegeben. Alle in der Vesperkirche können zu ihr gehen. Die vielen Hunde dort mag ich nicht. Sie tragen keinen Maulkorb und so. Außerdem können sie Trichinen haben. Der Pfarrer ist sehr nett. Ich unterhalte mich gerne mit ihm." Ich höre ihm interessiert zu, sage aber nichts. Da spricht er weiter: „Vielleicht gehe ich nach Hamburg. Da gibt es in der Vesperkirche das ganze Jahr über ein Essen, nicht nur im Winter. Außerdem kann man dort kostenlos wohnen. Die Vesperkirche kümmert sich drum, dass man ein Zimmer bekommt. Hier ist es auch ganz gut. In Hamburg bieten sie aber viel mehr als hier." Das klingt ja fast wie im Schlaraffenland. Hamburg bleibt für Herrn Kramer ein wundervoller Traum, solange ich ihn kenne.

11.3 Förderung und Begleitung im Alltag

Die Augenoperation

schiebt Herr Kramer immer wieder vor sich her. Er leidet am Grauen Star. Endlich hat er einen festen Termin und ist auch bereit, sich operieren zu lassen. Zur Sicherheit rufe ich mit seinem Einverständnis bei der Augenärztin an, ob Herr Kramer im Anschluss Hilfe bei den täglichen Verrichtungen braucht. Ich erfahre, dass er bis zu sechs Wochen nach der Operation versorgt werden muss.

Wegen der zu Hause fehlenden Hygiene bitte ich dringend, ihn nicht nach Hause zu entlassen, sondern ihn zumindest für eine Woche im Krankenhaus zu belassen. So geschieht es auch. Im Anschluss sorgt die Ärztin dafür, dass eine Schwester von der Sozialstation ihm täglich die zur Heilung nötigen Augentropfen verabreicht. Nach sechs Wochen ist alles wieder gut. Herr Kramer ist wieder fähig, seine geliebten Zeitungen zu lesen.

Die Integration im Stadtteil

ist für Herrn Kramer nicht einfach, obwohl er gerne Anschluss möchte. Meiner Einladung, mich in meiner Dienststelle zu besuchen, kommt er bald nach. Schon am nächsten Tag steht er um die Mittagszeit vor der Türe, als ich eben dabei bin, meine von zu Hause mitgebrachte Suppe zu essen. Was bleibt mir anderes übrig, als mit ihm zu teilen. Anschließend begleite ich ihn zur Begegnungsstätte mit der Hoffnung, dass er möglichst täglich etwas von dem übrig gebliebenen Essen erhält, nachdem die Vesperkirche nur in den Wintermonaten geöffnet ist. Die Leiterin der Begegnungsstätte ermöglicht ihm tatsächlich nach Beendigung des allgemeinen Mittagstisches, zum Essen zu kommen. Sogar einen Kaffee erhält er zum Abschluss.

Leider ist diese Freude bald zu Ende, da Herr Kramer nach Meinung der übrigen Besucher angeblich einen solchen Gestank verbreitet, der trotz Lüftung kaum aus den Räumen heraus zu bringen ist. Ich habe mich an den Geruch gewöhnt und finde ihn nicht mehr so schlimm. Mein nächster Integrationsversuch ist ein gemeinsamer Besuch in der Wärmestube. Ich schätze die Wärmestube sehr und kenne auch die Nutzer. Es sind freundliche Leute, die sich wie in einer Art Selbsthilfegruppe gegenseitig stützen. Außerdem ist dort eine sehr nette Betreuerin im Einsatz. Als ich Herrn Kramer davon erzähle, winkt er ab: „Dort trinken und rauchen die Leute, das kann ich beides nicht vertragen." Er ist also trotz meiner Versuche zumindest vorläufig nicht im Stadtteil integrierbar und will es vielleicht auch gar nicht sein. Dass er es faustdick hinter den Ohren hat, weiß ich mittlerweile.

Im Stadtteil wohnen mehrere Menschen, die wie Herr Kramer unschöne Erinnerungen an den Krieg haben. Sie kommen zu mir wie viele andere Ratsuchende, die einen Informations- oder Klärungsbedarf haben. Einmal war ein älterer Herr bei mir, der mich in einem Beratungsgespräch wegen einer ganz anderen Sache um Rat fragte, dann aber ganz schnell auf seine unbewältigten Kriegserlebnisse zu sprechen kam. Dieser Mann lebt vermutlich ebenso wie Herr Kramer mit einem unbewältigten Kriegstrauma. Da kommt mir die Idee, ehemalige Kriegsteilnehmer zum Austausch ihrer Erlebnisse an einen Tisch zusammenzubringen. Vielleicht ist Herr Kramer an einer Gruppe dieser Art interessiert und auf diese Weise integrierbar. Ich werde ihn fragen.

Das gemeinsame Ordnen

und Entmüllen wird nicht einfach werden. Mit der psychosozialen Begleitung von Herrn Kramer seit bisher drei Monaten, bin ich an meine Grenzen gestoßen, da ich die notwendige, zeitaufwändige Arbeit neben meiner normalen Arbeit nicht leisten kann. Erfreulicher Weise gibt es einen Dienst, nämlich „Helfen und Räumen", der sich dieser langwierigen Sache annehmen kann. Voraussetzung für einen Einsatz dieses Dienstes ist, dass Nachhaltigkeit gewährleistet ist. Das zu beurteilen, wird schwer werden. Bei aller Liebenswürdigkeit halte ich Herrn Kramer für einen ziemlich festgefahrenen, sturen und egoistischen Menschen. Er ist nicht bereit sich zu waschen und die verschmutzte Kleidung zu wechseln. Außerdem nutzt er andere Menschen für seine Zwecke aus. Einmal brachte er zwei junge Frauen mit, die er auf der Straße kennen gelernt hatte. Er hatte sie gebeten, bei ihm etwas Ordnung zu machen. Als er sie anschließend mit halb verfaulten Äpfeln und schimmligen Würsten bezahlen wollte, sind sie nie wieder gekommen.

Um seine Wohnverhältnisse für ihn und die Nachbarn erträglicher zu machen, werde ich mit dem Dienst „Helfen und Räumen" Kontakt aufnehmen. Zunächst spreche ich aber mit Herrn Kramer darüber: „Schade, dass Sie Ihre Badewanne nicht benutzen können. Das Waschen oder Duschen wäre dann viel einfacher. Aber solange Brandgefahr besteht, wird der Gashahn vom Hausmeister nicht aufgedreht." Herrn Kramer stört das nicht weiter. Ich versuche einen neuen Anlauf: „Bei Ihnen kann ich mich nie setzen. Alles ist voll gestellt. Ich fände es gut, wenn ein Stuhl zum Sitzen frei wäre." Da antwortet er mir: „Einen Stuhl kann ich Ihnen schon freimachen." Sofort versucht er, einen Stuhl abzuräumen, der mit einem aufgetürmten Stapel von Kleidern belegt ist. Er legt den Kleiderberg auf sein Bett und meint: „Einen Kleiderschrank könnte ich schon gebrauchen, um etwas Ordnung zu haben."

Als ich sitze, erzähle ich ihm von dem möglichen Einsatz eines Dienstes, der ihm beim Umräumen helfen könnte: „Dieser Dienst muss von Ihnen nicht bezahlt werden. Er ist für Menschen wie Sie gedacht, denen es schwer fällt, Ordnungsstrukturen zu schaffen." Dann schildere ich die Arbeitsweise des Dienstes: „Die MitarbeiterInnen helfen beim Aufräumen nur dann, wenn Sie auch mitmachen. Es sind keine Putzfrauen sondern SozialarbeiterInnen, die gemeinsam mit Ihnen Ordnung schaffen. Wollen Sie das?" Herr Kramer überlegt nicht lange: „Ich bin damit einverstanden. Wenn Sie meinen, dass es gut ist, mache ich es." Er hat seine Vorteile sofort erkannt.

Mit seinem Einverständnis nehme ich Anfang März Kontakt zu dem Dienst auf. Einer Mitarbeiterin schildere ich die Verhältnisse. Bei einem gemeinsamen Besuch mit ihr bei Herrn Kramer kann sie sich selbst ein Bild machen und meint, dass ein Einsatz des Dienstes bei Herrn Kramer sinnvoll ist. Herr Kramer nimmt die Unterstützung an und zeigt sich meiner Ansicht nach konstruktiv seinen geplagten Nachbarn gegenüber, die den aus seiner Wohnung kommenden Gestank aushalten müssen. Gemeinsam füllen wir einen entsprechenden Antrag aus, er hat alles unterschrieben und freut sich darauf.

Am nächsten Tag besucht er mich in meiner Dienststelle und berichtet mir: „Jemand hat mir mit einem Zettel im Briefkasten für heute die Lieferung eines Schrankes angekündigt." Ich freue mich mit ihm. Am nächsten Tag besucht er mich erneut: „Der Schrank steht schon im kleinen Zimmer. Da geht viel rein." Er ist ganz aufgeregt: „Es war noch niemand zum Aufräumen bei mir!" Ich beruhige ihn etwas: „Der Antrag wurde bereits genehmigt, also sorgen Sie sich nicht." Dann rufe ich bei dem Dienst „Helfen und Räumen" an und erfahre, dass sie in zwei Tagen mit der gemeinsamen Arbeit beginnen werden. Langsam kommt etwas in Bewegung. Ich bin gespannt, wie es weiter gehen wird.

11.4 Veränderungen, Stabilisierungen, Ergebnisse

Veränderungen

bahnen sich langsam an. Die Verhältnisse bei Herrn Kramer haben sich deutlich verbessert. Eine Mitarbeiterin des Dienstes „Helfen und Räumen" konnte eine gute menschliche Beziehung zu ihm aufbauen. Mit ihr zusammen sortiert er Berge von Kleidung und zusätzlich Lebensmittel mit abgelaufenem Haltbarkeitsdatum. Außerdem baut sie ein Ordnungssystem mit ihm auf. Auch bei der Körperhygiene ist sie ihm behilflich, indem sie ihn auffordert, sich zu waschen, was er gut allein kann. Nur beim Hinaussteigen aus der Badewanne muss sie ihm helfen, weil er es nicht alleine schafft. Die angebotene Unterstützung durch einen Pflegedienst hat er abgelehnt.

Bei meinen sporadischen Besuchen kann ich die Fortschritte erkennen. Wenn ich Herrn Kramer auf der Straße begegne, riecht er nicht mehr. Ihm geht es offensichtlich gut. Herr Kramer hilft weiterhin mit bei der Entmüllung seiner Wohnung und dem Ordnen und Sortieren seiner Wäsche und Bekleidung, die sich in einer großen Zahl von Kartons befindet. Es handelt sich teilweise um sehr gediegene und teure Kleidung. Eines von den beiden Zimmern und die darin befindlichen zwei Schränke sind bereits aufgeräumt. Ich halte die Verlängerung des Einsatzes um ein halbes Jahr für wichtig, da der Versuch gestartet werden soll, eine Verbesserung seiner Körperhygiene zu versuchen und das Erreichte zu stabilisieren. Außerdem soll die Wohnung noch renoviert werden.

Leider unterlässt es Herr Kramer immer wieder, sich ordentlich zu waschen. Deshalb darf er auch nicht mehr in die Begegnungsstätte kommen, was ich sehr gut nachvollziehen kann. Darüber ist er traurig, weil es ihm dort gut gefallen hat. Als ich Herrn Kramer nach längerer Zeit wieder besuche, sieht es in der Wohnung prächtig aus. Die Wände wurden weiß gestrichen, Vorhangschienen montiert und Vorhänge angebracht. Statt zwei Schränken gibt es jetzt vier Schränke, in denen alles untergebracht werden konnte, was sich zuvor in Schachteln befand. Müll ist kaum mehr vorhanden. Unklar ist, wer in Zukunft nach Beendigung der Arbeit des Dienstes Herrn Kramer verlässlich unterstützen wird, ihm seine Wäsche macht, beim Aufräumen und bei der Körperhygiene hilft. In jedem Fall braucht er Hilfe beim Baden, da er nicht allein aus der Wanne kommt.

Als ich ihn nach seinen Wünschen frage, meint er: „Ich will ein eigenes Zuhause haben und ich bin nicht bereit, in eine Einrichtung zu gehen." Somit ist diese Frage geklärt. Jede Art von Versorgung durch ambulante Dienste, die er selbst bezahlen muss, lehnt er ab. Er will Hilfen nur mit seinen gehorteten, teils verdorbenen Lebensmitteln bezahlen. Daran wird es scheitern, denn darauf lassen sich vernünftige Menschen sicher nicht ein. Eine Hypothese, die mich beschäftigt hat, ist, ob für ihn die Zeit im Zweiten Weltkrieg stehen geblieben ist, als es Hunger und Elend gab. Heute interessieren sich die Leute nämlich kaum mehr für halbverdorbenes Essen. Ich bin sehr neugierig, wie es bei Herrn Kramer weitergehen wird. Mit der Sozialhilfestelle will er ausdrücklich nichts zu tun haben. Ich werde mich also zunächst einmal zurückhalten und die weitere Entwicklung beobachten und abwarten, was geschieht.

Nach diesem Besuch höre ich lange nichts mehr von ihm. Auch im Wohnhaus weiß niemand, wo er steckt. Nach drei Wochen erhalte ich einen Anruf von der Betreuungsbehörde. Herr Kramer ist auf der Straße gestürzt und musste in ein Krankenhaus eingeliefert werden. Da es keine weiteren Bezugspersonen gibt, sollte nun endlich eine gesetzliche Betreuung für ihn eingerichtet werden. Seine Hausärztin lehnt diesen Vorschlag ab. Er könne seine Angelegenheiten auch ohne fremde Hilfe leisten. Vermutlich hat sie Recht.

Nach längerer Zeit besuche ich Herrn Kramer erneut. In der Zwischenzeit habe ich wenig über ihn gehört. Es muss ihm gut gehen, sonst hätte er sich bei mir gemeldet. Wir freuen uns beide über das Wiedersehen. Herr Kramer ist sauber gekleidet. Sein Bett ist gemacht und mit einem schönen Überwurf bedeckt. Als ich die Decke bewundere, meint er: „Die habe ich in der Vesperkirche geschenkt bekommen. Ich finde sie auch sehr schön." Ein großer Kalender hängt an der Wand mit einem Mechanismus, bei dem man mit Ziffern das Datum für jeden Tag selbst einstellen kann. Auf diese Weise kennt er für jeden Tag das richtige Datum. Das ist sehr sinnvoll für seine Tagesstrukturierung.

Dann zeigt er mir eine Krücke: „Die brauche ich jetzt. Ich bin gestürzt und musste ins Krankenhaus. Ein wenig humple ich noch. Im Fuß ist ein Metallstift, der kommt aber bald wieder raus." Ich bin sehr erleichtert. Herr Kramer ist guter Laune und scheint sein Leben gut bewältigen zu können. Er ist sauber gekleidet und riecht nicht mehr so stark wie früher. Vielleicht habe ich mich auch an den Geruch gewöhnt. Aber eines ist gleich geblieben: Zum Abschied schenkt er mir einen Apfel. Ab jetzt besuche ich ihn nur noch selten. Er weiß, wo er mich findet, wenn er Unterstützung bei der Regelung seiner Angelegenheiten braucht.

12. Die zur Sorge gezwungene Frau Binder

12.1 Die Lebenswelt Frau Binders

Das Wohngebiet

liegt im Zentrum des Stadtteils. Geschäfte, Arztpraxen und Ämter sind zu Fuß gut erreichbar. Die teilweise noch aus dem Mittelalter stammenden Häuser haben meist nur ein bis zwei Stockwerke. Angrenzend befindet sich eine Zone lockerer Bebauung, in der Mehrfamilienhäuser überwiegen. Im äußeren Bereich sind auch Villen vorhanden. Es gibt eine große Anzahl von Vereinen, die sich am öffentlichen Leben beteiligen. Auch die Kirchengemeinden und die Altenbegegnungsstätte sind aktiv, die Bildungsangebote für SeniorInnen anbieten. Zur Erholung brauchen die BewohnerInnen keine großen Wege zurückzulegen, da der Wald in gut erreichbarer Nähe liegt. Störend wirkt eine breite Autostraße, die das Wohngebiet zerschneidet und somit auch die Beziehungen der dort lebenden Menschen negativ beeinflusst. Das Überqueren der Straße ist besonders für Kinder und alte Menschen sehr gefährlich.

Die BewohnerInnen halten Distanz zueinander. Eine Unterstützung durch Nachbarn ist hier nicht zu erwarten. So genannte „Nicht-Schwaben", wie das Ehepaar Binder, finden nur selten Anschluss, auch nicht nach dreißig Jahren Aufenthaltsdauer. Sie leben ohne nennenswerte Außenkontakte in einem der kleinen, alten, meist renovierungsbedürftigen Fachwerkhäuser. Hier werde ich das Ehepaar über mehrere Jahre begleiten und zu unterstützen versuchen.

Die sich sorgende Frau Binder
wird mir vom Hausarzt als depressiv geschildert.

> Frau Binder versorgt ihren schwer pflegebedürftigen Ehemann allein ohne weitere Hilfen zu Hause. Bisher lehnte sie jede Unterstützung durch einen Pflegedienst ab. Als ich sie an einem kalten, trüben Herbsttag kennen lerne, erscheint sie mir mit der häuslichen Pflege heillos überfordert. Es wundert mich nicht, dass sie depressiv ist. Gerade bei Überforderung ist eine Depressionen bei älteren Menschen häufig. Manchmal geht eine Depression mit einer negativen Einstellung gegenüber sich selbst einher. Ausgelöst wird sie oft durch Verluste, Sorgen, Gebrechen, negative Veränderungen, Krankheiten, Isolation, Umzug, Unverständnis der Umgebung, Konflikte in der Familie, das Nachlassen der geistigen Kräfte und manifestiert sich, wie es bei Frau Binder offenbar passiert ist. Häufig werden frühere Neigungen zur Niedergeschlagenheit im Alter stärker. Viele Depressionen im Alter werden nicht erkannt. Dabei lassen sich Depressionen gut behandeln. Je früher sie erkannt werden, umso leichter sind sie zu behandeln.
>
> Das Bewusstwerden ihrer Lage, nämlich selbst auf ihre Schwierigkeiten keinen Einfluss nehmen zu können, führte bei Frau Binder offenbar zum Gefühl der Hilflosigkeit und in der Folge zu depressiven Verstimmungen. Der Psychiater Piet C. Kuiper beschreibt die Hauptmerkmale einer jeden Depression: „An die Stelle der Lebensfreude tritt eine quälend düstere Stimmung, wie man sie erlebt, wenn man jemanden, den man liebt, verloren hat. Der Impuls, in irgendeiner Weise aktiv zu sein, ist verschwunden. Die Welt verliert ihre Farbe, alles wird grau, im schlimmsten Fall verflucht man seine Geburt.
>
> Nicht selten kommt zu diesem Elend noch eine quälende Angst hinzu, die sich zur Panik steigern kann und oft gänzlich unerträglich ist. Bei einer schweren Depression treten Schlafstörungen auf, man hat keinen Appetit mehr. Wie elend man sich auch fühlt, man kann nicht weinen. Da man zu absolut nichts Lust hat, kommt man auch zu nichts, und dazu tritt ein Symptom auf, das man als „Hemmung" bezeichnet. Auch wenn man etwas tun will, man kann es nicht. Es ist, als ob man von einer unsichtbaren Kraft davon zurückgehalten wird" (Kuiper 1996, S. 21).

Eine andere Form ist die saisonal abhängige Depression. Trübes Wetter und dunkle, verregnete Herbsttage schlagen bei vielen Menschen auf die Stimmung. Die Krankheit beginnt in den Herbstmonaten und endet im Frühjahr. „In dieser Zeit leiden die PatientInnen unter einem Mangel an Energie sowie unter großer Traurigkeit. Es fällt ihnen schwer, einen normalen Alltag zu bewältigen, und sie haben das Bedürfnis, mehr zu schlafen. Ein weiteres Symptom ist der starke Appetit auf Süßes, meint Ulrich Hegerl von der Psychiatrischen Klinik der Ludwig-Maximilians-Universität München.

Viele Betroffene haben mit Vorurteilen zu kämpfen, denn Depressionen werden in der Öffentlichkeit immer noch nicht als „richtige Krankheit" anerkannt und mit normalen Stimmungsschwankungen verwechselt. Dabei gibt es kaum eine andere Krankheit, die Menschen so ihre Lebensqualität und ihren Lebensmut rauben kann wie Depressionen. Nach Klaus Dörner gehört „Depressivsein im Alter zu den häufigsten Umgangsweisen mit Schwierigkeiten" (Dörner et al. 1992, S. 419). Ein depressiver Mensch nimmt Hilfen oft nicht an, ist reizbar und unkooperativ. Genau in dieser Weise verhält sich Frau Binder, was die Zusammenarbeit mit ihr äußerst schwierig gestaltet. Bei etwa 50 Prozent der Menschen mit einer bestehenden Depression wird diese als solche nicht erkannt, auch weil es den PatientInnen schwer fällt, psychische Beschwerden wie Hoffnungslosigkeit und verlangsamtes Denken zu offenbaren. Weder Ärzte noch andere betreuende Berufsgruppen wissen die Symptome der Betroffenen richtig einzuordnen.

Bei alten Menschen verschärft sich die Problematik, weil sie dazu neigen, sich zurückzuziehen und seltener als junge Menschen aktiv nach Hilfe suchen. Dabei ist das Feststellen einer Depression der wichtigste Schritt zur Heilung, denn 70 Prozent der Betroffenen können mit Psychotherapie und mit Medikamenten erfolgreich behandelt werden. Eine schwere Depression muss immer behandelt werden, da bis zu 15 Prozent der Betroffenen Selbstmord begehen, wie Untersuchungen der Universitätsklinik Heidelberg aus dem Jahr 2002 gezeigt haben.

Depressionen im Alter erklären sich durch die erhöhten Risiken des Alters: Vereinsamung, Verlust der Lebensperspektive, Schmerzen, Angewiesenheit auf Hilfe, Überforderung durch die Anhäufung von Belastungen und Erschöpfungszuständen bei der Pflege von Angehörigen, wie es bei Frau Binder der Fall ist. Daraus ergeben sich die Risikofaktoren für eine Depression: Soziale Isolation, ungünstige Lebensereignisse, körperliche Erkrankungen, Konflikte mit Angehörigen, wiederholte Depressionen in der Vergangenheit und eine depressive Persönlichkeitsstruktur.

Auch Krisen stellen für die Betroffenen eine Belastungssituation dar, die mit Angst- und Stressgefühlen einhergeht. Bei Konfliktlösungen spielt neben den persönlichen Kompetenzen der Familienzusammenhalt eine große Rolle. Die Folgen, die sich durch Stigmatisierungen im Alter ergeben, sind der Verlust der Lebensqualität, soziale Isolation, erhöhte Sterblichkeit, erhöhte Verletzbarkeit, verfrühte Aufnahme ins Pflegeheim, finanzielle Lasten und Lebensüberdruss. Das wohl berechtigte Gefühl Frau Binders, ihre bedrückende Situation selbst nicht verändern zu können, führte bei ihr offenbar zu aggressivem Verhalten und ließ sie ihrem schwerstpflegebedürftigen Ehemann gegenüber gewalttätig werden.

Aggressives Verhalten ist mittels der Frustrations-Aggressions-Hypothese zu erklären versucht worden. Eine Frustration erzeugt Ärger und die Ärgererregung erzeugt eine innere Bereitschaft für aggressives Verhalten. Ärger, Angst und Gefühle des Bedrohtseins können Aggressionen hervorrufen, die sich bei Stress und Überforderung in Gewaltausbrüchen entlädt. Anzeichen und Signale von Gewalt sind immer dort vorhanden, wo die emotionalen Beziehungen mit Angst besetzt sind. Gewalttätiges Handeln beinhaltet immer die Anwendung von Zwang und Macht. Es geschieht entweder überlegt und mit Absicht (z. B. bei Bestrafung) oder unüberlegt im Affekt (Gewaltausbruch), wie ich bei Frau Binder vermute, in dessen Folge einem an sich vertrauten Menschen seelisch oder körperlich Schaden zugefügt wird.

Das Gegenteil von gewalttätigem Handeln ist prosoziales Handeln, wo dem Menschen Gutes getan wird. Generell gilt demnach, prosoziales Handeln zu fördern, um gewalttätiges Handeln zu hemmen. Ich denke, Frau Binder ist in normalen Zeiten sehr wohl zu prosozialem Handeln fähig, wenn sie nicht mehr unter Hochdruck steht. Nicht nur Kinder sondern auch Erwachsene brauchen Liebe, Wärme, Zuwendung und ein von Lebensfreude gekennzeichnetes Familienklima, das von Achtung und Respekt voreinander geprägt ist.

Informationen über das Ehepaar Binder

und seine Verhältnisse erhalte ich von einem Pflegedienst. Dieser Dienst wurde von Frau Binder erst nach langem Zögern hinzugezogen. Nach einer Mitteilung des Pflegedienstes erfahre ich, die Pflege könne nicht mehr gesichert werden, da Frau Binder die Pflege ihres Mannes nur noch einmal am Tag zulässt. „Das Geld, unseren Dienst zu bezahlen, ist ausreichend vorhanden", meint die Pflegedienstleitung, „die restliche Pflege will Frau Binder selbst übernehmen. Damit ist sie aber unserer Meinung nach völlig überfordert."

Weiters erfahre ich noch, die Wohnung sei sehr unsauber und an den Zimmerwänden befinde sich schwarzer Schimmel. Der Pflegedienst ist nicht mehr bereit unter diesen angeblich untragbaren Bedingungen weiterhin Pflegeleistungen zu erbringen. Der Ehemann sei unterversorgt, wund gelegen und eine Aufnahme in ein Pflegeheim wäre zu erwägen. Ein anderer Pflegedienst, den ich anfrage, ist ebenso entsetzt über die ungepflegte Wohnung und lehnt die Pflege Herrn Binders in diesen Verhältnissen ebenfalls ab, um, wie er meint, die desolaten Verhältnisse nicht noch zu stabilisieren, womit er zweifellos Recht hat.

Nach diesen Informationen scheint es mir, als wäre Frau Binder mehr um ihr eigenes Wohlbefinden und den Geldbeutel besorgt als über das Schicksal ihres Ehemannes. Eine besorgte Nachbarin, die mich beim Haus des Ehepaares stehen sieht, als ich gerade klingeln möchte, kommt auf mich zu, fragt nach, wer ich bin, und ergänzt den Bericht: „Früher war Frau Binder immer schick und adrett gekleidet. Wir haben uns beim Einkaufen getroffen. Heute sehe ich sie nur noch selten. Ich weiß gar nicht, was los ist. Ich glaube ihr Mann ist krank, weil immer eine Pflegerin in das Haus geht. Wir hatten gute nachbarschaftliche Kontakte." Irgendwann sei Frau Binder isoliert gewesen, meint die Nachbarin, und habe nicht mehr am geselligen Leben im Stadtteil teilgenommen.

Der sehr bemühte Hausarzt, mit dem eine gute Kooperation besteht, und der das Ehepaar Binder schon lange kennt, ruft mich kurze Zeit später an: „Der Pflegedienst will die Pflege nicht mehr durchführen. Ich halte die Verhältnisse nicht für schlimm und keinesfalls für gefährdend. Die Unterbringung in einem Pflegeheim aus hygienischen Gründen ist unnötig", meint er pragmatisch. „Früher hat man sich auch nur in einer Waschschüssel gewaschen und zwar von oben bis unten. Duschen oder Bäder wurden hier in den alten Häusern nie eingebaut", so sagt er.

Als ich ihre Depression anspreche, meint er: „Sie bekommt entsprechende Tabletten. Solange sie aber so belastet ist, nutzt das alles nichts. Sie müsste einmal richtig ausspannen und in Kur gehen. Das will sie nicht." Eine Kurzzeitpflege für zwei Wochen für Herrn Binder in einer Einrichtung der Altenhilfe hält er auch für gut, damit sich die Ehefrau von den Strapazen etwas erholen kann und Abstand gewinnt: „In dieser Zeit kann die Wohnung renoviert werden. Ich werde mit der Tochter des Ehepaares Kontakt aufnehmen, damit sie sich darum kümmert." Dann schlägt er vor: „Ich werde Frau Binder informieren, dass sie bei Ihnen anrufen soll, um das weitere Vorgehen genauer zu besprechen." Wenige Tage später meldet sich Frau Binder und wir vereinbaren einen Besuchstermin bei ihr zu Hause.

Die ersten Besuche

dienen Frau Binder und mir, uns kennen zu lernen. Als ich anlässlich meines ersten Besuches an der Eingangstüre klingele, öffnet sich im ersten Stock ein kleines Fenster. Ein Körbchen wird heruntergelassen, in dem der Haustürschlüssel liegt. Frau Binder meint, „das mache ich immer so, um nicht jedes Mal, wenn es klingelt, die steile Treppe hinunter und hinauf laufen zu müssen." Frau Binder schaut mir bei der Begrüßung nicht direkt in die Augen, benimmt sich aber sehr höflich, fast etwas zu devot. Über eine steile und sehr schmale, leicht ausgetretene Holztreppe führt sie mich nach oben in den ersten Stock. Als wir oben in der Wohnung anlangen, merke ich, wie gebückt sie geht. In der Wohnung ist es eiskalt, sodass ich meinen Mantel anbehalten muss.

Durch eine winzig kleine Küche gelangen wir in das Krankenzimmer. Es sieht tatsächlich so schrecklich aus, wie mir vom Pflegedienst beschrieben wurde. Im Bett ist Kot verschmiert. Es riecht Ekel erregend nach faulem Fleisch. Zunächst begrüße ich Herrn Binder, der merkwürdig verrenkt mit angewinkelten Beinen im Bett liegt. Er hat eine angenehme ruhige Stimme und lächelt, als er mir die Hand gibt. Er hält sie eine ganze Weile fest, so dass es mir auffällt. Dann beginnt er mit einer ruhigen, angenehmen Stimme zu sprechen: „Ich bin froh, dass Sie da sind. Mein Arzt hat Sie schon angekündigt. Meine Frau braucht Hilfe bei der Pflege, so klein und schwach wie sie ist", flüstert er mir leise zu, vermutlich damit seine Frau ihn nicht hört.

Herr Binder muss ein großer, stattlicher Mann gewesen sein. Jetzt ist er bis auf die Knochen abgemagert. „Seit einem Schlaganfall kann er seine Beine nicht mehr gerade richten", bemerkt Frau Binder mit weinerlicher Stimme, als sie aus dem Nebenzimmer herein kommt. Ohne aktivierende Pflege sind die Gelenke offensichtlich so versteift, dass die Beine immer angewinkelt bleiben. Es ist ein eindeutiger Pflegefehler, der auf eine physische und psychische Vernachlässigung hindeutet. Diese Erkenntnis behalte ich für mich. Ich denke, es steht mir nicht zu, in solchen Verhältnissen sofort Kritik zu üben. Um das notwendige Vertrauen des Ehepaars zu gewinnen, hebe ich mir die Kritik für später auf.

Zusätzlich zur Versteifung der Kniegelenke ist er wund gelegen. Das passiert, wenn ein bettlägeriger Mensch nicht regelmäßig von einer Seite auf die andere gedreht wird. Das Wundliegen, auch Dekubitus genannt, gehört zu den gefürchteten Komplikationen bei bettlägerigen Menschen. Darunter ist ein Geschwür der Haut und auch der tiefer liegenden Gewebeschichten zu verstehen. Ein Dekubitus ist umso eher zu erwarten, je älter der Mensch ist, je länger er liegen muss, je weniger er mobil und je stärker er pflegeabhängig ist und je weniger Körpergewicht er auf die Waage bringt. Es muss für Herrn Binder schmerzhaft sein, ohne seine Lage selbstständig verändern zu können, ständig auf diese Weise im Bett liegen zu müssen. Auch das Sitzen in einem Rollstuhl ist ihm nicht mehr möglich. Nur seine Arme kann er noch frei bewegen und sich an einem Bügel ein wenig hochziehen. Ich nehme mir vor, einen Ergotherapeuten zu bitten, sich die Versteifung einmal anzusehen, und Gegenmaßnahmen aufzuzeigen.

Im Gegensatz zu seiner Frau strahlt Herr Binder Ruhe aus. Sein Gesichtsausdruck ist freundlich, ruhig und gesammelt, während seine Frau weinerlich und von Unruhe getrieben kaum still sitzen kann. Vielleicht macht sie meine Anwesenheit nervös. Ihr Gesicht ist angespannt und sie zittert. Ob sie Angst hat? Ich versuche ganz harmlos auszusehen, lächle ihr freundlich zu und hoffe, dass sie mein Signal versteht. Mein Wunsch ist es, ihr Vertrauen zu gewinnen, um sie in ihrer Freudlosigkeit etwas aufzuheitern, damit sie mich akzeptiert und meine Unterstützung annimmt.

Hinter dem Krankenzimmer befindet sich eine kleine Schlafkammer für Frau Binder. Hier steht auch das Telefon. Alle drei Räume, die ich bisher betreten habe, sind unaufgeräumt. Auf dem Tisch in der Schlafkammer liegt ein schon älterer Antrag auf Einstufung in die Pflegeversicherung. „Hier liegt ja ein Antrag auf Einstufung", bemerke ich erfreut, „soll ich Ihnen beim Ausfüllen helfen?" Sie nimmt mein Angebot gerne an. Auch beim Ausfüllen des Pflegetagebuches helfe ich ihr. „Schicken Sie den Antrag zusammen mit dem Pflegetagebuch gleich weg. Vom Tag der Antragstellung an erhält dann Ihr Mann in Zukunft Pflegegeld." Später erfahre ich, dass Herr Binder in die höchste Pflegestufe eingestuft wurde. An Geldmangel kann die häusliche Pflege also nicht mehr scheitern.

12.2 Die Erfassung des Alltagsgeschehens

Meine erste Einschätzung

die Lage von Frau Binder nachhaltig verbessern zu können, ist eher negativ. Sie wirkt auf mich wie ein Häufchen Elend. Einerseits sieht es so aus, als schämt Sie sich für ihr weinerliches Getue, andererseits kann sie nicht richtig weinen und sich dadurch Entlastung verschaffen. Sie wirkt verkrampft und ständig angespannt. Ich verstehe nicht so ganz, warum sie sich vor mir als Häuflein Elend präsentiert, wo es doch ihr Mann ist, der zu leiden hat. Sie zittert tatsächlich am ganzen Leib. Ob es sich um Entzugserscheinungen handelt? Angeblich trinkt sie Alkohol. Ich habe den Eindruck, sie weint nicht wegen dem hoffnungslosen Zustand ihres Mannes, sondern wegen ihrer eigenen Situation, in die er sie durch seine Pflegebedürftigkeit gebracht hat. Das schließe ich aus Äußerungen des Pflegedienstes, der Gewalthandlungen gegen den Ehemann vermutet. Bei Überforderung kann der vertraute Raum offenbar plötzlich zum Kriegsschauplatz werden.

Mit der Überforderungssituation befindet sich Frau Binder offenbar in einem Dilemma. Einerseits hat sie nach dem Treuemuster vieler alter Ehepaare den Anspruch, den Ehemann nicht im Stich zu lassen und ihn aus Pflichterfüllung selbst zu pflegen. Andererseits hält sie den mit der Pflege verbundenen Stress nicht aus. Sie macht sich kaputt, ist unglücklich, macht aber trotzdem weiter. Vielleicht hält sie es aus Traditionsgründen für ihre Pflicht, es so und nicht anders zu machen. Keinesfalls will sie jemand anderen pflegen lassen. Eine Befreiung erfolgt erst, wenn der Ehemann stirbt. In dieser verzwickten Situation werde ich sehr behutsam vorgehen müssen. Ich bin auf schwierige Verhältnisse eingestellt. Vorrang, so scheint mir, wird der Abbau von Stress haben müssen. Es stellt sich die Frage, ob Frau Binder als heillos überforderte pflegende Angehörige überhaupt in der Lage ist, sich etwas zurückzunehmen.

Doch dann geschieht etwas Wunderbares: Auf der Suche nach einem Pflegedienst, der die Schwerstpflege bei Herrn Binder unter den gegebenen Umständen übernehmen kann, schickt der Dienst eine Pflegerin, die aus dem asiatischen Raum stammt, und dem Ehepaar von Beginn an freundlich zugewandt ist. Auf sanfte Weise bringt sie Ruhe in die aufgewühlten Gemüter. Sie behandelt Frau Binder mit Respekt, was ihr gut tut. Herr Binder strahlt und ist zufrieden, weil er jetzt immer sauber gewaschen ist. Es riecht auch nicht mehr unangenehm im Zimmer. Schwester Maria freut sich, dass der Dekubitus durch die vermehrt zugelassene Pflege endlich abheilen kann. Außerdem hat Frau Binder einer Abbuchung der Zuzahlungen vom Konto des Ehemannes zugestimmt. Zuvor musste das Geld immer erst angemahnt werden. Langsam ist ihr Vertrauen zur Pflegerin gewachsen und die Anspannung und Nervosität reduzieren sich. Ein von mir nach Absprache mitgebrachter Kuchen, den wir gemeinsam verspeisen, hat zur Festigung unserer Beziehung sicher beigetragen.

Die Familienverhältnisse

klären sich allmählich. Die Tochter des Ehepaares meldet sich telefonisch bei mir in der Dienststelle, nachdem sie von dem Pflegedienst über die desolaten Zustände in der Wohnung informiert worden war. Die Familie wohnt etwa fünfzig Kilometer von den Eltern entfernt. Die Tochter hat zwei kleine Kinder und ist auch beruflich sehr eingespannt. Trotzdem kommt sie persönlich zu einem Gespräch in mein Büro.

Wir vereinbaren einen gemeinsamen Hausbesuch bei den Eltern und überlegen, was zu tun ist, um die Zustände weiter zu verbessern. Im Gespräch merke ich, wie wichtig ihr die Eltern sind. Sie überlegt nicht lange und ist bereit, eine Woche Urlaub zu nehmen, um die drei von den Eltern genutzten Räume gemeinsam mit ihrem Mann auf Vordermann zu bringen. „Mein Mann ist sicher bereit, die Renovierung der Wohnung zu übernehmen. Die Mutter meines Mannes wird sich um die Kinder kümmern. Bei ihr sind sie sehr gerne", meint sie.

Erfreulicherweise ist Frau Binder einverstanden, ihren Ehemann für die Zeit der Renovierung in der Kurzzeitpflege unterzubringen. Alles geschieht wie geplant. Erneut helfe ich ihr beim Ausfüllen diverser Formulare und gemeinsam stellen wir zusammen, was ihr Mann für die Kurzzeitpflege braucht und mitnehmen muss. Ihr Weinen und Seufzen ist deutlich schwächer geworden. Normalität kehrt ein. Die Tochter übernimmt das Einpacken der notwendigen Utensilien. Bei der Gelegenheit bemerke ich auch ihren liebevollen Umgang mit der Mutter, die sichtlich auflebt, seit die Tochter da ist.

Frau Binder besucht ihren Mann täglich in der Kurzzeitpflege. Sie ist ruhiger geworden, seit die Tochter ihr beisteht. Anschließend nach einem Besuch beim Ehemann wird Frau Binder dringend gebraucht, um mit der Tochter Berge von teils ungewaschener Kleidung zu sortieren und wegzuwerfen, was unbrauchbar geworden ist. Nach einer Woche ist die Wohnung frisch tapeziert, die Küche sieht wieder appetitlich aus und der Fußboden glänzt vor Sauberkeit. Als die junge Familie abgereist ist, hält sich noch eine ganze Weile ein wenig von dem positiven Klima, das die Tochter mitgebracht hatte. Herr Binder befindet sich noch in der Kurzzeitpflege.

12.3 Förderung und Begleitung im Alltag

Das gemeinsame Ordnen

der Verhältnisse schreitet weiter voran. Ich halte Kontakt mit der Tochter, die ich über das Geschehen unterrichte und einbeziehe, wenn weitere Dinge zu ordnen sind. Frau Binder wurde von der Tochter bestärkt, etwas mehr für sich selbst zu tun. Bei meinem nächsten Besuch erkenne ich Frau Binder kaum. Sie war beim Friseur und hat sich Dauerwellen machen lassen. Die Frisur steht ihr sehr gut. Sie kleidet sich schicker als zuvor und leistet sich auch ein Paar neue Schuhe. Aus der äußeren Ordnung entwickelt sich zusehends eine innere Ordnung.

Ausgerechnet jetzt, als sich eine Wendung zum Guten anbahnt, erleidet sie ein Missgeschick. Nach einem Besuch beim Ehemann verletzt sie sich bei der Heimfahrt mit dem Bus am Schienbein. Sie erzählt mir ausführlich, wie es passiert ist: „Ein von der Polizei angeforderter Krankenwagen brachte mich ins Krankenhaus. Nach Versorgung der Wunde bin ich mit dem Taxi nach Hause gefahren." Wider Erwarten ist sie frohgemut, weil ihr Mann morgen nach Hause kommt. Von Stress ist nichts zu spüren.

Der Hausarzt überlegt, ob es nicht gut wäre, wenn das Ehepaar gemeinsam in ein Pflegeheim ginge. Der Mann könnte im Pflegeheim versorgt werden und die Frau in der gleichen Einrichtung wie er im Betreuten Wohnen leben. Dieser etwas gefühllose Vorschlag, wird von beiden Eheleuten heftig zurück gewiesen. Sie wollen ihr vertrautes zu Hause nicht verlassen, vor allem, seit es so schön geworden ist. Der Hausarzt hat es wohl gut gemeint, aber völlig übersehen, welche besondere Bedeutung die vertraute Wohnung, das Wohnumfeld und die Nachbarschaft gerade für ältere Menschen hat. Das Zuhause bedeutet für das Ehepaar Sicherheit, Ruhe und Geborgenheit.

Das Gespräch

mit anderen Menschen fehlt Herrn Binder sehr. Er ist gebildet und erzählt mir von früher, wie spannend es war, als er an der Universität einem Gesprächskreis angehörte, in dem politische Themen diskutiert wurden. Dieses ständige Liegen, ohne eine Ansprache zu haben, belastet ihn sehr. „Ich möchte mich gerne mit jemandem unterhalten und austauschen." Mit seiner Erlaubnis frage ich den hiesigen Pfarrer, ob er nicht jemanden kennt, der Herrn Binder regelmäßig besuchen könnte, um mit ihm zu diskutieren.

Leider weiß er niemanden, aber er versichert mir, er werde in den nächsten Tagen persönlich zu Herrn Binder gehen und sich mit ihm unterhalten. Dann erzählt er mir, er kenne Herrn Binder schon über dreißig Jahre. „Einmal im Jahr besuche ich ihn zum Geburtstag". Das halte ich für zu wenig, also muss ich nach einer anderen Lösung suchen. Leider finde ich niemanden, der zu regelmäßigen Besuchen bereit gewesen wäre. Herr Binder hat mir mit seinem Wunsch nach Besuchen indirekt den Anstoß gegeben, gerade in diesem Stadtteil, in dem es so wenig Nähe aber viel Distanz gibt, einen Besuchskreis auf ehrenamtlicher Basis aufzubauen. Dieser Kreis besteht bis heute und wird intensiv genutzt.

Der Gesundheitszustand

Herrn Binders verschlechtert sich zusehends. Er hört schlechter und seine Körperhaltung ist noch verkrampfter, wie in sich zusammen gefallen. Nur seine Finger sind beweglich. Erst jetzt sehe ich, wie schön seine Hände sind. Ich überlege, ob die Ergotherapie noch etwas bringt und bitte den Ergotherapeuten, sich Herrn Binder einmal anzuschauen. Er meint, er wäre noch gut therapierbar und würde auch mitmachen. Da der Arzt nichts mehr verordnet, zeigt er der Pflegerin Übungen, die sie mit ihm im Rahmen aktivierender Pflege machen kann. Außerdem sollte er sich das Gesicht selber waschen, weil seine Finger noch beweglich sind. Auch beim Aufsetzen soll ihm geholfen werden. Die Übungen gefallen Herrn Binder sehr, nicht nur weil sie Abwechslung in sein monotones Leben bringen, sondern auch, weil er sich dann kompetenter fühlt. Er macht gerne mit.

Danach geht alles sehr schnell

Frau Binder erleidet einen offenen Beinbruch und muss für Wochen ins Krankenhaus. Herr Binder kommt ins Pflegeheim, wo er auf Dauer bleibt. Als Frau Binder nach Hause entlassen wird, kann sie die Trennung vom Ehemann kaum ertragen. Als sie mit Krücken wieder humpeln kann, besucht sie ihn täglich.

12.4 Veränderungen, Stabilisierungen, Ergebnisse

Veränderungen

zum Guten sind deutlich zu erkennen. Mit dem Fortschreiten des Entwicklungsprozesses ist die weinerliche Stimme von Frau Binder zunehmend fester, fröhlicher und kräftiger geworden. Ihre frühere depressive Gestimmtheit wundert mich im Nachhinein nicht, nachdem die zur Pflege und Betreuung aufgewendete Zeit für vergnüglichere Beschäftigungen gefehlt hat. Es tut ihr gut, dass zu ihrem gestrigen Geburtstag alle Angehörigen da waren. Seit der Ehemann in Kurzzeitpflege ist, geht es ihr gesundheitlich besser und sie lebt sichtlich auf. Allerdings leidet sie nach wie vor unter der Trennung und besucht ihn, sooft sie kann. Mir gegenüber verhält sie sich reservierter als zuvor. Ich schließe daraus, dass ihre Lebenskräfte gewachsen sind.

Als ich sie auf ihren Wunsch hin zu Hause besuche, bin ich überrascht. Sie sieht gut erholt aus und hat sogar etwas Lippenstift aufgetragen. Die Wohnung ist besser gepflegt als früher. Frau Binder möchte ihren Mann nach Hause zurückholen, wenn es ihr gesundheitlich wieder besser geht. Die Tochter ist allerdings dagegen, da sie die Überforderung der Mutter noch deutlich vor Augen hat. Meiner Einschätzung nach haben sich die Verhältnisse weitgehend stabilisiert. Nach dem Tod des Ehemannes, zieht Frau Binder in das Dorf, in dem die Tochter lebt. Nicht weit von ihr entfernt hat sie eine eigene kleine Wohnung. Frau Binder hat es geschafft, all ihre Nöte und Sorgen abzustreifen, hinter sich zu lassen und ein neues, eigenes Leben zu beginnen.

13. Die verlorene Freude der Frau Liebermann

13.1 Die Lebenswelt Frau Liebermanns

Das Wohngebiet

liegt am Rand des Stadtteils, begrenzt durch eine Schnellstraße. Die hier lebenden Menschen sind einer hohen Schadstoffbelastung ausgesetzt. Im Sommer werden in diesem Bereich die höchsten Ozonwerte im gesamten Stadtgebiet gemessen. Die vom Ozon ausgehenden Gefahren gerade für alte Menschen sind hinreichend bekannt. Sie reichen von Atemnotbeschwerden über das Tränen der Augen bis hin zur Gehirnblutung. Das Ehepaar Liebermann lebt schon seit fünfzig Jahren in dem vierstöckigen, aus der Gründerzeit stammenden Haus, das sehr vornehm wirkt. Einkaufsläden befinden sich in gut erreichbarer Nähe und sind zahlreich vorhanden. Es müssen keine weiten Wege zurückgelegt werden. Zur Erhaltung von Selbständigkeit der hier lebenden alten Menschen ist dieser Sachverhalt äußerst vorteilhaft.

Im Wohngebiet befindet sich ein großer Friedhof, der vor allem von den älteren BewohnerInnen seiner Nähe wegen gerne zum Spazierengehen genutzt wird. Auf einer Freifläche am Rand des Wohngebietes lädt eine kleine Wasserfläche zum Verweilen ein. Viele Kinder spielen und toben hier. Zwischen Alt und Jung gibt es keine Streitigkeiten. Seit sich ein Arbeitskreis bestehend aus Bürgern und Profis gebildet und etabliert hat, finden gemeinsame Veranstaltungen für Alt und Jung statt und es bestehen gute Beziehungen zwischen den Generationen.

Vom Vorlesekreis für die Kindergartenkinder bis zum gemeinsamen Singen alter Menschen mit den Kindergartenkindern im Gemeindehaus reicht die Palette. Diese Mischung von alten und jungen Stimmen klingt wunderschön. Die im Wohngebiet lebenden alten Menschen halten jedoch Distanz zueinander. Sie lassen sich nicht gerne in die Töpfe schauen. Warum das so ist, habe ich noch nicht herausgefunden. Neu Hinzugezogene finden nur schwer Anschluss. Eine Altenbegegnungsstätte ist leider nicht vorhanden, die vielleicht das Klima zwischen den Erwachsenen verbessern könnte.

Die verlorene Freude

Frau Liebermanns hängt mit der Erkrankung des Ehemannes zusammen, der zu Hause im Hochsommer mit entsprechend hohen Ozonwerten einen Schlaganfall erlitt. Leider wurde keine Soforthilfe geleistet, da kein Arzt aufzutreiben war. Zusätzlich wurde er aus Unkenntnis zu spät in ein Krankenhaus eingeliefert, was sich als äußerst schlecht erwies.

Beim Schlaganfall gibt es ein Zeitfenster von circa drei Stunden, in dem gehandelt werden muss (time is brain). Nur innerhalb dieser Zeit kann das umgebende Hirngewebe gerettet werden. Untersuchungen der letzten zwei Jahrzehnte haben gezeigt, dass die umgehende Einweisung in eine Klinik mit fachkundiger Diagnostik und Therapie die Prognose des Krankheitsbildes deutlich verbessern kann. Leider ist in Deutschland nach wie vor weder der Bevölkerung noch der Ärzteschaft die Notwendigkeit einer raschen Krankenhauseinweisung bewusst, wie mir von Ärzten der Schlaganfall-Station (Stroke-Unit) des Bürgerhospitals in Stuttgart erklärt wurde. Durch die Einrichtung von Schlaganfallstationen konnte die stationäre Akutversorgung in der Zwischenzeit bereits deutlich verbessert werden.

Vorboten eines Schlaganfalls können Schwindel sein, eine verwaschene Sprache, ein komisches Gefühl um den Mund, Doppelbilder und Kopfschmerzen. Anzeichen eines Schlaganfalls sind zum Beispiel Schwäche im Arm, ein Bein sackt weg und halbseitiges Sehen. Jeder der solches bei sich oder anderen feststellt, sollte sofort die Telefonnummer einer in der Nähe befindlichen Schlaganfallstation anrufen, ob es nun ein Angehöriger, ein Arzt oder HausmitbewohnerInnen sind. Hier wird geraten, was sofort zu tun ist und wie eingeliefert werden soll. Eingeliefert werden die Betroffenen je nach Umständen, die genau erfragt werden, mit dem privaten PKW oder mit einem Krankenwagen. Stroke Unit hat immer Notaufnahme und lehnt niemanden ab. Untersucht wird in jedem Fall.

Das Wissen um die Krankheit erleichtert die Bewältigung. Sobald der erste Schock überwunden ist, werden in der näheren Umgebung meist Informationen über die Krankheit eingeholt. Dabei merkt man meistens, wie häufig diese Erkrankung auftritt, und dass sie unterschiedliche Verläufe hat. Die Überlebenden eines Schlaganfalls sind manchmal mehr oder weniger behindert.

Ein Schlaganfall entsteht zu 80 Prozent dann, wenn die Blutversorgung für bestimmte Regionen des Gehirns nicht ausreichend ist. Die verminderte Durchblutung ist auf die Verengung oder Verstopfung eines hirnversorgenden Gefäßes bei Arteriosklerose zurückzuführen. Auch ein losgelöstes Bruchstück eines Blutgerinnsels aus dem Herzen oder der Halsschlagader, das mit dem Blutkreislauf ins Gehirn gelangt, kann zur Verengung einer Hirnarterie und dadurch zu einem Infarkt führen.

Nach Tumorleiden und Herzkreislauferkrankungen sind die Durchblutungsstörungen des Gehirns die dritthäufigste Todesursache. Der Schlaganfall ist eine Erkrankung des Alters, doch können auch junge Menschen davon betroffen sein. Ab dem fünfundfünfzigsten Lebensjahr verdoppelt sich die Schlaganfallrate alle zehn Jahre. Der Schlaganfall stellt für die Betroffenen eine schwere Erkrankung dar. Bis zu 20 Prozent sterben in der Akutphase, viele bleiben ihr Leben lang behindert.

Große Studien belegen, dass vor allem hoher Blutdruck, Zuckerkrankheit, erhöhte Blutfette, Übergewicht, Bewegungsmangel, ein starker Alkoholkonsum und bestimmte Herzrhythmusstörungen die Gefahr des Hirnschlags ansteigen lassen. Nach der Entlassung aus dem Krankenhaus muss die Kontinuität der Rehabilitation und der ärztlichen Behandlung gewährleistet sein. Die Betreuung muss so angelegt sein, dass eventuelle Depressionen und jede andere Verschlechterung erkannt und behandelt werden können. Bewegung mit Freude, Spiele mit Spaß, sportliche Aktivitäten, Hirnleistungstraining und Kommunikation in der Gruppe sollen den Betroffenen helfen, ihre Krankheit zu bewältigen, um wieder eine bessere Lebensqualität zu erreichen.

Informationen

über den Zustand und die Verhältnisse des Ehepaares Liebermann erhalte ich von dem Hausarzt, welcher der Ehefrau geraten hat, sich mit dem Dienst „Leben im Alter" in Verbindung zu setzen. Ihr Ehemann sei nach einem akuten Schlaganfall in ein zerebrales Koma gefallen. Anschließend an den Aufenthalt im Krankenhaus kam er für einige Wochen in eine Rehabilitationsklinik, in der er sich noch immer befindet. Es handelt sich um eine speziell geriatrische Einrichtung, deren Anliegen die rasche Gesundung älterer Menschen ist.

Die Ärzte wollen möglichst schnell die noch vorhandenen Fähigkeiten und Einschränkungen in Bezug auf Beweglichkeit, Gedächtnis, Sehen, Hören etc. erkennen und diese Funktionen gezielt fördern. Dabei geht es darum, die Selbstständigkeit zu erhalten oder wieder herzustellen, um die baldige Entlassung in die gewohnte Lebenswelt zu ermöglichen. Die rasche Rückkehr in die vertraute Wohnung ist besonders bei alten Menschen sehr wichtig, da sie ihnen Sicherheit und Geborgenheit vermittelt. Der Hausarzt des Ehepaares meint, die Ehefrau sei mit dieser Situation völlig überfordert und brauche eine psychosoziale Begleitung. Er habe mit ihr darüber gesprochen und sie würde sich mit mir in Verbindung setzen. Einige Tage später ruft mich Frau Liebermann an, und wir vereinbaren einen Gesprächstermin.

Die ersten Besuche

finden in meinem Büro statt. Als Frau Liebermann zum vereinbarten Termin in die Sprechstunde kommt, wirkt sie gefasst. Sie ist relativ klein, zierlich gebaut und hat eine freundliche Ausstrahlung. Ihre Körperhaltung drückt aber ihren ganzen Jammer aus. Ihre Hände zittern. Eine Weile sitzen wir stumm beisammen, ehe sie zu sprechen beginnt: „Mein Hausarzt meinte, ich soll mich mit Ihnen in Verbindung setzen. Mein Mann ist sehr krank. Ich habe solche Angst, dass er stirbt!"

Wie sie mir weiter erzählt, ist sie zweiundachtzig Jahre alt. Ihr Mann sei fast zehn Jahre jünger als sie. „Warum musste ihm das nur passieren. Wie kann er mir das antun. Ich kann das alles kaum aushalten! Ohne ihn kann ich nicht zurechtkommen", klagt sie mit leiser Stimme. „Haben Sie niemanden, der Ihnen beistehen könnte?" frage ich nach. „Mein Mann hat aus erster Ehe einen erwachsenen Sohn, der etwa siebzig Kilometer entfernt wohnt. Wir haben einen guten Kontakt zueinander." Frau Liebermann beginnt zu weinen und schnupft und schnäuzt sich. Ich bleibe still sitzen. Nach einer Weile unterbreche ich ihr Weinen und frage ganz pragmatisch: „Möchten Sie ein Glas Wasser?" Sie nickt, nimmt das Glas dankend an, trinkt daraus und hört auf zu weinen.

Ihre zusammengesunkene Haltung wird straffer und ihre Stimme wird fester: „Mein Mann ist so weit weg von zu Hause. Allein traue ich mir die weite Reise zu ihm nicht zu. Ich möchte ihn so gerne in der Rehaklinik besuchen. Den Sohn möchte ich damit nicht belästigen. Er ist beruflich sehr eingespannt." Ich kann das gut nachempfinden, trotzdem ermuntere ich sie: „Denken sie doch auch an sich und wie ihr Mann sich freuen würde, wenn sie ihn besuchen. Ich kann mir nicht vorstellen, dass der Sohn Nein sagt. Probieren Sie es doch." Da antwortet sie mir schon etwas beruhigter: „Sie haben Recht. Ich rufe ihn an."

Frau Liebermann wirkt zurückhaltend und im Moment auch ein wenig schuldbewusst, so als schäme sie sich, mir ihre Sorgen mitzuteilen: „Bis zu seiner Erkrankung hat mein Mann alles organisiert und erledigt. Jetzt bin ich allein und weiß nicht weiter." Sie beginnt wieder zu weinen. Ich bleibe einfach still sitzen. Nach einer Weile beruhigt sie sich. Als ich ihr meine Unterstützung bei der Erledigung rechtlicher Dinge anbiete, wenn sie allein nicht klarkommt, ist sie sehr erleichtert: „Kommen sie einfach bei mir vorbei". Als ich sie zur Tür begleite, drückt sie mir fest die Hand, als wollte sie sich meiner Hilfe vergewissern.

Die meisten Angehörigen sind hilflos. Nicht nur der Schreck über das plötzliche, bedrohliche Geschehen sitzt Frau Liebermann in allen Knochen, auch die Angst, wie wird es weitergehen? Zwei Tage später erscheint Frau Liebermann erneut in meinem Büro. Sie geht leicht gebückt und hat einen Gehstock dabei, den sie beim letzten Besuch nicht hatte. Heute wirkt sie hinfällig und gebrechlich. Nachdem sie am Stuhl mühsam Platz genommen hat, beginnt sie, von ihren Krankheiten zu erzählen: „Seit meiner Kindheit habe ich einen Herzfehler. Ich darf mich nicht rasch bewegen, sonst bekomme ich keine Luft mehr. Beim Turnunterricht durfte ich nicht mitmachen. Schlimmer noch ist meine Allergie. Sobald ich etwas Falsches esse, bekomme ich am ganzen Körper einen juckenden Ausschlag."

Wie beim letzten Besuch fängt sie zu weinen an. Nach einer Weile gemeinsamen Schweigens fährt sie fort: „Wann kommt mein Mann wieder nach Hause? Ich brauche unbedingt jemanden, der mir beim Einkaufen hilft. Bisher habe ich das gemeinsam mit meinem Mann gemacht. Ich wähle aus, was wir brauchen, und er trägt alles nach Hause. Ich habe dazu keine Kraft mehr." Nach einer Weile des Schweigens fängt sie an zu klagen: „Ich kann ihn zu Hause gar nicht versorgen. Wer hilft mir?" Ihre Unsicherheit wird immer deutlicher und das Gefühl, alles nicht mehr bewältigen zu können, scheint übermächtig zu sein.

Gerade in der ersten Zeit, wenn der Ehemann von der Rehaklinik wieder zu Hause ist, kommt es darauf an, dass sie weiß, wie sie selbst mit Kleinigkeiten viel helfen kann. Leider sieht es nicht so aus, als wäre Frau Liebermann ihrem Mann eine große Hilfe. Ich empfehle ihr einen Einkaufsdienst, mit dem ich gute Erfahrungen gemacht habe. Einen Handzettel dieses Dienstes gebe ich ihr gleich mit. „Am besten setzen Sie sich noch heute mit der Leiterin des Dienstes, Frau Schneider, in Verbindung", rate ich ihr. Da seufzt Frau Liebermann auf und bittet mich: „Könnten Sie bitte für mich anrufen?" In ihrem Beisein wähle ich die entsprechende Nummer. Frau Schneider ist gleich am Apparat und ich teile ihr das Anliegen von Frau Liebermann mit. Nach kurzem Hin und Her ist die Sache geklärt. Der Einkaufsdienst übernimmt die Begleitung von Frau Liebermann in die Geschäfte, in denen sie bisher mit dem Ehemann eingekauft hat.

13.2 Die Erfassung des Alltagsgeschehens

Meine erste Einschätzung

zur Situation Frau Liebermanns ist, dass sie längerfristig eine stützende, psychosoziale Begleitung brauchen wird, um das Geschehene und das weitere Geschehen schadlos zu überstehen, zumindest solange, bis der Ehemann wieder für sie sorgen kann. Die enge, aufeinander fixierte Beziehung der Eheleute hat durch die plötzliche Trennung einen tiefen Einschnitt erfahren. Auffällig ist ihr unselbständiges Verhalten. Möglicherweise hat sie bisher weder etwas selbst regeln noch besorgen müssen. Aufpassen muss ich aber, um nicht Ersatz für ihren Ehemann zu werden. So schwach wie sie sich zeigt, ist sie meiner Beobachtung nach nämlich nicht. Sie ist es gewohnt, sich vom Ehemann umsorgen zu lassen. Wie ich später von Herrn Liebermann höre, nennt er seine Frau „Prinzesschen" und so fein und hilfsbedürftig gibt sie sich auch. Natürlich mache ich mir Gedanken, wie es weiter gehen soll. Ich halte es für wichtig, so schnell wie möglich Normalität im Alltag wieder herzustellen.

Die Beziehung

der Eheleute ist eine sehr enge. Nach und nach erfahre ich auch, wie sehr Frau Liebermann ihren Mann liebt. Ungewollt zu dieser starken Liebe beigetragen, haben vermutlich seine Verwandten, die sie als zweite und um zehn Jahre ältere Ehefrau, nie wirklich akzeptiert haben. Diese Ablehnung hat, wie ich meine, zu einer umso stärkeren Bindung zwischen den Eheleuten geführt. Mir wird klar, wie einsam sich Frau Liebermann ohne den Schutz und die Begleitung ihres Mannes jetzt fühlen muss.

Frau Liebermann besucht mich regelmäßig, mindestens einmal in der Woche. Sie akzeptiert mich als Gesprächspartnerin. Auch wenn die Besuche nur kurz sind, geben sie ihr offenbar Kraft, die Trennung vom Ehemann auszuhalten. Sie hält telefonischen Kontakt zu der Rehabilitationsklinik und berichtet mir anschließend über die Fortschritte ihres Ehemannes: „Stellen Sie sich vor, er kann seinen rechten Arm wieder etwas bewegen. Beim Gehen schleift er aber noch mit den Füßen am Boden. Die Ärzte sind zufrieden, weil sich langsam seine Bewegungsfähigkeit verbessert und seine Sprache deutlicher wird." Mit dem Sohn des Ehemannes hat sie tatsächlich telefoniert. Er ist sogar gerne bereit, sie über das Wochenende zu holen und zu ihrem Mann zu fahren. Diesmal weint sie vor Freude.

Ihre Beziehung zum Stiefsohn scheint mir ziemlich ambivalent zu sein. Aufgeregt eröffnet mir Frau Liebermann: „Stellen Sie sich vor, mein Stiefsohn möchte, dass wir in seine Nähe ziehen, sobald mein Mann wieder gesund ist. Sogar eine Einrichtung hat er ausfindig gemacht, die uns aufnehmen würde. Was sagen Sie dazu? Ich will nicht weg von hier. Hier ist unser gemeinsames Zuhause!" Frau Liebermann scheint von der Idee des Stiefsohnes nicht begeistert zu sein, also sage ich wie beiläufig: „Ich denke, das wird sich alles entwickeln. Jetzt muss Ihr Mann erst einmal gesund werden." Sie nickt mit dem Kopf. Es gelingt mir, sie zu beruhigen: „Niemand kann gegen ihren Willen etwas tun, was Sie nicht wollen. Vielleicht hat ihr Stiefsohn es ja nur gut gemeint? Wenn Sie es möchten, lade ich ihn gerne zu einem gemeinsamen Gespräch ein."

Diese Idee findet Frau Liebermann gut und so geschieht es auch. Herr Liebermann junior sagt den Termin sofort zu. Meiner Einschätzung nach weiß Frau Liebermann sehr genau, was sie will und was sie nicht will. Manchmal gibt sie sich schwächer und zerbrechlicher als sie in Wahrheit ist. Sie ist klug genug, mit einer Entscheidung zu warten, bis ihr Mann wieder gesund ist. Etwas Schützenhilfe meinerseits sollte den Stiefsohn davon überzeugen, welche große Bedeutung die vertraute Wohnung und das Wohnumfeld für das Ehepaar hat.

Zusammen mit Frau Liebermann, die etwas atemlos ist, kommt Herr Liebermann Junior in die Sprechstunde. Er ist ein großer, kräftiger Mann mit einem ruhigen, fast sanften Auftreten. Vor ihm braucht sie sich nicht zu fürchten. Lange besprechen wir die Sachlage und kommen schließlich zu dem Ergebnis, dass Frau Liebermann in der Wohnung bleiben wird und auf barrierefreies Wohnen in der Nähe des Stiefsohnes verzichtet. Er ist darüber nicht ungehalten, sondern bietet ihr im Gegenzug an, sie zukünftig öfter mit dem Auto abzuholen und in die Rehaklinik zu fahren, was sie hoch erfreut annimmt. Die ersten Aufregungen haben sich gelegt, alles wird friedlicher und langsam kehrt Normalität zurück. Nach dem Gespräch versteht er besser, welche Bedeutung das vertraute Umfeld für die Eltern hat.

13.3 Förderung und Begleitung im Alltag

Die psychosoziale Begleitung

von Frau Liebermann im Alltag hat sich wie von selbst ergeben, nachdem ihr Ehemann als Stütze weggefallen ist. Mittlerweile weiß sie, dass sie nicht meine einzige Klientin ist, und ich nicht mehr so viel Zeit für sie haben werde wie in der Akutphase. Sie kommt mit dem Einkaufsdienst gut zurecht, kocht sich selbst das Essen und räumt die Wohnung auf. Für größere Reinigungsarbeiten hat sie eine Putzfrau. Fast sieht es so aus, als emanzipiere sie sich langsam.

An dieses Potential kann ich anknüpfen. Sie entwickelt Stärken. In ihrer Alltagsgestaltung ist sie nicht mehr auf ihren Mann fixiert. Manchmal treffe ich sie auf der Straße, dann begrüßen wir einander und tauschen Neuigkeiten aus. Frau Liebermann plant, sich am Grauen Star operieren zu lassen: „Mein Augenarzt meinte, ich solle das bald operieren lassen. Ich warte damit, bis mein Mann wieder zurück ist." Das halte ich für vernünftig, da sie seine Hilfe dann benötigen wird.

Als ich sie zwei Wochen später wieder treffe, ist sie sehr froh: „Mein Mann kommt nächste Woche nach Hause. Es geht ihm gut. Nur mit der Sprache geht es noch sehr langsam. Ich bin so froh!" Ich freue mich mit ihr. Da sie nicht recht weiß, wohin mit ihrer Freude, umarmt sie mich kurz entschlossen. Als Mitarbeiterin von „Leben im Alter" bin ich normalerweise kein Objekt für Umarmungen, aber als Mensch muss ich das bei bestimmten Ausnahmesituationen einfach als ganz selbstverständlich zulassen. Hier eine Grenze zu setzen, wäre völlig unsinnig, da die Umarmung eine Quelle des Trostes ist und den hat sie nötig.

Mit der Gesundung des Ehemannes hat Frau Liebermann ihre verloren gegangene Freude wieder gefunden. Einige Tage später besucht mich das Ehepaar Liebermann im Büro. Äußerlich erscheint Herr Liebermann als gänzlich wiederhergestellt. Hat er zuvor schon langsam und bedächtig gesprochen, spricht er jetzt noch etwas langsamer. Aber er steht, kann gehen, sich auf einen Stuhl setzen und wieder aufstehen.

Das gemeinsame Ordnen

wichtiger Dinge rückt jetzt in den Vordergrund. Herr Liebermann ist gestresst von den vielen Ereignissen. Er sorgt sich um seine Frau, die ständig wegen ihrer Augen klagt: „Diese Schmerzen sind nicht auszuhalten. Ich bin schon ganz schwindelig." Als ihm alles ein bisschen viel wird, bittet er mich nach längerer Zeit wieder um einen Gesprächstermin. Mit hängenden Schultern sitzt er am Stuhl und schaut mich traurig an: „Ich weiß nicht mehr, was ich machen soll. Irgendetwas fehlt meiner Frau. Am besten bringe ich sie zum Arzt." Es stellt sich heraus, dass sie eine Grippe hat. Der Arzt verschreibt Medikamente und verordnet Bettruhe. Der Ehemann versorgt sie mit allem, was nötig ist.

Herr Liebermann besucht mich nun wieder öfter in der Dienststelle, wenn er ohnedies unterwegs ist und Besorgungen macht. Ich rate ihm zu einer Vorsorgevollmacht für sich und seine Frau, die sie seinem Sohn erteilen sollten. Zu ihm haben beide Vertrauen. Da Frau Liebermann zurzeit nicht gehfähig ist, kommt der Sohn gemeinsam mit dem Notar ins Haus, um alles zu erledigen. Zukünftig ist der Sohn befugt, die Vertretung des Ehepaares in wichtigen Angelegenheiten zu übernehmen, wenn Frau und Herr Liebermann dazu nicht mehr in der Lage sind. Auch über die Ausstellung einer Patientenverfügung berate ich das Ehepaar: „Die Patientenverfügung wird heute schon von vielen Menschen genutzt. Jeder von uns kann in die Lage kommen, durch einen Unfall oder eine schwere Erkrankung seinen Willen zu einer medizinischen Behandlung nicht mehr äußern zu können. Für diese Fälle ist es nötig, rechtzeitig diesen Willen, und nur er ist für den Arzt Entscheidungshilfe, schriftlich niederzulegen.

Die Patientenverfügung hat bindenden Charakter", erkläre ich den beiden „und wird von den Ärzten beachtet. Keinesfalls müssen Sie befürchten, bei einem akuten Notfall nicht angemessen behandelt zu werden. Es geht ausschließlich darum, den Sterbeprozess nicht zu verlängern." Beide haben aufmerksam zugehört. Nach und nach gehen wir noch einmal alles durch. Zum Schluss gebe ich ihnen zwei Formulare der Patientenverfügung, die sie nun ausfüllen können, wenn sie das wollen oder es auch bleiben lassen. Solche Dinge müssen gut überlegt sein.

Die Augenoperation

von Frau Liebermann findet zwei Wochen später statt. Ich höre längere Zeit nichts von dem Ehepaar und denke, es geht ihnen gut, sonst hätten sie sich gemeldet. Dann treffen wir uns auf der Straße. Frau Liebermann stützt sich schwer auf den Ehemann. Ihre Augen sind stark gerötet. Trotzdem lacht sie, als wir uns näher kommen: „Endlich habe ich die Operation hinter mir. Ich trage eine Brille mit Fensterglas. Mit der normalen Brille muss ich noch warten!" Ihr Redeschwall zeigt mir, es geht ihr gut. Auch Herr Liebermann sieht gut aus. Seine Haut ist leicht gebräunt. Eine körperliche oder geistige Einschränkung kann ich nicht erkennen. Ein paar Tage später sehen wir uns erneut. Frau Liebermann trägt eine neue, schicke Brille mit hellblauem Rand, die gut zu ihren hellblauen Augen passt.

Zu Hause

bei dem Ehepaar war ich bisher noch nicht. Als sie mich zu sich nach Hause einladen, kann ich es im Hinblick auf das Wahren von Gegenseitigkeit nicht abschlagen. Sie wollen mir etwas Gutes tun. Ich nehme die Einladung gerne an. Der Tisch im Wohnzimmer ist hübsch gedeckt. Der Tee, in zierlichen Porzellantassen serviert, schmeckt vorzüglich, und der Schokoladekuchen ebenso. Frau Liebermann hat ihn selbst gebacken.

Das Ehepaar revanchiert sich auf diese Weise für die erfolgte Unterstützung. Jede Form einer Ablehnung wäre eine Kränkung gewesen. Herr Liebermann ist vergnügt und zeigt mir Bilder, als sie beide noch jünger waren. Sogar alte Fotografien aus der Schulzeit sind dabei. Für mich ist die Betrachtung der alten Fotos spannend, weil damals hier im Ort noch viel weniger bebaut war. Einige der alten Häuser erkenne ich. Sie stehen heute noch. Der Besuch war schön. Es war ein ruhiges, friedliches Beisammensein mit zwei lieben Menschen. Als ich mich verabschiede, weiß ich noch nicht, dass ich Frau Liebermann zum letzten Mal lebend gesehen habe.

Danach geht alles sehr schnell

Herr Liebermann kommt weinend ins Büro. Er ist kaum in der Lage zu sprechen. Ich befürchte schon das Schlimmste, als er es mir auch schon mitteilt: „Heute Nacht ist meine Frau gestorben. Mein Sohn ist sofort gekommen. Er kümmert sich um die Beerdigung." Eine Weile sitzen wir schweigend beieinander. Er hat zu weinen aufgehört und sich ein wenig gesammelt. Dann erhebt er sich, gibt mir schweigend die Hand und verlässt das Büro. Zu der Beerdigung seiner Ehefrau sind sehr viele Menschen gekommen. Mir war es wichtig, auch dabei zu sein.

Lange höre ich nichts mehr von Herrn Liebermann. Vielleicht hat ihn der Sohn für eine Weile zu sich genommen. Eines Tages aber treffen wir einander auf der Straße. Eine junge Frau geht an seiner Seite und stützt ihn. Sie sind auf dem Weg zum Einkaufen: „Sie ist meine Perle", meint er, „ich wüsste nicht, was ich ohne sie machen würde." Sein Gang ist sehr unsicher. Keinesfalls will er einen Gehstock benützen. Als wir uns das nächste Mal sehen, ist er allein auf dem Weg zum Friedhof. Als ich ihn frage, ob ich ihn begleiten darf, ist er einverstanden. „Ich gehe täglich auf den Friedhof, da kann ich mit ihr schwätzen."

13.4 Veränderungen, Stabilisierungen, Ergebnisse

Veränderungen

bahnen sich nur langsam an. Vom Ehemann verwöhnt, musste sich Frau Liebermann fast um nichts kümmern. Dadurch war sie unselbstständig geworden und in Krisenzeiten völlig überfordert. Durch die psychosoziale Begleitung und Unterstützung über insgesamt zwei Jahre konnte sie sich ein Stück weit emanzipieren und selbstsicherer werden. Indem ich sie stützte und gleichzeitig forderte, selbst tätig zu werden, entwickelte sie Stärken. Die Beziehung zum Stiefsohn hat sich deutlich verbessert. Sie vertraut ihm wie ihrem Ehemann. Herr Liebermann wurde durch die positiven Veränderungen seiner Ehefrau deutlich entlastet. Es ist Ruhe eingekehrt. Einige friedliche Monate gemeinsamen Lebens ohne Spannungen und Ängste hatte das Ehepaar noch, ehe Frau Liebermann starb.

Manchmal treffe ich Herrn Liebermann auf der Straße, wenn er mit einer Helferin zum Einkaufen geht, oder sich auf dem Weg zum Friedhof befindet. Dann begleite ich ihn dorthin, wenn ich ohnehin in diese Richtung muss. Dann erzählt er mir, wie es ihm geht und was ihm sonst noch wichtig ist. Ein kleines Band besteht also noch zwischen uns. Seit dem Tod seiner Frau sind mittlerweile drei Jahre vergangen. Herr Liebermann ist gebrechlicher geworden, aber immer noch frohen Mutes.

Eines Tages erhalte ich einen Anruf von ihm: „Frau Woog, bitte kommen Sie die nächsten Tage einmal bei mir vorbei. Ich muss Ihnen etwas sagen." Natürlich entspreche ich der Bitte. Eine freundliche Helferin öffnet mir die

Türe. Herr Liebermann freut sich, mich zu sehen. Nach einer kleinen Tee-zeremonie kommt er zu seinem Anliegen. Er überreicht mir einen Brief mit der Bitte, ihn zu öffnen. Es handelt sich um eine Einladung zu seinem 85. Geburtstag, den er mit über fünfzig Freunden und Bekannten in einer Gast-stätte im Stadtteil feiern wird. Ich sage natürlich zu, worüber er sich freut. Auf diese Weise erfahre ich, wie wichtig ihm die von mir geleistete Beglei-tung seiner Ehefrau war, als er über Monate in der Rehabilitationsklinik bleiben musste. So eine Einladung nicht anzunehmen wäre ziemlich unhöf-lich. Natürlich werde ich hingehen und mit ihm und allen anderen Eingela-denen seinen Geburtstag gebührend feiern.

14. Die Alpträume des Herrn Grieger

14.1 Die Lebenswelt Herrn Griegers

Das Wohngebiet

liegt nahe am Fluss der großen Stadt neben der Eisenbahntrasse und einer Schnellstraße. In früheren Zeiten gab es hier noch unbebaute freie Flächen, Wiesen und Schrebergärten. Als Junge spielte Herr Grieger mit vielen Kin-dern auf dem Gelände, das heute weitgehend verbaut ist. Nur die älteren Menschen wissen noch, wie es einmal war. Hier konnten sie Gemüse an-bauen und später in der nahen Stadt verkaufen. Die Umnutzung des Grün-landes in Bauland wird bis heute als Verlust empfunden. Eine große, etab-lierte Werkzeugfirma, die im Krieg auch Waffen herstellte, ist heute Ar-beitgeber für viele der hier wohnenden Menschen.

Herr Grieger wohnt mit seiner Frau in einem Dreifamilienhaus. Kinder hat das Ehepaar keine. Beide sind mittlerweile über 80 Jahre alt und haben den Zweiten Weltkrieg als Heranwachsende am gleichen Ort miterlebt. Die Al-tenbegegnungsstätte ist im Stadtteil sehr aktiv und orientiert sich mit ihren Angeboten an den Bedürfnissen der BewohnerInnen. Für die älteren Men-schen im Stadtteil bildet sie eine Art Lebensmittelpunkt. Im Gegensatz zu seiner Ehefrau war Herr Grieger noch nie dort und will auch nicht auf Drängen seiner Frau dorthin gehen. Er hat sich von Aktivitäten weitgehend zurückgezogen.

Die Alpträume des Herrn Grieger

hängen mit seinen Kriegserlebnissen zusammen.

Die psychischen und psychosozialen Nachwirkungen der Erlebnisse im zweiten Weltkrieg sind bei alten Menschen bis heute zu spüren. Kennzeichnend ist eine Verdrängung in den Berufsjahren. Ohne diese Verdrängung wäre die Ausübung einer Berufstätigkeit und das psychische Überleben offenbar gar nicht möglich gewesen. Der Psychoanalytiker Hartmut Radebold berichtet über die Kindheiten der Jahrgänge 1926–1945, die abwesende Väter, Ausbombung, Flucht und Hun-ger erlebt haben. Die Kriegskinder von damals sind heute SeniorInnen. Bei ihnen kommen die furchtbaren Kriegserinnerungen von damals zurück und versetzen manche von ihnen immer noch in Angst, Panik oder Aggression.

Nach Radebold bringt die „Alternssituation potentiell sich verstärkende Trauma-Reaktivierungen mit sich; während des gesamten Älterwerdens können unverändert Re- Traumatisierungen eintreten. So Betroffene suchen in der Regel, das heißt mehrheitlich keineswegs bewusst und dazu noch gezielt aufgrund ihrer erlittenen zeitgeschichtlichen Erfahrungen (psycho-)therapeutische Hilfe, sondern wegen sich verstärkender oder neu auftretender psychischer und funktioneller Symptome. (…). Ein großer Teil der heute über 60-Jährigen machte diesbezügliche spezielle und sich kumulierende Erfahrungen mit unterschiedlichen psychischen, psychosozialen und wohl auch körperlichen Folgen. Ihre Intensität und ihr Ausmaß hängen auch davon ab, in welcher Entwicklungsstufe sie einwirkten und wie weit schützende Einflüsse damals und lebenslang vorhanden waren.

Die Zugehörigkeit zu einem Jahrgang klärt, was möglicherweise geschehen sein kann, erlaubt aber im Umkehrschluss nicht die Feststellung, was jeweils geschehen sein muss. Das Ausmaß der bestehenden psychischen Abwehr gegenüber den Erinnerungen an die damaligen Erfahrungen samt dazugehöriger Gefühle und der Grad des Leidensdruckes variieren sehr, das heißt, sie reichen von völliger Abwehr bis hin zu lebenslang quälendem Leid" (Radebold 2005, S. 116).

Spezialisierte Therapeuten können helfen, die Erinnerungen zu verarbeiten. Auffallend ist die fehlende Rücksichtnahme auf den eigenen Körper, ihr Sicherheitsstreben und ihre alltäglichen Verhaltensweisen wie Sparen und Nichts-Wegwerfen-Können. Nach Meinung Radebolds sollte „die Entwicklung einer Erinnerungskultur im Vordergrund stehen. Fremdenfeindliche, rassistische und rechtextreme Einstellungen wird es immer geben, solange keine Gegenmaßnahmen getroffen werden. In diesem Zusammenhang wäre eine Neubestimmung heutiger nationaler Identität nötig. Auf politische und ethisch moralische Erziehung darf nicht verzichtet werden. Die Aufgabe einer historisch ausgerichteten Bildungsarbeit liegt darin, alte und junge Menschen zu einer Auseinandersetzung mit der nationalsozialistischen Ideologie und Politik sowie dem aktuellen Rechtradikalismus zu befähigen. Es gilt, sich endlich von der Vorstellung zu verabschieden, es könnten direkte und unmittelbare Lehren aus der Geschichte gezogen werden. Statt ein Wissen über den Nationalsozialismus und Holocaust zu entwickeln, wäre es nach Meinung von Theodor Adorno besser, ein Wissen über Menschenrechte zu vermitteln. Menschenrechte sind Ansprüche, die niemandem vorenthalten werden dürfen. ‚Menschenrechtspädagogik' soll einen Beitrag leisten zur Überwindung rechtsradikaler Tendenzen. Erziehung sei danach auszurichten, dass sich Auschwitz nicht wiederhole" (Radebold 2005, S. 43 ff.).

Die traumatischen Erlebnisse und Ereignisse der Kriegskindheit haben Folgen für die heute alten Menschen. Die zentrale Angst ist, hilflos und abhängig zu werden. Das erlittene Trauma äußert sich manchmal in Schreckhaftigkeit, in Schlafstörungen, Alpträumen und Depressionen. Diese ‚Kinder' kämpfen unbewusst darum, dass ihre Autonomie, die sie mühsam erworben haben, nicht wieder bedroht wird. Das heißt, dass sie nie wieder eine Situation des Ausgeliefertseins und der völligen Hilflosigkeit erleben wollen wie damals. Es ist leicht vorstellbar, welche schlimmen Gefühle sich bei den alten Menschen bei Pflege- und Hilfebedürftigkeit einstellen, wenn ihre Autorität nicht respektiert wird, sondern sie herablassend behandelt werden, beziehungsweise Gewalt in der Pflege angewandt wird.

In den vergangenen Jahren haben Mediziner und Therapeuten dazugelernt. Sie wissen, dass es im Alter durchaus noch psychisches Entwicklungspotential gibt. Lebenskrisen können erfolgreich verarbeitet werden, ganz gleich, wie lange die Ursache zurück liegt. Der Bedarf an fachlich qualifizierten Therapeuten für alte Menschen ist hoch. Wer über seine Vergangenheit und Wunden bisher noch nicht nachgedacht hat, kann das im Alter nachholen, bevor er wegen noch unbewältigter Erlebnisse in eine Depression abgleitet. Alte Erinnerungen können aufbrechen wie zum Beispiel bei Feuerwerkskörpern, Sirenengeräuschen und historischen Propellermaschinen, wie bei „Tante Ju“, wenn sie zu besonderen Anlässen noch heute manchmal fliegt. Noch vor wenigen Jahren wurden die Sirenen in Stuttgart jährlich zur Probe getestet. Nach Beschwerden aus der Bevölkerung aber unterlässt es die Stadt, nachdem bei manchen älteren Leuten, die Kriegsangst wieder auflebte. Ein erlebtes Trauma ist immer ein Ereignis, das sich im psychischen Bereich direkt oder indirekt schädigend auswirkt.

Meine Idee zu einer möglichen Aufarbeitung ist einerseits, in der Altenbegegnungsstätte der evangelischen Kirchengemeinde einen Gesprächskreis einzurichten, der sich in einer Art Erzählcafe dieser Problematik annimmt und eine Aufarbeitung in einer kleinen Gruppe gemeinsam mit anderen Betroffenen ermöglicht. Der Pfarrer müsste auf jeden Fall daran teilnehmen, weil die seelsorgerische Komponente für die Aufarbeitung schlimmer Erlebnisse eine Hilfe darstellt. Andererseits berichtet Radebold über heftige Reaktionen in Gemeinden: „Sie reichten von breiter Zustimmung, hohem Interesse Gleichaltriger und penetrantem Korrigieren derer, die den Krieg bewusst erlebt haben. Von Ruhe war weit und breit keine Spur, vielmehr machte sich große Unruhe breit und verschaffte sich Gehör. Dies ist angesichts der langen Zeit und der transgenerationellen Tradition des Verschweigens mehr als verständlich. Wer in der Seelsorge das Thema „Kriegserfahrungen anspricht, darf nicht erschrecken über das, was dann geschehen kann. Es ist mit großer, aber heilsamer Unruhe zu rechnen“ (Radebold 2005, S. 176).

Informationen über Herrn Grieger

erhalte ich von seiner Ehefrau, die mich in meinem Büro aufsucht. Ihr Gesicht ist ernst, und sie scheint etwas bedrückt zu sein. Als ich sie bitte, Platz zu nehmen, bleibt sie still sitzen, ohne etwas zu sprechen. Nach einer Weile holt sie tief Luft: „Mit meinem Mann stimmt etwas nicht. Er ist viel stiller als sonst. Ich weiß nicht, was mit ihm los ist. Er hat Schlafstörungen, Alpträume und Schweißausbrüche. Manchmal stöhnt er im Schlaf. Wir haben keine finanziellen Sorgen. Es geht uns gut. Unser Hausarzt hat mir geraten, mich mit Ihnen in Verbindung zu setzen.“

Ich warte ein wenig, ob sie weiter spricht. Als sie still bleibt, spreche auch ich nicht. Sie ist dem Weinen nahe. Nach einer Weile des Schweigens nicke ich ernst mit dem Kopf und bitte sie, mir ihre Sorgen zu erzählen: „Ich glaube mein Mann kann nicht vergessen, was er als vierzehnjähriger Junge im Krieg erlebt hat. Er musste Leichenteile einsammeln. Irgendwie kommt das alles heute hoch. Er will mit mir darüber nicht sprechen. Mich belastet das und ich weiß nicht, was ich tun soll.“ Da ist guter Rat teuer. Als ich ihr anbiete, mit ihrem Mann einmal zu sprechen, meint sie: „Ich werde mit ihm reden." Etwas erleichtert verabschiedet sie sich. Dann höre ich längere Zeit nichts mehr.

14.2 Die Erfassung des Alltagsgeschehens

Die ersten Besuche

Herrn Griegers in meinem Büro erfolgen einige Wochen später. Eines Tages steht er vor mir. Er ist ein großer, kräftig wirkender Mann mit einem runden, gutmütigen Gesicht. Ich bin von dem plötzlichen Besuch überrascht, freue mich dennoch sehr, dass er den Weg zu mir in die Beratungsstelle gefunden hat. Er hinkt etwas und benutzt einen Gehstock. Als wir uns setzen, meint er: „Meine Frau hat mich zu Ihnen geschickt."

Eine Weile bleiben wir still sitzen. Ich merke, wie er mich mustert. Aber auch ich betrachte ihn mir genau. Er zeigt keinerlei Emotionen und wirkt selbstsicher. Schließlich meint er etwas steif und verlegen: „Ich muss halt immer daran denken, was im Krieg passiert ist". Dann schweigt er wieder und ich ebenfalls. Als Sozialarbeiterin habe ich zwar keine psychotherapeutische Ausbildung, aber ein hilfreiches Gespräch führen zu können, traue ich mir schon zu. Also ermuntere ich ihn, mir seine Geschichte zu erzählen.

„Wissen sie", so meint er, „es ist nicht so leicht zu beginnen. Immer wieder und wieder muss ich daran denken. Selbst im Schlaf lässt es mir keine Ruhe. Es war so schrecklich und ich musste es tun!" Ich spreche kein Wort und unterbreche Herrn Grieger auch nicht. Ich warte einfach, bis er sich wieder gesammelt hat. „Auf den Wiesen längs des Neckars waren früher Schrebergärten. Dort haben die Leute Gemüse angebaut, das sie dann am Markt verkauft haben. Für viele Leute im Stadtteil war das eine gute Einnahmequelle. Auch das Gras für die Ziegen haben wir hier geschnitten. Es waren englische Bomber, die wir zu spät bemerkt haben. Der Angriff erfolgte am gegenüberliegenden Ufer, Ziel war die dort befindliche Waffenfabrik. Aber auch wir gerieten unter Beschuss. Wegrennen war nicht mehr möglich. Viele von uns sind zerfetzt worden. Es waren Freunde von mir!"

Herr Grieger wirkt nach seinen Schilderungen wie betäubt und hat Tränen in den Augen. Langsam wird er wieder ruhiger und erzählt weiter: „Meine Aufgabe war, die überall verstreuten Leichenteile, Arme, Beine, Köpfe und Leiber zu sammeln, auf einen Ziehwagen zu legen und zur Kirche zu bringen. Die Leichenteile wurden später verbrannt. Ich war gerade vierzehn Jahre alt, als ich für diese Arbeit über einige Wochen lang herangezogen wurde. Ich kann das nicht vergessen, es war zu schrecklich." Was er mir erzählt, ist schon recht heftig. Es ist nun meine Sache, wieweit ich mich emotional einlasse. Ich versuche, ihm das Gefühl zu vermitteln, das Erzählte auch ertragen zu können, damit er kein schlechtes Gewissen bekommt.

Nach einer kurzen Pause hat er sich wieder gesammelt und spricht weiter: „Die Sache hatte für mich ein Ende, als ich bei dieser Arbeit schwer am Bein verwundet wurde. Heute bin ich mit 90 Prozent schwer behindert. Als Entschädigung erhalte ich vom Versorgungsamt monatlich gerade mal 200 Euro." Eine ganze Weile sind wir noch still beieinander gesessen. Eines ist mir klar geworden, er will sprechen dürfen und nicht zuhören. Bevor er sich jedoch verabschiedet, biete ich ihm noch an: „Wenn Sie wollen, kommen Sie doch einfach bei mir vorbei. Sie sind ein Zeitzeuge und mich interessieren ihre Erfahrungen aus dem Weltkrieg sehr. Ich war damals erst vier Jahre alt, aber an einiges erinnere ich mich noch." Mit einem kräftigen Händedruck verabschiedet sich Herr Grieger.

14.3 Förderung und Begleitung im Alltag

Die schlimmen Kriegserlebnisse

kann Herr Grieger sicher niemals mehr vergessen. Dennoch, die Gespräche mit mir und das Reflektieren der Geschehnisse erleichtern ihn offenbar sehr. Er kann gut erzählen und ich höre ihm gerne zu. Bei seinen Besuchen erzählt er mir immer weitere Einzelheiten: „Der Berg bei der Nahtstraße besteht unterirdisch aus lauter Hallen und Gängen. Heute werden dort Pilze gezüchtet. Im Krieg aber wurden hier Waffen produziert. Bei Fliegeralarm sind die in der Nähe wohnenden Menschen immer in die Bunker gerannt. Dort waren wir sicher."

Als es sich ergibt, erzähle ich ihm auch von meinen Kriegserlebnissen. „Ich war vier Jahre alt, als unser Zug von Tieffliegern beschossen wurde. Ich erinnere mich noch sehr gut an die Angst meiner Mutter. Sie rannte mit uns fünf Kindern in den Wald, warf uns auf den Boden und schirmte uns mit ihrem Körper ab. Ich sah die Feuerblitze im Wald. Die Gefahr war mir damals aber nicht bewusst. Nur die Angst meiner Mutter irritierte mich." Herr Grieger hatte still zugehört. Als er sich verabschiedet, meint er leise: „Ich bin froh, dass Sie mir das erzählt haben."

Beim seinem nächsten Besuch bereite ich ihm eine Überraschung: „Ich habe etwas für Sie", beginne ich, dann ziehe ich ein dickes Buch aus dem Regal hervor. „Ich habe ein Buch von der Historikerin Dr. Maria Zelzer entdeckt. Es heißt: ‚Stuttgart unterm Hakenkreuz'. Ich habe es bereits gelesen und ich glaube, es ist das Richtige für Sie. Ich jedenfalls konnte nicht aufhören darin zu lesen. Alles ist drin, auch das, was Sie mir erzählt haben. Wenn sie wollen, borge ich es Ihnen gerne." Er will das Buch gerne ausborgen.

Längere Zeit höre ich nichts mehr von ihm und meinem Buch. Da ich öfter Fachbücher verleihe, schreibe ich mir die Namen immer auf eine Liste und weiß also genau, wer welches Buch hat. Sorgen mache ich mir deshalb also nicht. Eines Tages steht Herr Grieger vor der Tür. Mein Buch hat er unter den Arm geklemmt. Er begrüßt mich mit einem Lächeln und sieht gar nicht mehr gedrückt aus. „Meine Frau schickt Ihnen Marmelade." Dann setzen wir uns zum Tisch. Er reicht mir das Buch mit den Worten: „Vielen Dank. In dem Buch steht viel über die Entstehung, die Entwicklung und den Untergang des Faschismus in Stuttgart, was mir noch nicht bekannt war. Der Einblick in das Gesamtgeschehen hat auch meine eigenen Erlebnisse und ihre Hintergründe erhellt und relativiert".

Anschließend erzähle ich ihm, was mich bei dem Buch sehr beschäftigt hat: „Für mich war es die Situation der Stuttgarter Juden, die mich sehr betroffen gemacht hat. Es ist kaum zu verstehen, was den Juden angetan wurde. Es war sicher ein Fehler, die antijüdische Bewegung nicht ernst zu nehmen!" „Das denke ich auch", meint Herr Grieger, „deutlich wurde die Judenhetze in Stuttgart als die NSDAP zum Boykott jüdischer Ärzte, Rechtsanwälte und Fabrikanten aufrief. Hier hätten die Verantwortlichen deutliche Worte sprechen müssen!" Schweigend sitzen wir uns gegenüber. Jeder hängt seinen Gedanken nach.

Herr Grieger kommt noch öfters in meine Sprechstunde. Er kommt nie für längere Zeit, aber er berichtet mir immer über von ihm entdeckte Neuigkeiten. Diesmal beginnt er im Buch von Maria Zelzer „Stuttgart unterm Hakenkreuz" zu blättern und fragt mich: „Sie haben mir doch erzählt von den französischen Truppen, die über den Stadtteil Gablenberg, wo Sie wohnen, von den Fildern kommend in Richtung Neckar marschierten. In dem Buch steht auch etwas über Gablenberg. Das möchte ich Ihnen gerne vorlesen". Er scheint stolz zu sein, etwas gefunden zu haben, das ich noch nicht weiß. Offensichtlich hat er das Buch genauer durchgelesen, als ich es habe.

Er beginnt, mir aus dem Buch etwas vorzulesen:

„Das Jahr 1943 mit seinen schweren Fliegerangriffen ließ in Stuttgart offene Friedenssehnsucht laut werden. Der Chronist vom Sicherheitsdienst berichtete, dass Stuttgarter den Führer für verrückt halten. Was mit diesem unvorsichtigen Volksgenossen geschehen ist, wird nicht berichtet. Frieden durfte nicht gewünscht werden. Bernhard Köhler, Bankdirektor, war während einer Eisenbahnfahrt so unbefangen, dass er das Schicksal Mussolinis auch Hitler wünschte. Hitler würde nun bald festgenommen, so erzählte er. In Stuttgart angekommen, wurde er festgenommen, vor das Sondergericht gestellt, zum Tode verurteilt. Seine Asche wurde seinen Angehörigen zugeschickt.

Länger auf seinen Tod musste Adolf Gerst, Angestellter der Barmer Ersatzkasse, warten. Im Büro hatte er bemerkt, dass der Krieg verloren sei. Am 29. Oktober 1943 wurde er verhaftet, am 9. Mai 1944 zum Tode verurteilt, am 22. Juni 1944 hingerichtet. Seine Leiche wurde unter Polizeiaufsicht eingeäschert. Auf den Friedhof Stuttgart-Gablenberg ist die Urne mit seiner Asche beigesetzt worden."

Langsam kann ich mich in diese furchtbare Zeit hineinversetzen. Es fällt mir nicht leicht, Abstand zu wahren. Ob ich will oder nicht, ich bin mitten hineingezogen. Als mich Herr Grieger etwas erwartungsvoll anschaut, danke ich ihm für diese Mitteilung und sage ihm spontan zu, dass ich das Urnengrab von Adolf Gerst am Gablenberger Friedhof in jedem Fall aufsuchen werde.

Bevor Herr Grieger geht, mache ich ihn noch auf das Projekt „Stolpersteine, gegen das Vergessen" aufmerksam, das bei uns im Stadtteil läuft. „Ich bin eben dabei, herauszufinden, ob in unserem Wohnhaus früher Juden gewohnt haben. Jeder Bewohner eines Hauses, in dem früher Juden zu Hause waren, kann einen Gedenkstein für diese Menschen spenden. Der Stein ist an der Oberfläche mit einer Metallplatte versehen, auf der die Daten der Betroffenen eingraviert sind. Dieser Stein wird in den Gehsteig vor der Haustüre des betreffenden Wohnhauses eingelassen. Für mich ist das eine sehr wichtige Aktion gegen das Vergessen." Herr Grieger hat aufmerksam zugehört und meint dann mit fester Stimme: „Für mich ist das Kriegsthema jetzt abgeschlossen. Die Gespräche mit Ihnen haben mir gut getan." Eine Weile bleiben wir noch schweigend sitzen. Dann erhebt sich Herr Grieger, schaut mich ernst an, bedankt sich bei mir für die Gespräche und verabschiedet sich mit einem feierlichen Händedruck. Der Alltag hat ihn wieder. Danach habe ich ihn nicht mehr wieder gesehen und halte das für ein gutes Zeichen.

14.4 Veränderungen, Stabilisierungen, Ergebnisse

Positive Veränderungen

gibt es reichlich. Es hat Herrn Grieger gut getan, etwas Ballast über das Kriegsgeschehen bei mir abzuladen. Er ist ruhiger und offener als zuvor. Manchmal kann er sogar herzlich lachen. Die Gespräche mit mir sind ihm wichtig geworden. Was er im Krieg erlebt hat, wird er nie wieder vergessen können. Diese Geschehnisse sind ein Teil seines Lebens. Ich denke, er hat aber gelernt, sein Leben so anzunehmen, wie es für ihn bestimmt war.

Nach einem Monat besucht er mich erneut. Bei der Begrüßung lächelt er ein wenig: „Meine Frau hat wieder Marmelade eingekocht und mir ein Glas für Sie mitgegeben." Gerne nehme ich die Marmelade an. Ich bin sicher, seine Frau ist froh über die positiven Veränderungen ihres Mannes. Herr Grieger war in der Lage, sein traumatisches Erlebnis, das er im Krieg erlitten hatte, mit Hilfe, Begleitung und Unterstützung Sozialer Altenarbeit aufzuarbeiten und einen Schlussstrich ziehen zu können.

Ausblick

Auch hier im Stadtteil gibt es viele ältere Menschen, die sich an den Krieg noch gut erinnern können. Immer wieder einmal erzählen mir alte Menschen Einzelheiten. Meine Idee ist, in der Altenbegegnungsstätte ein Erzählcafe zu etablieren, in dem sich monatlich interessierte Menschen zum Gespräch zusammenfinden können. Gut wäre es sicher, wenn der Pfarrer dabei wäre, nachdem er die Menschen hier viel besser als ich kennt und einzuschätzen weiß, was dem Einzelnen zuzumuten ist, und was nicht. Ich werde mit der Leiterin der Begegnungsstätte sprechen und ihr meinen Vorschlag unterbreiten.

15. Das verfehlte Vertrauen der Frau Trautwein

15.1 Die Lebenswelt der Frau Trautwein

Das Wohngebiet

liegt in einem vornehmen Stadtteil. Ein großer Park mit mehreren kleinen Seen ist gleich in der Nähe. Die hier lebenden Menschen sind begütert und bleiben eher unter sich. Es sind meist ältere Leute, Kinder gibt es kaum, dafür umso mehr Dienstboten. Die schönen herrschaftlichen alten Villen sind von der Straße her nicht einzusehen. Sie sind hinter hohen Bäumen versteckt. Kontakte zu den Nachbarn werden gepflegt. Es gibt große Hunde, welche die Anwesen bewachen, und Dienstboten. Der Kirchgang ist zwingend notwendig, da die sonst eher versteckt lebenden Menschen dort zum Austausch zusammenkommen. Auch Frau Trautwein will auf den Kirchgang nicht verzichten, obwohl sie sehr schlecht zu Fuß ist. Meist wird sie von Nachbarn abgeholt und vorsichtig in die Kirche geführt. Manchmal nimmt sie ein Nachbar mit dem Auto mit, was für sie dann sehr angenehm ist.

In dieser schönen und ruhigen Gegend lebt Frau Trautwein, nach dem Tod ihres Mannes etwas vereinsamt, in einer kleinen Wohnung in einem Zweifamilienhaus. Sie ist fünfundachtzig Jahre alt. Ihr Sohn lebt in Norddeutschland und kommt höchstens einmal im Jahr zu Besuch. Von ihm ist keine Unterstützung zu erwarten. Dafür ruft er die Mutter öfter einmal an. Frau Trautwein hat eine sehr nette Wohnungsnachbarin, die sich um sie kümmert, Einkäufe erledigt und auch sonst nach dem Rechten schaut. Einmal in der Woche kommt eine Pflegerin, die ihr beim Baden hilft. Größere Einkäufe erledigt neuerdings eine junge Frau, die ich zuvor noch niemals bei Frau Trautwein gesehen habe.

Das verfehlte Vertrauen der Frau Trautwein

führe ich auf ihre Sehnsucht nach Geborgenheit zurück.

Vereinsamte alte Menschen ohne wirkliche Bezugspersonen brauchen feste Ansprechpartner und verlässliche Vertrauenspersonen, wenn sie Hilfe und Unterstützung benötigen. Jemandem zu vertrauen bedeutet, sich auf das Gegenüber einzulassen, verbunden mit der Vorstellung, der Betreffende meint es gut mit mir. Ältere Menschen sind normalerweise besonders vorsichtig, manchmal sogar misstrauisch und auf ihre Sicherheit bedacht, vor allem wenn sie allein leben. In seltenen Fällen schenken sie ihr Vertrauen jedoch Leuten, die sie nur oberflächlich kennen, und die ihr Vertrauen nicht verdienen. Manchmal werden sie dann wegen ihrem verfehlten Vertrauen und ihrer Leichtgläubigkeit von anderen Menschen in übelster Weise ausgenutzt, wie es bei Frau Trautwein geschehen ist.

In vergangener Zeit waren soziale Beziehungen meist noch eingebunden in regionale Gemeinschaften, in die Verwandtschaft, in Traditionen und in die Religion, wie es noch heute in Dörfern und Kleinstädten der Fall ist. Man kennt sich und hat einfach Vertrauen zueinander. Diese Strukturen lösen sich zunehmend auf und werden anonymer. Vor allem in der Großstadt fehlen alten Menschen oft verlässliche Bezugspersonen, die auf ihre Sicherheit bedacht sind. Beziehungen erstrecken sich zunehmend auf fremde Personen. Da kann es leicht passieren, dass sich jemand ins Vertrauen einschleicht, sich unentbehrlich macht und die Beziehung nutzt, um sich zu bereichern. Kritisch wird es, wenn der alte Mensch nicht in der Lage ist, diese Beziehung loszulassen, auch wenn er weiß, dass er betrogen wurde.

Nach Einschätzung von Leopold Rosenmayr erwachsen Risiken aus dem gesellschaftlichen Erscheinungsbild der ‚Individualisierung und Singularisierung' (Rosenmayr 1992: 253). Für ihn ist die „(…) Wieder- oder Neubegründung von sozialem Vertrauen (…) für Kinder und Alte ein Element vordringlichen Bedürfnisses" (ebd., S. 267). Singularisierung und Pluralisierung haben zur Auflösung von direkten und räumlichen Bezügen geführt. Für alte Menschen sind die komplexen Zusammenhänge in ihrer Gesamtheit kaum mehr zu überblicken. Sie müssen darauf vertrauen, dass die abstrakten Systeme und ihre VertreterInnen aufgrund ihrer Fachkenntnisse in der Lage sind, den ihnen zugewiesenen gesellschaftlichen Aufgabenbereich hinreichend zu erfüllen und zu kontrollieren. Es ist überaus wichtig, dass alte Menschen in ihren eigenen Existenzbedingungen handlungs- und entscheidungsfähig bleiben und den Überblick nicht verlieren. Nach Niklas Luhmann reduziert Vertrauen „soziale Komplexität, vereinfacht also die Lebensführung durch Übernahme eines Risikos" (Luhmann 1989, S. 78). Dabei riskieren alte Menschen nur sehr ungern etwas. Deshalb ist ihr Sicherheitsbedürfnis auch ziemlich groß. Vertrauen bildet die Grundlage persönlicher Beziehungen. Persönliches Vertrauen beruht auf gemeinsamer Anwesenheit, Intimität und Gegenseitigkeit. Es bezieht sich ausschließlich auf persönliche Eigenschaften und individuelle Verhaltensweisen und stützt sich auf den Glauben, sich auf eine andere Person verlassen zu können.

Mit dem Vertrauen ist eine grundlegende positive Erfahrung mit den beteiligten Personen verbunden. Außerdem bestimmt Vertrauen das Verhältnis Sozialer Altenarbeit und ihrer AdressatInnen in elementarer Weise, auch wenn es sich dabei um eine öffentliche, institutionalisierte Beziehung handelt. Normalerweise ist die Erfahrung, Opfer eines Vertrauensbruchs geworden zu sein, eher schmerzlich. Bei Frau Trautwein war dies nicht der Fall. Die persönlichen Strategien, mit denen Menschen diese Erfahrungen verarbeiten, sind sehr unterschiedlich. Es gibt dafür keine Patentrezepte.

Manchmal handelt es sich um eine bekannte, vertraute Person, was für viele Menschen die Situation noch belastender macht. Von einer Belastung war bei Frau Trautwein allerdings nichts zu merken. Kein Trauma, keine Angstzustände, keine Alpträume. Im Gegenteil, sie weigerte sich beharrlich gegenüber dem ermittelnden Beamten gegen die junge Frau auszusagen, die sich neuerdings im Haushalt nützlich machte. Ihre vertrauensvolle Beziehung zu der Frau blieb ungebrochen, sosehr hat sie ihr Vertrauen in diese Frau gesetzt. So verständlich dieses Verhalten auch sein mag, bleibt doch die Frage, mit welchen Mitteln alte Menschen, wie Frau Trautwein, vor solchen unschönen Geschehnissen geschützt werden können.

Informationen über Frau Trautwein

erhalte ich von ihrer sehr besorgten Nachbarin, Frau Sauer, die mich um einen Besuch bei sich zu Hause gebeten hat. Sie lebt mit ihrem Ehemann schon seit über dreißig Jahre in dem Zweifamilienhaus, fast so lange wie Frau Trautwein. Zwischen ihnen besteht eine gute menschliche Beziehung. Wie mir Frau Sauer erzählt, stürzt Frau Trautwein öfter in ihrer Wohnung und kann dann nicht mehr allein aufstehen. „Wir haben ein Signal vereinbart", erzählt Frau Sauer, „wenn sie nicht allein aufstehen kann, klopft sie mit ihrem Gehstock fest auf den Boden. Dann wissen wir, dass sie Hilfe braucht. Wir haben von ihr einen Zweitschlüssel erhalten und können im Bedarfsfall helfen." Auch beim Einkaufen hilft das Ehepaar und bringt mit, was sie auf einem Zettel notiert hat. Frau Trautwein hat Glück mit den Nachbarn.

Nach einer längeren Pause spricht sie weiter: „Ich mache mir Sorgen um Frau Trautwein, möchte aber niemandem etwas Böses nachsagen. Vor etwa vierzehn Tagen kam Frau Liebig, eine junge Frau zu ihr, die zuvor als hauswirtschaftliche Helferin bei einem Pflegedienst beschäftigt war. Der Pflegedienst hat ihr aber gekündigt, und jetzt kommt sie privat auf eigene Rechnung zu Frau Trautwein. Irgendetwas stimmt da nicht." Frau Sauers Miene ist sehr ernst geworden. Sie spricht nicht aus, was sie denkt. Ob sie der Helferin misstraut? Frau Trautwein ist immerhin sehr vermögend. Erbschleicherei ist nicht häufig, aber sie kommt vor. Ich will mich hier nicht einmischen, rate Frau Sauer aber, ihre Sorge mit Frau Trautwein persönlich zu besprechen. Von meiner Dienststelle aus erkundige ich mich beim Pflegedienst nach Frau Liebig, erhalte aber aus Datenschutzgründen keine Auskunft über den Grund ihres Ausscheidens.

15.2 Die Erfassung des Alltagsgeschehens

Die ersten Besuche

bei Frau Trautwein verlaufen harmonisch. Sie ist eine freundliche Frau mit einem fröhlichen Lächeln, so als wäre sie mit Gott und der Welt im Einklang. Obwohl sie an einer schweren Osteoporose leidet, die mit großen Schmerzen verbunden ist, bleibt sie stets zuvorkommend und freundlich. Frau Trautwein hat einen ausgeprägten Rundbuckel, wie es bei dieser Erkrankung typisch ist, und benutzt einen Gehstock. Es ist offensichtlich, dass sie Einkäufe und Reinigungsarbeiten nicht mehr selbst erledigen kann.

Ich spreche mit Frau Trautwein bewusst nicht über das Dilemma, in dem sie sich momentan befindet. Sie klammert sich an Frau Liebig und brüskiert damit die Nachbarn, die ihr bisher geholfen haben. Ich bleibe Frau Traut-wein zugeneigt und höre interessiert zu, wenn sie mir etwas erzählt. Heute hat sie zum ersten Mal für uns beide Tee gerichtet, den wir aus feinen Porzellantassen trinken. So kommt sie in meiner Anwesenheit langsam zur Ruhe, bis wir zu sprechen aufhören und jede ihren eigenen Gedanken nachhängt. Schweigen kann in manchen Situationen sehr fruchtbar sein. Ich lerne auch Frau Liebig kennen, die Frau Trautwein im Haushalt und beim Einkaufen hilft. Sie hat eine angenehme Ausstrahlung und wirkt sympathisch. Wir unterhalten uns eine Weile. Dabei erzählt sie mir auch von ihren drei Kindern, die sie als Alleinerziehende versorgt und aufzieht. Ihre ruhige Art zu sprechen, gefällt mir. Es ist deutlich zu merken, wie sehr Frau Trautwein an Frau Liebig hängt.

Bei meinem nächsten Besuch fängt mich Frau Sauer bereits im Treppenhaus ab. Sie legt den Zeigefinger an die Lippen und bittet mich, kurz zu ihr hereinzukommen. Sie ist ganz aufgeregt: „Stellen Sie sich vor, Frau Trautwein will ihr ganzes Vermögen der Zugehfrau vererben, obwohl sie doch einen Sohn hat. Außerdem hat sie einen Termin beim Notar vereinbart, und will, dass Frau Liebig zur ihrer gesetzlichen Betreuerin bestellt wird. Das ist doch absurd! Von meinem Mann und mir hat sie sich ganz abgewandt." Nach einer kurzen Pause spricht Frau Sauer erbost weiter: „Die Frau ist gefährlich. Ich bin sicher, sie ist eine Erbschleicherin!"

Es ist durchaus möglich, dass Frau Liebig Pläne in dieser Richtung hat, aber ein Verdacht allein genügt nicht. Im Stillen denke ich mir, dass Frau Sauer die junge Frau vielleicht als Konkurrentin betrachtet, weil sie so schlecht von ihr redet und denkt. Ich nehme mir aber vor, mich mit dem Notariat in Verbindung zu setzen. Leider bleibt meine Intervention erfolglos. Bevor nichts passiert ist, kann auch nicht eingegriffen werden, so heißt es.

Ich besuche Frau Trautwein jetzt alle vierzehn Tage. Sie erzählt mir von ihrer Katze mit dem Namen Dorchen, die als vermisst gilt: „Seit mein Dorchen fort ist, freut mich alles nicht mehr so richtig. Vom Balkon hier ist sie immer auf den großen Baum dort gesprungen", meint sie. „Wenn ich ihr Futter gerichtet habe, war sie sofort wieder da." Der Verlust der Katze schmerzt sie offensichtlich sehr. Frau Trautwein geht zum Schrank und bringt mir Fotos von der Katze. „So eine riesige Katze habe ich noch nie gesehen. Sie ist wunderschön. Manchmal bleiben Katzen, die an die Freiheit gewöhnt sind, oft tagelang weg. Vielleicht kommt sie ja noch zu Ihnen zurück?" Ich will sie trösten. Da sagt sie mit leiser Stimme: „Das glaube ich nicht. Das ist schon zu lange her. Vielleicht hat jemand Gift ausgelegt, weil sie mir am liebsten die toten Vögel gebracht hat und vor meine Füße gelegt hat. Die Nachbarn haben das bemerkt." Als Vogelschützerin gefällt mir dieser Sachverhalt zwar nicht, trotzdem schweige ich. Ich möchte unsere gute Beziehung nicht gefährden.

Meine erste Einschätzung

der Situation von Frau Trautwein ist, dass sie ganz gut allein klar kommt. Sie kann sich gut selbst helfen, hält aber ihre Nachbarn auf Trab. Ich halte sie für eine starke Persönlichkeit, die weiß, was für sie gut ist. Ich denke auch, sie hat es faustdick hinter den Ohren und sucht ihren Vorteil, vielleicht sogar auf Kosten ihrer Mitmenschen. Außerdem kann man sie zu nichts überreden, das sie nicht selbst will. Zwischen Frau Trautwein und Frau Liebig ist ein Vertrauensverhältnis entstanden.

Viele alte Menschen vergeben Arbeiten nur ungern an anonyme Anbieter, weil ihnen Vertrauen besonders wichtig ist, und wünschen sich feste AnsprechpartnerInnen. Frau Trautwein denkt offensichtlich anders. Aus ihren Bestrebungen werde ich nicht so richtig schlau. Sie erteilt Frau Liebig nicht nur eine Bankvollmacht, sondern erreicht auch, dass eine Notarin Frau Liebig sogar eine notariell beglaubigte Generalvollmacht erteilt. Einigen Leuten, die davon wissen, ist das nicht geheuer und sie sind darüber sehr besorgt. Auch ich bin jetzt sensibilisiert. Frau Trautwein ist das egal. Für sie ist es ein Tauschhandel. Sie gibt Geld und erhält dafür Zuwendung. Ein Versuch des Pflegedienstes, nochmals bei Frau Trautwein tätig zu werden, scheitert. Von Frau Liebig will sie sich nicht trennen.

Frau Trautwein braucht wie jeder Mensch Zuwendung und die erhält sie jetzt auch. Sie war zu Hause meist allein und deshalb ist sie auch besonders glücklich, jemanden gefunden zu haben, der sich um sie in ihrer Häuslichkeit kümmert. Langsam ist sie zur Ruhe gekommen und ihre Angst vor der Zukunft ist geringer geworden. Dafür möchte sie auch eine Gegenleistung erbringen. Sie weiß, Frau Liebig hat drei Kinder und gibt ihr deshalb regelmäßig etwas Geld für die Kinder mit. Ich halte das nicht für bedenklich, sondern für nett. Wieweit ein eventueller Vertrauensbruch eintreten könnte, bleibt abzuwarten. Was Frau Trautwein und ich aber zum damaligen Zeitpunkt noch nicht wussten, ist die Tatsache, dass Frau Liebig bereits munter bei der Bank für ihre eigenen Zwecke Geld abgehoben hat.

15.3 Förderung und Begleitung im Alltag

Soziale Beziehungen

pflegt Frau Trautwein reichlich, und zwar nicht nur zu den Leuten, die sie zur Kirche begleiten, sondern auch zu den anderen Nachbarn. Sie lebt also nicht isoliert, wie ich zunächst glaubte, sondern ist eingebunden in eine Gemeinschaft inklusiver sozialer Kontrolle durch die Nachbarn, was meiner Ansicht nach für hoch betagte Menschen wichtig ist. Sie möchte aber ausschließlich von „ihrer" neuen Helferin versorgt werden und schlägt die Warnungen der Nachbarn in den Wind. Ihr Hausarzt besucht sie einmal in der Woche. Er untersucht sie und verschreibt ihr Medikamente. Frau Sauer hat sich zurückgezogen. Ich vermute, sie ist beleidigt.

Spannend wird es, als ich erfahre, dass Frau Liebig einen Offenbarungseid leisten musste. Jemand hat ihr nahe gelegt, sich zurückzuziehen. Mit großem Eifer sucht sie nach einem Platz für Frau Trautwein in einem Pflegeheim. Diese will aber nicht in eine Einrichtung, sondern zu Hause bleiben. Jetzt wird es kritisch, da Frau Liebig alles in der Hand hat, sie in ein Pflegeheim abzuschieben.

In dieser kritischen Situation bemüht sich der vormalige Pflegedienst mit Hilfe des Notars, Ordnung in die entgleisten Verhältnisse zu bringen, nachdem Frau Liebig das gesamte Konto von Frau Trautwein abgeräumt hat. Frau Trautwein weigert sich lange, die Generalvollmacht zu widerrufen, die sie Frau Liebig erteilt hatte. Sie beklagt sich bei mir: „Ich hätte ihr doch alles Geld gegeben, wenn sie es mir nur gesagt hätte." Die Pflege wird wieder von dem zuvor tätigen Pflegedienst übernommen. Jetzt kann hoffentlich nichts mehr schief gehen.

Gegen Frau Liebig wird ein Ermittlungsverfahren eingeleitet. Frau Trautwein trauert um den Verlust der Beziehung, die ihr so wohl getan hat. Sie will die Sache auf sich beruhen lassen und weigert sich auch, gegen die Frau auszusagen. Im Eilverfahren wird ein neuer – und diesmal ein amtlicher – Betreuer bestellt. Ich begleite sie zum Notariat. Sie hat eingesehen, dass sie Frau Liebig nicht mehr schützen kann, und die Dinge ihren Lauf nehmen.

Der Gesundheitszustand

von Frau Trautwein verschlechtert sich zusehends. Um ihr Leid wegen der verloren gegangenen Beziehung etwas zu mildern, biete ich ihr an, eine Besuchsdame vom ehrenamtlichen Besuchskreis zu ihr zu schicken. Damit ist Frau Trautwein einverstanden. Frau Weiser ist gerne bereit, gemeinsam mit mir einen Erstbesuch zu machen. Irgendwie sind sich die beiden Frauen ähnlich und finden sofort einen Draht zueinander.

Später ruft mich Frau Weiser an und berichtet mir, dass sie sich gut unterhalten hätten. In Zukunft wird sie Frau Trautwein einmal wöchentlich besuchen. Ich bleibe mit Frau Weiser in enger Verbindung. Sie informiert mich, wenn ihr etwas auffällt. Für die Vermittlung von Diensten bleibe ich auch weiterhin zuständig. So fehlt zum Beispiel jemand, der größere Einkäufe erledigt. Also rufe ich bei einem Anbieter an, der sich in Zukunft darum kümmern wird. Auch einen Reinigungsdienst vermittle ich auf ihre Bitte.

Leider verhält sich das Ehepaar Sauer nicht mehr so freundlich wie früher. Frau Sauer regt sich furchtbar bei mir über die nicht gemachte Kehrwoche auf. Außerdem habe Frau Trautwein manchmal nichts Essbares im Haus. Über diese Informationen bin ich dankbar, nachdem ich darauf reagieren und dem offenbar enttäuschten Ehepaar den Wind aus den Segeln nehmen kann. Auf einen Nachbarschaftsstreit kann sich Frau Trautwein in ihrer Situation nicht mehr einlassen. Also bitte ich das Ehepaar Sauer, mich zu verständigen, wenn etwas schief läuft. Auch kläre ich die Aufgaben der Besuchsdame, die keinesfalls für die hauswirtschaftliche Versorgung zuständig ist, und darauf auch nicht angesprochen werden sollte.

Von Frau Weiser erfahre ich einige Zeit später, Frau Trautwein käme nicht an ihr Geld. Das Verhältnis zu dem neuen, gesetzlich bestimmten Betreuer sei nicht besonders gut. Frau Weiser will gerne selbst mit dem Betreuer telefonieren, da sie am besten wisse, was getan werden muss. Ich habe dagegen nichts einzuwenden. Sie ist für Frau Trautwein eine Vertrauensperson und wird mich über das Gespräch informieren. Allerdings halte ich es auch für wichtig, dass sich Frau Weiser nicht zur Managerin von Frau Trautwein entwickelt, sondern sich auf ihre Aufgaben als Besuchsdame beschränkt, und sage es ihr auch. Wenig später ruft mich Frau Weiser an. Sie ist froh, dass ich sie davor bewahrte, unter Druck zu kommen. Sie hat kein schlechtes Gewissen mehr, wenn sie nicht alle Wünsche von Frau Trautwein erfüllen kann.

15.4 Veränderungen, Stabilisierungen, Ergebnisse

Veränderungen

zum Schlechten gibt es bei Frau Trautwein leider jede Menge und ihre Lage spitzt sich zu. Ihr geht es ziemlich schlecht. Sie musste vom Pflegeheim in eine Klinik verlegt werden, wo ihr ein Bein amputiert wurde. Frau Weiser berichtet mir, Frau Trautwein erträgt die Beinamputation tapfer. Sie will in Zukunft keine langen Hosen mehr tragen, sondern nur noch bodenlange Kleider, damit man das fehlende Bein nicht merkt. Das Krankenhaus wartet dringend auf den Medizinischen Dienst der Krankenkassen (MDK), der eine Einstufung in die Pflegeversicherung vornehmen soll, damit Frau Trautwein so schnell wie möglich wieder ins Pflegeheim zurück verlegt werden kann.

Trotz aller Leiden bleibt sie die starke Frau, die sich nicht unterkriegen lässt. Ich habe großen Respekt vor der Haltung dieser Frau. Frau Weiser besucht sie fast täglich im Pflegeheim und ist mit ihren Kräften bald am Ende. Sie erzählt mir, dass sie bereits ihren Hausstand und ihren Mann vernachlässige. Sie hat schwer an dem Schicksal von Frau Trautwein zu tragen. Weiters erzählt sie mir, sie mache eine Art Sterbebegleitung. Ich rate ihr, sich abzugrenzen und mit den Besuchen aufzuhören, oder eine Pause einzulegen. Das will sie aber nicht. Dann soll sie wenigstens etwas zu ihrer Entspannung machen, rege ich an. Darüber will sie nachdenken. Wenn sie selbst fix und fertig ist, kann sie Frau Trautwein auch nicht mehr zur Seite stehen.

In der Einrichtung, in der Frau Trautwein liegt, sind alle PatientInnen schwerstkrank, erzählt mir Frau Weiser. Sie können kaum auf Verbesserungen hoffen. Es ist die letzte Station. Besuche sind hier eine Seltenheit.

Wenn aber jemand einen Besuch bekommt, beneiden ihn alle. Das heißt, für eine ganz kurze Zeit ist der Besuchte Mittelpunkt des Geschehens. Die Besuche, egal von wem, sind die einzige Freude, die den Schwerstkranken noch bleibt.

Noch Tage später wird über das Ereignis gesprochen und der Besuchte steht im Mittelpunkt. Frau Trautwein gehört zu den wenigen Menschen, die in der Einrichtung überhaupt noch Besuch bekommen. Alle hören mit, wenn sich Frau Weiser mit Frau Trautwein unterhält. Frau Weiser bringt auch für alle, die bei Frau Trautwein im Zimmer liegen, eine Kleinigkeit mit. Die Unterhaltung bleibt noch lange Gesprächsthema bei den pflegebedürftigen, teils hilflosen alten Menschen.

16. Vergleichende Zusammenfassung

Viele Menschen bewältigen ihr Leben bis in das hohe Alter selbstständig und sind nicht auf die Hilfe und Unterstützung anderer Menschen angewiesen. Es gibt aber auch die kranken, schwachen, hilfebedürftigen und in ihrem Leben immer schon etwas zu kurz gekommenen Menschen, die auf Hilfe, Betreuung und Unterstützung angewiesen sind.

Wie in den Geschichten deutlich wird, hat jeder alte Mensch seine eigene Erfahrung der Wirklichkeit. Was aber nützt die Erfahrung, wenn sie nichts mehr wert ist, weil die technologische Entwicklung über das Wissen des alten Menschen hinweg gegangen ist und er sich nicht mehr im notwendigen Maß neu orientieren kann? So alt ein Mensch auch wird, das von ihm Erlebte hat sich über Jahrzehnte tief in seinem Wesen eingenistet, ihn geprägt und zu dem gemacht, der er im Hier und Jetzt ist.

Manchmal ist es ihm nur schwer möglich, sich neu zu orientieren. Unangenehme Erfahrungen begleiten ihn teilweise bis heute und es fällt ihm schwer, sie einfach hinter sich zu lassen. Damit ist die Frage aber noch nicht geklärt, warum manche alte Menschen trotz aller schlimmen Erlebnisse und Einschränkungen vergnügt sind und andere depressiv werden. Die gelingende Verarbeitung von Schwierigkeiten hängt, wie ich meine, mit ihrer unterschiedlichen Fähigkeit zusammen, Probleme verarbeiten zu können. Für Soziale Altenarbeit ist es wichtig, diese Tatsache bei Interventionen bei den Betroffenen zu erkennen, entsprechend zu berücksichtigen und professionelles Handeln danach auszurichten.

Die Lebenswelt ist gekennzeichnet durch den *vertrauten Raum*, in dem man zu Hause ist. Sie strukturiert sich durch die *Zeit* und lebt durch die *sozialen Beziehungen*. Schlimm wird es für Menschen, die aus Gründen von Pflegebedürftigkeit in eine Pflegeeinrichtung umsiedeln müssen. Außer Pflege wird hier fast nichts geboten. Den vertrauten Raum gibt es nicht mehr. Die Zeit strukturiert sich durch die Mahlzeiten. Morgens, mittags und abends ein wenig Abwechslung, bevor die Langeweile wieder beginnt. Soziale Beziehungen brechen weg. Die Nachbarin, mit der man früher über den Gartenzaun hinweg ein Schwätzchen gehalten hat, gibt es nicht mehr. Alltagsbegegnungen im öffentlichen Raum sind selten geworden.

Der vertraute Raum

bietet normalerweise Sicherheit und Geborgenheit, kann aber in Überforderungssituationen plötzlich zu einer Art Kriegsschauplatz werden, wie es bei der zur Sorge gezwungenen Frau Binder passiert ist. Aus Kostengründen pflegt sie ihren Mann selbst, schafft es aber nicht allein. In ihren eigenen vier Wänden fühlt sie sich ausgeliefert. Das Gefühl der Hilflosigkeit lässt sie gewalttätig, zugleich aber auch depressiv werden. Sie kommt nicht raus aus dem Teufelskreis der selbst auferlegten Pflege. Für sie ist der Raum zu einem Gefängnis geworden, der sich erst nach dem Tod des Ehemannes wieder öffnen wird.

Ein vermüllter Raum kann manchmal ein Indiz für psychische Beeinträchtigungen sein. Bei dem im Chaos vergnügten Herrn Kramer ist die Vermüllung seiner Wohnung für BesucherInnen ganz unerträglich. Bis auf Kleinigkeiten abgesehen, ist Herr Kramer zwar ein lieber, freundlicher Mensch, was ich aber weniger an ihm schätze, ist seine Sammelleidenschaft von Lebensmitteln. Er verpackt sie in kleine Plastikbeutel, legt sie auf den Fußboden und sortiert sie je nach Zugehörigkeit, wie zum Beispiel Wurst zu Wurst und Käse zu Käse. Leider übersieht er, dass Lebensmittel verderben und faulen. Für Fliegen sind die Beutel ein gefundenes Fressen, und auch die Maden fühlen sich hier wohl.

Bei dem im Elend lebenden Herrn Hauser ist das Betreten der Wohnung fast ebenso ekelerregend wie bei Herrn Kramer. Schwarzer Schimmel wächst an den Wänden, es stinkt nach Kot und nach Erbrochenem. Offenbar beeinflusst der Seelenzustand eines Menschen das Erscheinungsbild seiner Wohnung. Herr Hauser leidet unter seinem unbürgerlichen Schicksal, ist aber nicht in der Lage, seine Verhältnisse auf Dauer selbst zu ändern.

Als es ihm körperlich und seelisch wieder besser geht, entwickelt sich sein Sinn für Schönheit und er schmückt seine Wohnung mit selbst hergestellten Dingen. Er beginnt, sich für die Unordnung zu schämen. Mit der Ordnung im Raum verändert sich zugleich sein inneres Wesen. Er findet Freude am Kochen, trinkt weniger Alkohol, macht einen Stuhl für mich frei, wenn ich einen Besuch mache, ist weniger gehemmt und unterhält sich gern mit mir. Er hat mich gelehrt, Würde steckt in jedem Menschen, auch wenn er ein von der Gesellschaft verachteter Außenseiter ist.

Die Zeit

ist die Dimension des Nacheinander und der Dauer, die einerseits die Bedingung jeder Veränderung ist, andererseits nur an den Veränderungen ablesbar und erlebbar ist. Krankheiten im Alter verschlimmern sich, wie bei

Frau Trautwein. Sie bleibt mutig und versucht, ihre Verhältnisse selbst zu verbessern. Welche Perspektive gibt es für sie, wie lange geht es noch? Frau Trautwein hat keine Angst davor, wie es weitergehen wird. Sie hat ihr Schicksal im Hier und Jetzt angenommen und stellt keine Ansprüche mehr an das Leben. Ihr Abschied vom Leben erfolgt leise.

Wir erleben die Zeit als Vergangenheit, Gegenwart und Zukunft. Die Zeit ist um, sie geht viel zu schnell vorbei, wenn man wie Frau Trautwein mit einem Menschen glücklich ist, und sie heilt Wunden, wenn man enttäuscht wurde. Mit der Zeit überwindet Frau Trautwein den Vertrauensbruch von Frau Liebig und nimmt die Besuche der neuen Besuchsdame gerne an. Dem von Alpträumen geplagten Herrn Grieger ist es letztlich gelungen, seine Kriegserlebnisse mit Hilfe des geliehenen Buches zu relativieren und sie schließlich der Vergangenheit zuzuordnen.

Veränderungen bahnen sich nur langsam an, wie bei Herrn Hauser deutlich wurde. Seine gedrückte Stimmung verschwindet nur allmählich. Frau Liebermann hat lange gebraucht, um die Erkrankung ihres Mannes als gegeben hinzunehmen. Die Situation hat sich entspannt und das Ehepaar hat für einige Wochen noch eine schöne Zeit miteinander verbracht, bevor Frau Liebermann gestorben ist.

Soziale Beziehungen

sind wichtig. Sie müssen gepflegt werden. Sie können sich zwischen Ehepartnern verschlechtern, wenn die Ehefrau von der Pflege ihres Mannes erschöpft und ausgebrannt ist, wie es bei Frau Binder passierte. Es ist niemand da, der etwas Schönes mit ihr unternimmt. Soziale Beziehungen sind nicht spontan herstellbar, sondern wachsen im Lauf der Zeit. Bei Frau Müller war es „ihr" Willi, der sich in ihrer letzten zu Hause verbrachten Lebenszeit um ihr seelisches Wohlbefinden gekümmert hat. Sie war am Ende ihrer Kräfte. Die Beziehung zu ihrem Mann fehlte ihr sehr. Da ließ sie ihren Ehemann im Geist wieder lebendig werden. Plötzlich war er für sie wieder da, nämlich im Keller, in dem er ihrer Vorstellung nach ein Loch zu ihrer Wohnung gegraben hatte, um sie nachts zu besuchen. Leider gab es niemanden mehr, der sie hätte trösten können, außer mir als der für sie zuständigen Sozialarbeiterin.

Verfehltes Vertrauen war bei Frau Trautwein der Grund, warum sie in ihrer sozialen Beziehung zu einer Helferin um ihr Glück betrogen wurde. Sie freut sich, wenn die neue Besuchsdame kommt und sich ein wenig um sie kümmert. Der im Elend lebende Herr Hauser wird mutig und sicherer, als es ihm wieder besser geht. Befriedigende Außenkontakte werden ihm möglich und alte Beziehungen zu Freunden werden neu geknüpft. Mit der Lebensfreude wachsen auch Lebensmut, Selbstwertgefühl und Kompetenzen.

In diesem Zusammenhang sind Altenbegegnungsstätten wichtige soziale Einrichtungen. Sie ermöglichen den alten Menschen, am gesellschaftlichen

Leben teilzuhaben und sich in einer Gemeinschaft sinnvoll zu betätigen. Auf diese Weise wird Erinnernswertes geschaffen. Es gibt regelmäßige Veranstaltungen mit den unterschiedlichsten Angeboten. Computerkurse werden angeboten, Lieder gesungen, Dichterlesungen abgehalten, Volkstänze vorgeführt und Bildungsfragen erörtert. Im Vergleich des zuvor gegebenen Zustands und des Zustands nach der Begleitung durch Soziale Altenarbeit sind Verbesserungen der Lebenslage der Menschen teilweise deutlich zu erkennen. Den alten Menschen ist letzten Endes ein etwas gelingenderes Leben möglich geworden.

Dritter Teil:
Sozialpädagogisches Handeln
im Arbeitsfeld

17. Theoretischer Bezugsrahmen

Im Folgenden gebe ich eine kurze Einführung über den die Untersuchung leitenden theoretischen Bezugsrahmen. Auf der Grundlage lebenslangen Lernens sind alte Menschen durchaus in der Lage, noch etwas dazu zu lernen. Wilhelm Dilthey versucht, über das Verstehen der Lebensäußerungen seines Gegenübers, durch „Hineinversetzen, Nachbilden und Nacherleben" der Sache näher zu kommen: „Auf der Grundlage des Erlebens und des Verstehens seiner selbst, und in beständiger Wechselwirkung beider miteinander, bildet sich das Verstehen fremder Lebensäußerungen und Personen aus" (Dilthey 1979, S. 205). Beim Vorliegen ähnlicher Erfahrungen ist demnach das Verstehen eines anderen Menschen leichter möglich. Für die Gestaltung von Beziehungen ist diese Tatsache bedeutsam, weil die Bildung von Vertrauen dadurch erleichtert wird. Im Hinblick auf pädagogisches Handeln bezieht sich Dilthey auf das sokratische beziehungsweise mäeutische Verfahren. Die Mäeutik, die Kunst des Hervorbringens, ermögliche es, einen Gesprächspartner durch geschicktes Fragen zu neuen, durch eigenes Denken gewonnenen Erkenntnissen zu führen. Auf diese Weise können dem Einzelnen Gedanken bewusst gemacht, Einsichten von ihm selbst gefunden, Ideen hervorgeholt, selbstständig weiterentwickelt und ausgestaltet werden. Die eigene Meinung über das Geschehen sollte nicht zurückgehalten werden, damit sich der alte Mensch daran orientieren kann. Soziale Altenarbeit ermöglicht einen gemeinsamen Gestaltungsprozess.

Hans Thiersch formuliert Maximen für pädagogisches Handeln, die meinem Dafürhalten nach für Interventionen bei jungen ebenso wie bei alten Menschen gelten. Zu beachten sei erfahrungsbezogenes Lernen: „Basis und Voraussetzung jeder Art von Lernen sind die Erfahrungen derer, die lernen, ihre Probleme, ihre Interpretationen, ihre Ängste und Hoffnungen (…)" (Thiersch 1986, S. 118). Indirektes Lernen in Situationen bedeute, dass pädagogisches Handeln vor allem auch gesehen werden muss als Umgang. Es müsse sich vom Miteinander-Leben, vom Sich-Einlassen auf einen gemeinsamen Alltag, vom Sich-Brauchen in gemeinsamen Erfahrungen und Unternehmungen her verstehen. „Die Auseinandersetzung mit Erwartungen, Zumutungen und Provokationen muss einhergehen mit flexibler Begleitung, Stützung und Stabilisierung von Lernprozessen" (ebd., S. 119).

Für die Strukturierung der Erfahrungen in der Komplexität des Alltags komme es darauf an, „zum einen den Zusammenhang der verschiedenen Komponenten in den gegebenen Aufgaben zu sehen, zum anderen auch (…) zu prüfen, wo, wie und inwieweit in diesem Zusammenhang einzelne Momente heraus gelöst, in sich überschaubar strukturiert und als Einzelmomente angegangen, wo also Prioritäten, Ziele und überprüfbare Schritte bestimmt werden können" (ebd.). Ermutigung und ein Zutrauen der alten Menschen zu sich selbst und den eigenen Möglichkeiten können durch solche einschränkenden Konkretisierungen vermittelt werden.

Die Rolle und Funktion der SozialpädagogInnen müsse erkennbar sein in dem, „(…) was sie sind, was sie äußern, was sie erwarten, was sie beachten, woran sie leiden, was sie erleichtert" (ebd., S. 120). Das heißt, sie müssen in ihrer Art für den alten Menschen einschätzbar sein. Und weiter: „Lernen und Lehren können nur verstanden werden als kommunikativer Prozess, (…) in dem die Rollen des Lerners und Lehrers nur auf Aufgaben bezogen sind und nicht als prinzipieller Unterschied zwischen einer überlegenen und einer unterlegenen Position gelten (…)" (ebd.).

Manche alte Menschen leben ohne wesentliche Einschränkungen vergnügt und gesund bis ins hohe Alter, anderen gelingt das nicht. Es schmerzt, wenn die Kinder aus dem Haus gehen, der Körper sichtbar und spürbar verfällt, der Ehepartner stirbt, Ressourcen fehlen, Kontakte verloren gehen, Anerkennung fehlt und der eigene Tod näher rückt. Manche verschaffen sich dann Erleichterung durch Suchtmittel und andere wiederum verlieren den Sinn für Sauberkeit. Beides erscheint mir ein Indiz für den Verlust der Selbstachtung zu sein. Es geht also auch darum, „haltgebende Lebensräume zu gestalten, da zu sein, Abbau und Verlust auszuhalten und darin Formen eines versorgten und akzeptierten Lebens zu wahren" (Böhnisch/Schröer/Thiersch 2005, S. 155). Was geschieht aber, wenn jemand nicht imstande ist, Abbau und Verluste auszuhalten? Dann müssen wir ihn begleiten, stützen und letztlich akzeptieren, dass Veränderungen zum Guten nicht mehr möglich sind.

Das Vorgehen richtet sich nach den individuellen Gestaltungsmöglichkeiten und diese müssen herausgefunden werden. Abwarten ohne zu werten, hat sich als günstig erwiesen. Meist entscheidet es sich spontan, was zu tun ist, denn die Situation gibt das Handeln vor. Aus den unterschiedlichen Ansätzen wird genutzt, was sich als brauchbar erweist. Vor diesem Hintergrund pädagogischer Tradition und den daraus gewonnenen Einsichten beschreibe ich die pädagogische Haltung, wie sie aus den Geschichten ableitbar ist.

18. Einsichten und pädagogische Haltung

Soziale Altenarbeit unterstützt den alten Menschen bei der Gestaltung seiner Verhältnisse und anerkennt die jeweils unterschiedlichen Vorstellungen über die Art und Weise, wie er leben will. Kritisch wird es allerdings, wenn seine Art zu leben für die Nachbarn und die nähere Umgebung untragbar geworden ist. Dann gilt es, diese untragbaren Verhältnisse zunächst einmal auszuhalten und möglichst nicht zu kritisieren, bevor ein Vertrauensverhältnis und gegenseitige Akzeptanz aufgebaut werden konnten. Soziale Altenarbeit agiert in den gegebenen Verhältnissen, um in ihnen, mit den dortigen Möglichkeiten, Ansatzpunkten und vielleicht zunächst noch verborgenen Ressourcen so zu arbeiten, damit die gegebenen Verhältnisse transparenter, tragfähiger, stabiler und für den alten Menschen befriedigender werden.

Soziale Altenarbeit fungiert als Mittlerin zwischen dem alten Menschen und seinem Umfeld. Jeder alte Mensch, der begleitet und unterstützt wird, hat seine eigene Geschichte und stellt die SozialarbeiterInnen vor immer neue Herausforderungen. Er lebt von seinen Erinnerungen an gute und schlechte Zeiten und von den Erlebnissen, die ihn geformt, geprägt und zu dem gemacht haben, was er heute ist. Hilfe und Unterstützung durch Soziale Altenarbeit richtet sich nach den individuellen Gegebenheiten und diese gilt es herauszufinden.

Pädagogisches Handeln im Alltag alter Menschen ist also nicht zufällig oder beliebig. Das oberste Prinzip ist Offenheit für ihre Vorhaben und für die vielfältigen Möglichkeiten, ihr Leben mit Unterstützung Sozialer Altenarbeit neu zu gestalten, oder wie es Michael Leupold ausdrückt: „Als Sozialarbeiter und Sozialarbeiterinnen fragen wir im Grunde genommen, welche Lebensweise für unsere Klientel am besten wäre und welche Unterstützung sie benötigen. Ethisch formuliert steht im Mittelpunkt die Sorge um die „richtige" Selbstsorge und Lebensführung der Klientinnen und Klienten" (Leupold 2005, S. 633).

Der Stellenwert der Moral in der Sozialen Altenarbeit kann meines Erachtens nicht hoch genug sein. Nach Thiersch besteht eine Selbstverpflichtung zu moralischem Handeln:

> „SozialpädagogInnen müssen – und das unterscheidet sie von vielen anderen Berufen – in ihrem Berufsalltag in ihrer Menschlichkeit erkennbar sein, also bereit sein, sich brauchen zu lassen, Anteil zu nehmen und Interesse zu zeigen, an den Lern- und Entwicklungsmöglichkeiten, aber ebenso an den Hoffnungen, Schmerzen und Enttäuschungen ihrer AdressatInnen. (…) Alle Untersuchungen zu den Erwartungen derer, die auf (…) Hilfe angewiesen waren, machen deutlich, wie unverzichtbar dieser Anspruch an eine – im Rahmen der Beruflichkeit zu repräsentierende – Menschlichkeit ist. Die Lebensmoral darf also der Berufsmoral nicht elementar widersprechen" (Thiersch 2001, S. 1256).

Verantwortliches Handeln in der Sozialen Altenarbeit braucht demnach eine ethische Komponente. Ethische Kompetenz zeigt sich zuallererst darin, dem alten Menschen gegenüber eine Haltung mit einer Art inneren Achtsamkeit einzunehmen, die als regulatives Prinzip das pädagogische Handeln mitbestimmt. Die für die Arbeit mit alten Menschen anzustrebende Haltung ist uns meist nicht selbstverständlich gegeben, sondern wir müssen sie uns je individuell erarbeiten. Die geistige Grundhaltung muss jeder für sich selbst klären. Es gibt Anhaltspunkte.

Haltung bedeutet für mich, ein feines Gespür für die Situation des alten Menschen zu haben, das bedeutet, keine vorgefassten Meinungen sondern flexible Interpretationen. Es kann so, aber auch ganz anders sein. Die Augen müssen offen sein für alles, das kränkend sein könnte. Soziale Altenarbeit ist dann erfolgreich, wenn sie den alten Menschen in seinen eigenen Vorstellungen und Absichten anerkennt und annimmt. Dazu gehört auch, Toleranz gegenüber etwas „verqueren" Menschen zu üben und Respekt zu zeigen, vor ihrer Art zu leben. Die Frage bleibt jedoch, wie viel man selbst aushält, wenn zum Beispiel eine Wohnung vermüllt und verschmutzt ist. Die Machtfrage steht immer im Raum.

Zuwendung, Hinwendung und Annahme geben ihm ein Gefühl der Sicherheit. Den Wert der Annahme beschreibt Thomas Gordon folgendermaßen: „Wenn ein Mensch imstande ist, einem anderen gegenüber echte Annahme zu empfinden, und sie ihn spüren lassen, besitzt er die Fähigkeit, dem anderen ein mächtiger Helfer zu sein. Wenn ein Mensch fühlt, dass ihn ein anderer wirklich annimmt, wie er ist, dann ist er frei geworden von Ängsten und kann mit der Überlegung beginnen, wie er sich verändern möchte" (Gordon 1972, S. 38).

Die Haltung darf nicht starr sondern muss veränderbar sein, von Respekt geprägt, offen für Intentionen und den Lebensstil des alten Menschen. Ich betrachte alte Menschen einerseits als ExpertInnen ihrer Lebenswelt, die trotz aller Verluste versuchen, ihre Angelegenheiten selbstständig zu bewältigen, andererseits sollen sie aber auch befähigt werden, Hilfe und Unterstützung anzunehmen, wenn sie Unterstützung benötigen. Es ist wichtig, sich in ihre Situation einzufühlen, um Vorschläge zur Erleichterung ihrer Lebenslage machen zu können. Das heißt, SozialarbeiterInnen müssen zunächst an sich selbst arbeiten und lernen, was gerade für diesen Menschen wichtig ist und was dagegen ein anderer braucht. Es sind immer Persönlichkeiten, mit denen wir es zu tun haben. Eine Gleichschaltung ist nicht gefragt.

Haltung ist also nicht gleich Haltung, sondern speziell auf den jeweiligen Menschen und seine Bedürfnisse zugeschnitten. Gerade ältere Menschen, die meist schlecht sehen und hören, erspüren in besonderer Weise die Körpersprache des Gegenübers. Durch das „Dasein und Dabeisein" Sozialer Altenarbeit erfahren die alten Menschen ein Interesse an ihren jeweils spezifischen Belangen und ein für sie nicht immer selbstverständliches Angenommensein. Erst mit dem Angenommensein wird die Konfrontation mit weniger erfreulichen Dingen möglich.

Alltagsorientiertes sozialpädagogisches Handeln in der Lebenswelt alter Menschen hat also Voraussetzungen, wenn es gelingen soll. Allgemein gesprochen gibt es die sturen, die ängstlichen, die vergnügten, die ehrlichen, die verschmitzten, die offenen, die verschlossenen und sogar militante alte Menschen wie bei den jungen Menschen auch. Allerdings sind alte Menschen meist resistenter für Veränderungen, als es die jungen sind. Außerdem haben sie nichts mehr zu verlieren. Sie können sich selbst leben, so wie sie wirklich sind, brauchen niemandem mehr etwas vorzumachen und sind ohne Umschweife direkt, was manchmal peinlich sein kann.

Das Einfühlen in die Mehrdimensionalität von Schwierigkeiten setzt bei den SozialarbeiterInnen Sensibilität, ihre Diffusität setzt Phantasie voraus. Einfühlungsvermögen wird gebraucht, wenn einerseits die Gestaltungskräfte alter Menschen Unterstützung und Förderung brauchen, andererseits die negativen Einflüsse Gegenwirkung benötigen. Die Nähe im häuslichen Bereich setzt Rücksichtnahme und Behutsamkeit voraus. Allein das Gefühl, da ist jemand, wenn ich etwas brauche, gibt dem alten Menschen Sicherheit.

Die auch bei alten Menschen auf Wachstum gerichtete und eine Stagnation behebende Einflussnahme ist ein gemeinsamer Gestaltungsprozess. Die pädagogische Förderung des alten Menschen bedeutet, sich auf einen Prozess mit unbekanntem Ausgang einzulassen. Es bleibt dem Geschick der Handelnden überlassen, im Umgang mit dem alten Menschen und seinem Netzwerk in der jeweiligen Situation einerseits spontan das Passende zu tun, andererseits nicht auf geplantes, zielorientiertes Handeln zu verzichten. Eine gelingendere Einflussnahme zeigt sich darin, dass der Betreffende aufmerksamer wird, das Interesse für seine Umwelt wächst und eine sichere Haltung im Handeln zeigt.

Es erscheint mir wichtig, auf nonverbale Mitteilungen zu achten. Die Bedeutung einer kritischen Situation ist mit Gesten ebenso auszudrücken wie mit Worten. Gerade da, wo Worte nicht viel bewirken, kann die nonverbale Mitteilungsmöglichkeit genutzt werden. Eine Geste im richtigen Moment kann ein Gespräch ersetzen. Auch braucht es für die Vermittlung von Akzeptanz und Anerkennung keine Worte. Am Tonfall der Stimme und an der Körperhaltung merkt unser Gegenüber, ob wir es ehrlich meinen oder nicht. Der Sozialpsychologe Erich Witte weist darauf hin, dass Widersprüche zwischen verbalen und nonverbalen Hinweisreizen auf Themen deuten können, welche „die Identität bedrohen und damit Leiden verursachen" (Witte 1989, S. 269). Es ist daher wichtig, die Mimik des alten Menschen zu beachten und sich in seine augenblickliche Befindlichkeit hinein zu versetzen.

Zur Entwicklung neuer Perspektiven und Handlungsmöglichkeiten sowie zur Erschließung von Kontakten im sozialen Umfeld erweist es sich als förderlich, Einflussnahme nicht als Konfrontation mit belastenden Ereignissen aufzufassen, sondern sie als Chance zur Veränderung schwieriger Lebensverhältnisse zu betrachten, wenn unterschiedlich gelebtes Leben besondere Anforderungen stellt. Veränderungen können Unsicherheit und Angst mit sich bringen. Neue Sichtweisen zu gewinnen, bedeutet, Vertrautes loslassen zu müssen. Wenn Hoffnungen und Wünsche aufgegeben werden müssen, kann Behutsamkeit die Wiederherstellung des inneren Gleichgewichts schneller bewirken.

Der Prozess des Wachstums braucht Zeit. David W. Johnson hebt die Wichtigkeit des Vertrauens auf die eigenen Fähigkeiten hervor. Das Vertrauen auf die eigenen Kräfte „fördert die Entwicklung der Selbstständigkeit, erhöht die Bereitschaft, Risiken einzugehen, Initiative zu ergreifen, um die gewünschten Ziele zu erreichen, und gewährt die fundamentale Befriedigung, die aus der Einflussnahme auf das eigene Leben entsteht" (Johnson: 1977, S. 67). Daraus ist ablesbar, wie schwer es für alte Menschen ist, wenn sie merken, dass ihre Kräfte langsam schwinden.

Die gut gemeinten Ratschläge Sozialer Altenarbeit können aber auch als Entwertung der eigenen Kräfte aufgefasst werden. Die LebenskämpferInnen kommen mit dieser Situation eher zurecht als die Sicherheitsbedürftigen. Sie werden ängstlich, unsicher und wissen nicht, wie es weiter gehen soll. Oft stehen dann nicht mehr Entwicklung und Verbesserung im Vordergrund, sondern aus Sicht der alten Menschen dem sozialen Netzwerkgedanken entsprechend ein „Erreichbarsein" Sozialer Altenarbeit, ein „Dasein" und ein gemeinsames „Aushalten".

Angst ist ein zentraler Begriff in der Sozialen Altenarbeit. Angst vor Gebrechen, Verarmung, Pflege, Vereinsamung, beim Sterben allein zu sein, Angst vor dem Pflegeheim, wo man essen muss, was auf den Tisch kommt, Angst vor Kontrollverlust mit der bangen Frage: „Wann habe ich etwas nicht mehr im Griff?" Angst vor einem Autonomieverlust, vor Zwängen und ausgeliefert zu sein. Das alles erzeugt Angst und in der Folge Stress. Eine der vorrangigen Aufgaben Sozialer Altenarbeit ist, Strategien zu finden, die helfen können, die Angst zu bewältigen und den Stress zu mindern.

Der Umgang mit positiven Gefühlen scheint mir in der Sozialen Altenarbeit ganz besonders wichtig zu sein, nachdem Emotionen unsere Einstellungen und unser Verhalten beeinflussen. Zum einen geht es darum, Gefühle bei sich selbst wahrzunehmen und zuzulassen, zum anderen ihre Entwicklung beim alten Menschen zu fördern. Positive Gefühle schaffen den Nährboden für notwendige Veränderungen, wenn sie bewusst genutzt, gefördert und gestärkt werden.

Die Einstellungsforschung beschäftigt sich intensiv mit Gefühlsinhalten, weil sie in der Verbindung mit Überzeugungen dazu führen, „bestimmten Personen, Gruppen, Ideen, Ereignissen oder Dingen positiv oder negativ zu begegnen" (Johnson 1977, S. 57). Einstellungen sind erworben und können daher verändert werden; sie können förderlich oder hinderlich sein. Wünschenswerte Einstellungen sind solche, welche die Fähigkeit steigern, „(...) sich zur Umwelt so zu verhalten, dass ihre Selbsterhaltung, ihr Wachstum und Gedeihen daraus folgen. Erwünschte Einstellungen bringen Gefühle des Glücklichseins, der Zufriedenheit, bringen Vergnügen und Lebensfreude (...)" (ebd., S. 58).

Nach Wolfgang Stroebe tragen insbesondere soziale Beziehungen zum Gefühl des Glücklichseins bei. Alte Menschen mit positiven Beziehungen sind eher positiv gestimmt. Gemeinsame Aktivitäten mit Bekannten und Freunden schützen vor Einsamkeit. Eine andere Quelle von Zufriedenheit sind Information und Rat, ob von Freunden oder einer Beratungsstelle gegeben, da sie ein Gefühl der Sicherheit vermitteln. „Eine weitere Quelle sind gemeinsame Aktivitäten – miteinander spielen, arbeiten, in einem Haushalt leben. Wahrscheinlich macht die Regelmäßigkeit und die Vorhersagbarkeit des Kontakts zum Beispiel zwischen Ehepartnern, Verwandten oder engen Freunden diese Beziehungen ganz besonders befriedigend; man kann sich auf die ‚Belohnungen' bis in unbegrenzte Zukunft hinein verlassen" (Stroebe 1992: 252 ff.). Schon allein das Wissen um eine eventuelle Verfügbarkeit von Unterstützung und Hilfe trägt offenbar zur Entlastung bei, sodass Schwierigkeiten selbstständig bewältigt werden können. Bei längerem Bestehen der Beziehung verlässt man sich einfach darauf.

19. Dimensionen pädagogischen Handelns

Der Einstieg in einen Unterstützungsprozess erfolgt vorwiegend auf Anfragen von Angehörigen, Nachbarn und KooperationspartnerInnen, wie Ärzten, Pflegediensten, Heil-/Hilfsberufen und Diensten der Stadtverwaltung. Der Aufbau und die Gestaltung der Beziehung zum alten Menschen geschieht durch entlastende, fröhliche oder ernste Gespräche über teils schöne, teils schlechte Erlebnisse, über durchgemachte Krisen und anderes mehr. Die Teilnahme am Lebensalltag des alten Menschen lässt bei ihm neues Denken zu und verändert seine und manchmal auch meine Sichtweise. Je vertrauter die Beziehung ist, umso wirksamer kann auch geholfen werden.

Das Beobachten

des Geschehens in der Einstiegsphase erfolgt ohne Einmischung. Vorrangig ist das Kennenlernen der Sichtweisen und Besonderheiten sowie des Eigensinns des alten Menschen. Die Annäherung an das Alltagsgeschehen und das Ausfindigmachen von Anknüpfungspunkten für pädagogisches Handeln stehen im Vordergrund. Abwarten ohne zu werten erweist sich als günstig, um zu erfahren, was wirklich geschieht, und was dem alten Menschen selbst wichtig ist.

Das Gewinnen von Vertrauen

ist eine wichtige Grundbedingung für alltagsorientiertes pädagogisches Handeln, und seine Herstellung ein fortwährender Prozess. Vertrauen stellt eine wichtige Grundbedingung für den Aufbau einer hilfreichen Beziehung dar. Mit dem Aufbau von Vertrauen öffnet sich das zuvor geschlossene Feld und ebnet sich der Zugang zum alten Menschen. Zu Beginn meiner Tätigkeit befindet sich der ältere Mensch in einer Stresssituation. Ich muss mich so verhalten, dass mein Gegenüber die Einstellung gewinnt, ich bin ihm nützlich und ungefährlich. Vertrauen kann nämlich auch gebrochen und missbraucht werden. Ich lasse den alten Menschen sein, wie er ist, passe mich an und akzeptiere ihn in seinem Sosein. Die Teilnahme am Alltagsgeschehen und die Bereitschaft auf ihn einzugehen, signalisiert ihm, dass er mir wichtig ist. Diese stillschweigende Anerkennung sichert mir nach einer Weile ein Basisvertrauensverhältnis. Erst wenn es hergestellt ist, bin ich eine vom alten Menschen anerkannte Person, die sich in seine Angelegenheiten einmischen darf.

Das Wahren von Gegenseitigkeit

muss in der Sozialen Altenarbeit in besonderer Weise beachtet werden. Gerade für den alten Menschen ist es ein großes Bedürfnis, Gegenseitigkeit zu wahren. Die Nichtbeachtung dieses Bedürfnisses würde ihm Stress verursachen. Sobald die Unterstützung angenommen wurde, achte ich den Wunsch des „Wiedergebendürfens". Die ritualisierte Geste des Annehmens erhöht die Bereitschaft, mich als unterstützende Kraft zu akzeptieren. Selbstgebastelte Geschenke, wie ein gehäkeltes Deckchen oder ein kleines Blumengesteck aus Papier, nehme ich gerne an. Damit nehme ich ihm das Gefühl, mir verpflichtet, unterlegen oder gar ausgeliefert zu sein.

Das Setzen von Grenzen

zeigt sich in der Ausgewogenheit von Nähe und Distanz. Es besteht eine ständige Balance zwischen Grenzziehung und Gemeinsamkeit. So entgehe ich der Gefahr, mich in der Beziehung zu verstricken, wodurch ich handlungsunfähig wäre. Die Grenzen des Anderen erkennen und achten, aber auch der Anspruch auf eigene Grenzen und deren Beachtung durch Andere sind die Grundlage für ein freundliches Zusammenleben. So sehr ich anfangs im Rahmen der Vertrauensbildung bereit bin, Dinge unwidersprochen hinzunehmen, nehme ich doch nicht alles hin, sondern stecke meine Grenzen ab. Der alte Mensch muss wissen, dass ich nicht vereinnahmbar bin. Für die Beratungsarbeit verschaffe ich mir auf diese Weise etwas Abstand und einen Freiraum.

Das Anknüpfen an Möglichkeiten

eröffnet neue Wege und bei manchen alten Menschen vielleicht auch ein neues Denken. Anknüpfungsmöglichkeiten für pädagogisches Handeln, für Gespräche und Aktivitäten liegen in der Biografie der Betroffenen. Ich greife ihre Erinnerungen, Vorstellungen, Erfahrungen, Meinungen, Wünsche und Träume auf und dränge meine zurück. Die Einbeziehung der Biografie erweist sich als vorteilhaft. Fotoalben ansehen, sich von früher erzählen lassen und zuhören. Hilfreich können auch Gespräche über Verlusterfahrungen sein, wie zum Beispiel über Krankheiten und den Tod eines Angehörigen. Für die seelische Gesundheit sind Freunde und ein soziales Netzwerk wichtig, da sich Menschen ohne hinreichende Unterstützung einsam fühlen.

Das Wecken von Interessen

Zur Entwicklung von Kompetenzen motiviere ich die alten Menschen, Neues auszuprobieren. In der Altenbegegnungsstätte gibt es immer interessante Veranstaltungen. Manche alten Leute sind depressiv, trauen sich nichts mehr zu und ziehen sich zurück. Deshalb habe ich die Leiterin der Begegnungsstätte motiviert, Qigong-Kurse anzubieten. Immer nur Basteln wird auf die Dauer langweilig. Dieses Angebot läuft bereits über mehrere Jahre und ist immer ausgebucht. Offenbar entdecken viele ihre verloren geglaubten Lebenskräfte. Mit dem Aufbau von Erinnernswertem, von Lebensfreude und Lebensmut ist die Selbsthilfekompetenz der alten Menschen gewachsen. Wichtig bleibt ihnen die Kontaktmöglichkeit mit dem Stadtteilbüro vor Ort. Netzwerke wirken allein durch ihr Dasein. Schon das Wissen um ihre Erreichbarkeit in Notfällen gibt Ratsuchenden Sicherheit.

20. Schlussbemerkung

Vereinsamung ist das Ergebnis heutiger Lebensformen, also strukturell bedingt. Sie ist vielschichtig und kann nicht auf das Missgeschick eines einzelnen Menschen reduziert werden. Eine singularisierte und individualisierte Gesellschaft produziert diesen Zustand in erhöhtem Maß. Wer niemanden mehr hat, der einem zuhört, vereinsamt in kurzer Zeit. Er hat Angst vor einer ungewissen Zukunft, wird vielleicht sogar depressiv und ist möglicherweise abhängig von Suchtmitteln. Dann ist er unfähig, sich selbst zu helfen. Die Politik und alle gesellschaftlichen Gruppierungen sind gefordert, hier mitzudenken und entsprechend ihren Möglichkeiten, Einfluss zu nehmen.

Alte Menschen sind manchmal auf professionelle Pflege angewiesen. Dann muss die Pflege aus Sicht der HelferInnen rasch und effizient geschehen, wo bei alten Menschen eher Langsamkeit am Platz wäre. Sie fühlen sich bedrängt, respektlos behandelt, leiden unter diesem Zustand und nehmen den negativen Stress bis zum Tod mit. Mit Hans Thiersch gesprochen sind sie „krank, leiden, können nicht mehr, sie müssen sich zurücknehmen, sie müssen verzichten, sie sehen den Tod auf sich zukommen; viele in unserer Gesellschaft haben Angst, sich dem auszusetzen. Die Gesunden trennen sich von denen, die leiden; die Gesellschaft verdrängt das andere, Anstrengende und Mühsame (Thiersch 1995, S. 47)". Eine stetig anwachsende Suizidrate bestätigt diesen Sachverhalt.

Einem alten Menschen Mitleid spüren zu lassen, ist für ihn nicht unbedingt hilfreich, denn es macht ihm seine Schwäche bewusst. Aus diesem Grund sollten SozialarbeiterInnen mit einem zur Schau getragen Mitleid vorsichtig sein. Es gibt jedoch Situationen, in denen Mitleid notwendig ist, wenn nämlich der Lebenspartner stirbt. Der Staat kann die Großfamilie nicht ersetzen. Auch mit Menschlichkeit und Emotionen kann er nicht dienen, wie es früher war, als es in den Haushalten noch unversorgte Tanten gab, die kleine Kinder trösteten und sich in der Küche nützlich machten. In unserer Zeit ist es nötig, sich von Strukturen zu befreien, die weder für die Kinder noch für alte Menschen befriedigend sind. Vielleicht ist ein ‚Rückwärtsgehen' nötig, um neue Wege gehen zu können, und offenes Denken, um Fortschritte zu generieren.

Wirklich schlecht geht es in unserer Gesellschaft einer steigenden Zahl von armen, kranken, vereinsamten und immer schon etwas zu kurz gekommenen Menschen. Diesen Personenkreis zu einem gelingenderen Leben zu befähigen, war immer schon die vorrangige Aufgabe Sozialer Arbeit. Eine Gefahr liegt allerdings darin, wenn nach den heutigen politischen Vorstellungen – gemäß der Ökonomisierung des Sozialen – auftretende Schwierigkeiten möglichst rasch und unaufwendig befriedet werden sollen. Im Spannungsfeld zwischen Arbeitsmarkt, Ökonomie und Bevölkerungsentwicklung werden sich die Lebensverhältnisse von Kindern und alten Menschen entscheiden. Wie sie entschieden werden, ist Aufgabe der Gesellschaft. Der Politik ist gefordert, die Lösung der Schwierigkeiten offensiv anzugehen.

Eine der Voraussetzungen zur Verbesserung der Verhältnisse ist die Übereinkunft der Sozialbindung von Arbeit und Kapital. Die Entkopplung von Arbeit und Einkommen wäre nötig, da es in Zukunft immer unwahrscheinlicher werden wird, für alle Menschen genügend Arbeitsmöglichkeiten zu schaffen. Immer mehr Menschen werden sich immer weniger Arbeit und Einkommen teilen müssen. Für Platon lautet der leitende Gedanke vernünftiger Praxis „Gerechtigkeit", als Teilhabe an der Idee des Guten. Pflichten zur Rücksichtnahme müssen jeder politischen Herrschaft abverlangt werden. Wenn jemand sich nicht daran hält, muss es Mittel geben, Pflichten einzufordern. Ein vordringliches Ziel gegenwärtiger auf Menschenrechten fundierter Politik hat in der Domestizierung des global entfesselten Kapitalismus zu bestehen und dessen destruktiven Tendenzen. Soziale Arbeit ist nicht in der Lage, Gerechtigkeit allein zu realisieren. Progressive Gesellschaftspolitik sollte sich nach Meinung des Soziologen Richard Sennett den Menschen zuwenden, die nützliche Arbeit in der Familie verrichten, den Müttern, die ihre Kinder versorgen und den Erwachsenen, die ihre alten Eltern pflegen.

Literatur

Altenhilfeplan der Stadt Stuttgart, Stand Mai/1999

Baacke, D./Schulze, T. (Hrsg.) 1993: Aus Geschichten lernen. München

Baltes, P. B./Staudinger, U. M. 1996: Über die Gegenwart und Zukunft des Alterns. In: Hoppe, B./Wulf, Ch. 1996: Altern braucht Zukunft. Stuttgart, S. 318 ff.

Bartholomeyczik, S./Schrems, B. 2004: Qualitätsentwicklung und Leistungstransparenz in Frankfurter Altenpflegeheimen. In: Informationsdienst Wissenschaft vom 2. Februar 2004. München

Bellah, R.N. et al. 1992: Gegen die Tyrannei des Marktes. In: Zahlmann, C. (Hg): Kommunitarismus in der Diskussion. Berlin, S. 57 ff.

Bertram, H. 2000: Die verborgenen familiären Beziehungen in Deutschland. In: Kohli, M./Szydlik, M. (Hrsg.): Generationen in Familie und Gesellschaft. Opladen, S. 97–121

Böhm, E. 1966: Alte verstehen. Bonn

Böhnisch, L./Schröer, W./Thiersch, H. 2005: Sozialpädagogisches Denken. Wege zu einer Neubestimmung. Weinheim. S. 155 ff.

Brock, B. 1998 (Hrsg.): Die Macht des Alters. Strategien der Meisterschaft. Köln

Bundesministerium für Jugend, Frauen, Familie und Gesundheit (BMJFFG) 1986. Bonn

Bundesministerium für Jugend, Frauen, Familie und Gesundheit (BMJFG) 1990: Achter Jugendbericht. Bonn

Bundesministerium für Familie, Senioren, Frauen und Jugend 1998: Eine Gesellschaft für alle Lebensalter: Beiträge zum internationalen Jahr der Senioren 1999. Stuttgart, Berlin, Köln

Bundesministerium für Familie, Senioren, Frauen und Jugend 2002: Vierter Bericht zur Lage der älteren Generation: Risiken, Lebensqualität und Versorgung Hochaltriger unter besonderer Berücksichtigung demenzieller Erkrankungen. Bonn

Bundesministerium für Familie, Senioren, Frauen und Jugend 2003: Die Familie im Spiegel der amtlichen Statistik. Lebensformen, Familienstrukturen, wirtschaftliche Situation der Familien und familiendemografische Entwicklung in Deutschland. Bonn

Bundesministerium für Justiz 1995. Bonn

Dilthey, W. 1979: Gesammelte Schriften, Band 7. Hg. Von Groethuisen, B. 1926, siebte unveränderte Auflage. Stuttgart/Göttingen, S. 205 ff.

Döhner, H./Schick, B. (Hrsg.) 1996: Gesundheit durch Kooperation. Hamburg

Dörner, K./Plog, U. 1992: Irren ist menschlich. Bonn

Ebbe, K./Friese, P. 1989: Milieuarbeit. Grundlagen einer übergreifenden Politik. München/Wien

Eccles, J.C. 1984: Die Psyche des Menschen. München

Engstler, H. 2004: Geplantes und realisiertes Alter der Erwerbsbeendigung. Ergebnisse des Altersurvey 1996 und 2002. In: DZA-Diskussionspapier Nr. 41

Fischer, J.D./Schwarz, G. 1993: Alzheimer Kranke verstehen. Freiburg i. Br.

Galuske, M. 1998: Methoden der Sozialen Arbeit. Weinheim/München.

Geertz, C. 1983: Dichte Beschreibung. Beiträge zum Verstehen kultureller Systeme. Frankfurt a. M.

Gordon, T. 1972: Familienkonferenz. Hamburg

Gronemeyer, R. 1995: Die Entfernung vom Wolfsrudel. Frankfurt a.M.

Habermas, J. 1985: Theorie des kommunikativen Handelns/2 Bände. Frankfurt a.M.

Habermas, J. 1985: Die neue Unübersichtlichkeit. Kleine politischen Schriften, Band 5. Frankfurt a.M., S. 202 ff.

Harris, M. 1989: Kulturanthropologie: Ein Lehrbuch. Frankfurt a.M.

Harris, M. 1992: Menschen: Wie wir wurden, was wir sind. Stuttgart

Hegerl, U. 2001: Depressionen: Wenn der Herbst krank macht. In: Informationsdienst Wissenschaft vom 18.09.2001. München

Heiner, M. 1988: Praxisforschung in der Sozialen Arbeit. Freiburg i. Br.

Herbart, J. F. 1957: Umriss pädagogischer Vorlesungen. Rede bei der Eröffnung der Vorlesungen über Pädagogik. Paderborn

Herlth, A. 1990: Was macht Familien verletzlich? Bedingungen der Problemverarbeitung in familialen Systemen. In: Lüscher et al. (1990, S. 312 ff.)

Herringer, N. 1997: Empowerment in der Sozialen Arbeit: Eine Einführung. Stuttgart, Berlin, Köln

Hildebrandt, H. 1998: Pschyrembel Klinisches Wörterbuch. Berlin

Holzinger, H. 2002: Soziale Sicherung in älter werdenden Gesellschaften. Salzburg

Honneth, A. 1992: Individualisierung und Gemeinschaft. In: Zahlmann, C. (Hrsg.) Kommunitarismus in der Diskussion. Berlin, S. 16 ff.

Hoppe, B./Wulf, Ch. (Hrsg.) 1996: Altern braucht Zukunft. Hamburg

Hübner-Funk, S./Müller, H.U./Gaiser, W. 1983: Sozialisation und Umwelt. Berufliche Orientierungen und Gesellungsformen von Hauptschülern im sozialökologischen Kontext. München

Husserl, E. 1992: Ideen zu einer reinen Phänomenologie. Hamburg

Institut für Gerontologie 1995: Bedarfsplanung in der modernen Altenpolitik- und Altenarbeit in Nordrhein-Westfalen. Dortmund

Institut für Sozialarbeit und Sozialpädagogik e. V. 1995: Altwerden 2000. Ein Memorandum zur Altenhilfe und Altenarbeit in Deutschland. Frankfurt a.M.

Johnson, D.W. 1977: Methoden der Einstellungsänderung. In: Kanfer/Goldstein (1977, S. 56 ff.)

Kanfer F.H./Goldstein A.P. 1977: Möglichkeiten der Verhaltensänderung. München

Kaufmann, F.-X. et al. 1989: Netzwerkbeziehungen von Familien. Wiesbaden

KDA: Informationsdienst Wissenschaft vom 16.2. und 18.11.2005

Keupp, H./Röhrle, B. (Hrsg.) 1987: Soziale Netzwerke. Frankfurt a.M./New York

Klatetzki, T. (Hrsg.) 1994: Flexible Erziehungshilfen. Ein Organisationskonzept in der Diskussion. Münster

Klie, Th. 2004: Das Budget könnte eine Zukunft haben. In: Häusliche Pflege vom April 2004

König, R. 1984: Soziologie und Ethnologie. In: Kölner Zeitschrift für Soziologie und Sozialpsychologie, 36, Sonderheft 26, S. 17ff.

Kröhnert, St./Olst, N. von/Klingholz, R. 2004: Deutschland 2020. Die demografische Zukunft der Nation. Berlin-Institut für Weltbevölkerung und globale Entwicklung. Köln

Kruse, A. 2005: Engere Beziehung von Jung und Alt gefordert. In: Untertürkheimer Zeitung vom 24.10.2005. Stuttgart

Kuiper, P.C. 1991: Seelenfinsternis. Frankfurt a.M.

Landenberger, M. 2001: Pflege als wissenschaftliche Disziplin. In: Otto, H.-U./ Thiersch, H. (Hrsg.) 2001: Handbuch Sozialarbeit Sozialpädagogik. Neuwied/ Kriftel. S. 1355 ff.

Leupold, M. 2005: Sozialpädagogische bzw. Sozialarbeiterische Berufsethik-Ein programmatischer Aufriss. In: Neue Praxis, Heft 6. Neuwied. S 624ff.

Liebau, E. 1996: Die Drei-Generationen-Familie. In: Liebau, E./Wulf, Ch. 1996 (Hrsg.): Generation. Versuche über eine pädagogisch-anthropologische Grundbedingung. Weinheim, S. 13 ff.

Luhmann, N. 1989: Vertrauen. Ein Mechanismus der Reduktion sozialer Komplexität. Stuttgart. S. 78

Lüscher, K./Liegle, L. 2003: Generationenbeziehungen in Familie und Gesellschaft. Konstanz

Marcuse, H. 1969: Ideen zu einer kritischen Theorie der Gesellschaft. Frankfurt a. M.

Matthes, J. 1984: Über die Arbeit mit lebensgeschichtlichen Erzählungen in einer nicht-westlichen Kultur. In: Kohli, M./Robert, G. (Hrsg.): Biographie und soziale Wirklichkeit. Stuttgart, S. 285ff.

Matthes, J. 1985: Zur transkulturellen Relativität erzählanalytischer Verfahren in der empirischen Sozialforschung. In: Kölner Zeitschrift für Soziologie und Sozialpsychologie. Heft 37. S. 310ff.

Ministerium für Arbeit, Gesundheit und Sozialordnung Baden-Württemberg 1995: Geriatriekonzept, Grundsätze und Zielvorstellungen. Stuttgart

Müller, C.W. 1988: Achtbare Versuche. In: Heiner, M. 1988: Praxisforschung in der Sozialen Arbeit. Freiburg i.Br.

Neuber, Martin 2005: Ehrenamtlich engagiert. In Amerika selbstverständlich und in Deutschland nicht? In: Sozialmagazin, 30. Jg. 11/2005.

Nestmann, F. 1988: Die alltäglichen Helfer. Berlin/New York

Nestmann, F. 1989: Förderung sozialer Netzwerke – eine Perspektive pädagogischer Handlungskompetenz? In: Neue Praxis, 19, S. 107 ff.

Noack, W. 2005: in Zeitschrift „Soziale Arbeit", Januar 2005

Obert, K. 2001: Alltags- und lebensweltorientierte Ansätze als Grundlage sozialpsychiatrischen Handelns. Bonn

Osborn, C./Schweitzer, P./Trilling, A.: Erinnern: Eine Anleitung zur Biographiearbeit mit alten Menschen. Freiburg i. Br.

Otto, H.U./Thiersch, H. (Hrsg.) 2001: Handbuch der Sozialarbeit/Sozialpädagogik. Neuwied/Darmstadt

Otto, U./Bauer, P. 2004: Lebensweltorientierte Arbeit mit älteren Menschen. In: Grunwald, K./Thiersch, H. 2004: Praxis lebensweltorientierter Sozialer Arbeit. Handlungszugänge und Methoden in unterschiedlichen Arbeitsfeldern. Weinheim und München

Parin, P. 1996: Drohende Einsamkeit. In: Hoppe, B./Wulf, Ch. 1996: Altern braucht Zukunft. Hamburg

Pawletko, K. W. 2004: Ambulant betreute Wohngemeinschaften für demenziell erkrankte Menschen. Bundesministerium für Familie, Senioren, Frauen und Jugend 2004. Bonn

Pick, P. et al. 2004: Schwerpunktbericht der Gesundheitsberichterstattung des Bundes/Pflege. Robert Koch Institut. Berlin, S. 51ff.

Pohlmann, S. (2001): Das Altern der Gesellschaft als globale Herausforderung. Deutsche Impulse. Stuttgart

Radebold, H. 2005: Die dunklen Schatten unserer Vergangenheit. Stuttgart

Radebold, H. 2005: Kindheiten im Zweiten Weltkrieg und ihre Folgen. Dr. med. Mabuse, S. 43ff., S. 155ff.

Reischmann, J. 1988: Offenes Lernen von Erwachsenen. Bad Heilbrunn

Reising, J. 2006: Geistige Herausforderung hält Hirn auf Trapp. In: Informationsdienst Wissenschaft vom 31.01.2006. Westfälische Wilhelms-Universität Münster

Rosenmayr, L. 1992: Die Schnüre vom Himmel. Wien, S. 253 ff.

Salomon, A. 1927: Soziale Diagnose. Berlin

Schütze, Y./Wagner, M. 1995: Familiale Solidarität in den späten Phasen des Familienverlaufs. In: Nauck, B./Onnen-Isemann, C. (Hg) 1995: Familie im Brennpunkt von Wissenschaft und Forschung. Neuwied/Kriftel/Berlin, S. 307 ff.

Noack, W. 2005: Anthropologische Grundlagen der Seniorenarbeit. In: Soziale Arbeit Heft 1, S. 23

Schweppe, C. 2002 (Hrsg.): Generation und Sozialpädagogik. Weinheim und München

Sennett, R. 2005: Die Kultur des neuen Kapitalismus. Berlin

Stroebe, W./Argyle M. 1992: Soziale Beziehungen. In: Stroebe, W./Hewstone, M./ Codol, J.P. 1992 (Hrsg.): Sozialpsychologie. Eine Einführung. S. 252ff.

Thiersch, H./Ruprecht, H./Herrmann, U. 1978a: Die Entwicklung der Erziehungswissenschaft. In: Mollenhauer, K. (Hrsg.): Grundfragen der Erziehungswissenschaft, Band 2. München

Thiersch, H. 1978b: Zum Verhältnis von Sozialarbeit und Therapie. In: Neue Praxis, 8, S. 11 ff.

Thiersch, H. 1986: Die Erfahrung der Wirklichkeit. Perspektiven einer alltagsorientierten Sozialpädagogik. Weinheim

Thiersch, H. 1987: Sozialpädagogik/Sozialarbeit: Theorie und Entwicklung. In: Eyferth, H. et al.(Hrsg.): Verstehen oder Kolonalisieren? Grundprobleme sozialpädagogischen Handelns und Forschens. Bielefeld, S 19ff.

Thiersch, H. 1988: Theorie der Sozialarbeit/Sozialpädagogik. In: Kreft, D./Mielenz, I. (Hrsg.): Wörterbuch Soziale Arbeit. Weinheim/Basel, S. 573ff.

Thiersch, H. 2001: Moral und Soziale Arbeit. In: Otto, H.U./Thiersch, H. (Hrsg.) Handbuch Sozialarbeit Sozialpädagogik. Neuwied/Kriftel, S. 1256ff.

Thiersch, H. 2002: Von den kränkenden Mühen alt zu werden. Eine Skizze. In: Generation und Sozialpädagogik. Theoriebildung, öffentliche und familiale Generationsverhältnisse, Arbeitsfelder. Weinheim und München. S. 173ff.

Ueltzhöffer, J. 1999: Generationenkonflikt und Generationenbündnis in der Bürgergesellschaft. Sozialwissenschaftliches Institut für Gegenwartsfragen (SIGMA). Mannheim

Weyerer, S. 2005: Altersdemenz. In: Gesundheitsberichterstattung des Bundes, Heft 28. Berlin

Witte, E. H. 1989: Sozialpsychologie. München. S. 234ff.

Woog, A. 1998: Soziale Arbeit in Familien. Theoretische und empirische Ansätze zur Entwicklung einer pädagogischen Handlungslehre. Weinheim. S. 183

Wulf, Ch. 1996: Alter und Generation, Historische Relativität, kulturelle Differenz und intergenerativer Austausch. In: Liebau, E./Wulf Ch. (Hrsg.): Generation. Weinheim. S. 42 ff.

Zahlmann, C. (Hrsg.) 1992: Kommunitarismus in der Diskussion. Berlin

Zelzer, M. 1983: Stuttgart unterm Hakenkreuz. Chronik aus Stuttgart 1933-1945. Stuttgart.